小学数学教学智慧研究

王九红　著

江苏教育出版社

图书在版编目(CIP)数据

小学数学教学智慧研究/王九红著.—南京：
江苏教育出版社，2012.2(2020.9 重印)

ISBN 978-7-5499-1529-3

Ⅰ.①小… Ⅱ.①王… Ⅲ.①小学数学课-教学
研究 Ⅳ.①G623.502

中国版本图书馆 CIP 数据核字(2012)第 021735 号

书　　名：小学数学教学智慧研究
作　　者：王九红
责任编辑：朱凌燕
出版发行：江苏教育出版社
社　　址：南京市湖南路 1 号凤凰广场 A 楼(邮编 210009)
网　　址：http://www.1088.com.cn
照　　排：南京开乐数码图文设计有限公司
印　　刷：济南市莱芜凤城印务有限公司
厂　　址：山东省济南市莱芜区高庄街道办事处任家庄村
经　　销：江苏省新华发行集团有限公司
开　　本：787×1092 毫米　1/16
印　　张：17.25
字　　数：290 千字
版　　次：2012 年 5 月第 1 版
印　　次：2020 年 9 月第 2 次印刷
书　　号：ISBN 978-7-5499-1529-3
定　　价：35.00 元
邮购电话：025-83658689，025-83658688

序一

不懈地追寻教学智慧的真谛

毋庸置疑，教师的教学水平是有差异的。对于同一个教学内容，由不同水平的教师进行教学处理，其教学效果会大相径庭。

何谓教师的不同水平？这个问题涉及教师的知识结构、语言表达、认识信念、教学态度、敬业精神等等要素的差异，更深层次地看，应当溯源到教师的教学智慧，教师的不同水平在很大程度上表现为个体教学智慧的不均。人们常说，要给学生一杯水，教师自己要有一桶水，这是仅从知识量的维度表述的，问题是，教师采用什么方式把自己的一桶水有效地注入学生的杯中，或者学生主动地从教师的桶中取到一杯水，这就需要教学智慧。

何谓教学智慧？这又是一个难以言表、难以解透的问题，也是一个“道可道，非恒道”的问题，换言之，研究教师的教学智慧是困难的。王九红博士却“啃”上了这块“硬骨头”。当初在博士学位论文选题时，他提出要研究教师的教学智慧问题，我曾经有所顾虑，担心他难以完成，因为这方面的文献确实不多。后来的事实是，他博览群书、锐意思索，深入现场采撷教学案例、收集调查数据，经历了“不惑”的痛楚和“解惑”的喜悦，以超乎寻常的毅力完成了这一课题的研究，不仅按时答辩并取得博士学位，而且又在博士论文的基础上扩充、拓展上，即将出版成书。这令我十分感动。

从本书的内容看，王九红博士做了几件有意义的工作：

第一，对教师的教学智慧作出个人建构意义上的认识。他从哲学层面分析了教学智慧的蕴义，阐释了教学智慧是一种实践智慧，提出将“和”作为教学智慧的评价标准这种颇具见地的观点。他又解析了教学论语境下教学智慧的内涵，最后给出一个明确的陈述：数学教师的教学智慧是指教师将某一具体的数学知识转化为学生可能接受的知识形态，进而在学生的学习过程中进行恰当调适，使学生易于接受的能力。按此理解，教学智慧指教学设计的智慧和教学实施的智慧，教学智慧渗透于教学预设与教学生成这一对矛盾之中，这是作者独到的观点。应当说，提出此观点依据的是一种自上而下的逻辑，难免带有作者个人的主观意向。为了弥补这一缺陷，他精心设计了一份问卷，并结合对部分有代表性教师的访谈，倾听教师对教学智慧理解的心声，自下而上地归纳和概括，从而在一定程度上佐证上述关于教学智慧的见解。

第二，考察了不同群体教师对影响教学智慧形成的因素的不同见解。作者从内部因素（知识、能力、经验、自我反思、师德修养、数学教学观）和外部因素（学历进修、专家指导、师徒结对、同伴切磋、课题研究、互动研讨、集体备课、师生交流）两个层面，对不同教龄、不同职称、不同荣誉称号的教师进行问卷调查和访谈，了解他们对影响教师教学智慧生成的不同要素的重要性程度的认识。事实上，这项研究在一定程度上也厘清了教师教学智慧来源的主要途径，为数学教师专业发展的理论建构提供了实践层面的数据支撑。

第三，依据教学场景对教学智慧的表现作了细致的描述。作者收集了大量的教学片段并结合自己的教学实践，以“课前设计谋略”、“教学现场调适机智”为题展开田野考察式的说理，这种以鲜活案例为素材，以贴进教学实践的话语为基调，就事论理、侃侃而谈，读起来自然、清新，当然，所阐述的观点也就容易为教学一线的教师所理解和接受。

第四，小学数学教学智慧发展策略的建构。从教学智慧发展策略的“发展”语义出发，建构了外力支持和自主发展两类策略。外力支持策略包括师徒结对、课例研究和小组课题研究等，自主发展策略包括发展学科教学知识(PCK)、自主磨课和论文写作等。这些策略不是空中楼阁、空穴来风，提出的依据源于前面的一系列研究，同时又富有理性的思考。当然，这些教学智慧发展策略的适切性和有效性，更需要广大教师在教学实践中去进一步检验、完善和发展。

研究教学智慧本身就需要智慧，更需要勇气和毅力。王九红博士从一个中等师范毕业生到取得教育硕士学位，再到获得教育学博士学位；从一位普通的小学教师，成长为教研员，再成长为优秀的小学校长，他的足迹见证了他有超凡的勇气和毅力，也见证了他智慧的生成和发展轨迹。

学无止境，教无疆域。愿王九红博士沿着学问之路走下去，不懈地追寻教学智慧的真谛。

喻　平

2012年春节于南京师范大学

（作者为南京师范大学学科建设办公室、211工程办公室主任，教授，博士生导师，全国高等师范院校数学教育研究会副理事长。）

教学实践:培育教学智慧的沃土

与王九红老师正式相识,是在1999年。那时,他在盱眙县教育局教研室做小学数学教研工作,我受邀前去审议他主持的一项江苏省教研课题《小学数学“三段式”课堂教学模式研究》,由此对他有所了解,在其后的教研工作中交往渐多。2003年,他通过公选来到南京担任拉萨路小学副校长,回到教学与管理岗位。后来,他到江苏教育学院附属小学当校长。对他承担的课题研究、发表的文章、课堂教学、读博生活等,时有耳闻。

王九红老师留给我的最深印象,首先是他的勤奋学习。他1986年中师毕业,凭着自己的刻苦,先后通过自学考试获得了汉语言文学专科学历、汉语言文学本科和小学教育本科的双本科学历,在获得文学学士学位的基础上又获得了教育硕士和教育学博士学位,这在全国的小学数学教师中也是少见的。可以说,学习促进了他的快速成长,成就了他的不断进步。学习已然成为他生活的一部分。

其次,是他对教育科研的专注。新世纪的课程改革以来,他承担过国家级、省级、市级多项教育规划课题的研究。课题研究是他进步和专业提升的重要因素,同样也成为了他生活的一个部分。

第三,是他的勤于笔耕。近几年来,他积极地将自己的课堂教学、校本教研、学校管理、课题研究等相关成果撰写成文,供大家分享。我经常在省级以上杂志看到他的文章，几乎每年都能听到他论文、教学设计等获奖的佳音。

第四，是他对数学课堂的热爱。无论是做教研工作，还是在校长岗位，他都能坚持上公开课。他认为，数学学习是一种需要思维积极参与的活动，关键在于思维活动的有效性，因此，他坚决反对课前、课后增加学生的数学学习时间，努力追求课堂教学的有效性，在课堂上积极调动学生学习数学的积极性、主动性，有效地启发学生的思考，有效地让学生实践。

王九红老师用自己的实践诠释了一名小学数学教师专业成长的历程，本书所反映的他的理论水平和实践经验，可以看做教师教学智慧生长的鲜活案例。

在本书中，王九红老师对教学智慧特别是小学数学教师的教学智慧展开了系统而深入的讨论，分析了教学智慧的内涵，构建了教学智慧的形成模型，明确了教学智慧的评价标准，结合实际案例提出了小学数学教师教学智慧的发展策略，既有条分缕析的文献研究，又有详实具体的问卷调查，从中我们可以明晰当前教学智慧研究的现状，了解教师对教学智慧及其发展的认识，对许多的一线教师而言，不无启发和借鉴。

教学是需要智慧的，智慧地教、智慧地学，教师通过教学使学生更智慧，应该是教学的本质之一。小学数学教学智慧，是促进小学生主动地、富有个性地学习数学的智慧，是为了小学生丰富而长远的发展而不断改进小学数学教学实践、提升小学数学教学质量的智慧。

小学数学教学实践，是教学智慧产生的源头活水，也是培育教学智慧之树的一片沃土。小学数学教学智慧，不同于纯粹的小学数学教学理论，是运用小学数学教学理论的实践智慧。小学数学教师在小学数学教学实践中，需要依据自身对教学理论的感悟和教学现象的分析，结合学生数学学习的特点，恰当地、创造性地运用教学规律，帮助学生理解和掌握数学知识和技能，感悟数学思想，积累数学活动经验，发展综合能力。小学数学教学智慧只能产生于小学数学教学的实践活动之中，只能由小学数学教学实践者——教师所拥有。

教学智慧的形成与提升，特别需要教师长期的教学经验积累与自我反思。教学智慧是教师个体水平和综合能力的体现，与教学风格一样，不可能由外部产生。尽管其外部因素如学历进修、专家指导、课题研究、互动研讨、集体备课等也必不可少，但是，教师的知识、能力、经验、自我反思、师德修养、数学教学观，特别是较为丰富的教学直接经验和教学间接经验，较长时期的不断的自我反思，才是生成小学数学教学智慧必不可少的条件和要素。众多著名的小学数学特级教师的教学智慧，都是通过不断实践、不断反思、不断深入研究而逐步形成的，既体现出他们对学生的热爱，也表达了他们对小学数学教学及其改革的理性认识和深度把握，对小学数学教育理想的追求。小学数学教师只有在教学经验的基础上，把教学理论的学习、运用与教学实践的有效反思有机结合起来，深刻、完整而具体地理解数学，合理、动态地把握学生数学素养的形成过程，才能不断趋向教学智慧的境界。

小学数学教学智慧，既具有共性，又具有明显的个体性特征。小学数学教学智慧，是教师在较长时期内课堂教学历练以及对教育理想自觉追求的过程中逐步形成的，集中地反映了他们自身对数学、对小学教育、对儿童的数学学习的深刻理解。由于小学数学教师个体各自所具有的知识、经验、能力、师德修养和数学教学观都不尽相同，生成的教学智慧不可能完全相同，必然带有明显的“自我痕迹”。例如著名特级教师马芯兰，她的小学数学教学智慧就更多地体现在以思维为中心，根据学生的认知规律以及数学知识的内在联系，重新组合小学数学知识结构，形成了使数学知识处于运动中的、蕴涵着有较高思维价值的、具有生命力的知识网络，培养学生的数学能力和创新能力。

小学数学教学智慧，具有动态性，是小学数学教师教学的目标追求。小学数学教师应该满腔热忱地投身小学数学教学实践，深入了解不同年龄、不同个性的学生，深刻理解小学数学的教与学。随着教学理论水平的提高、教学经验的提升、教学生活的反思，教学智慧就会自然而然地孕育于教学过程之中。同时，生成并发展长期实践中凝聚的教学智慧，反过来也会成为影响教学有效性的重要因素，从而吸引教师更加自觉地投身教学实践，不断获得对小学数学教学的新的理解，不断完善、丰富教学智慧，真正体味教学实践的幸福，促使生命潜能得以充分释放。

小学数学教学实践需要教学理论，更需要教学智慧。愿王九红博士在探寻小学数学教学智慧、发展小学数学教学智慧的道路上一路前行！同时愿越来越多的小学数学教师结合自己的教学实践与思考，努力形成自己的教学智慧，满怀激情去探索、去追求。

王 林

2012年2月

（作者为课程标准苏教版小学数学教材主编，江苏省中小学教学研究室小学部主任，中国教育学会小学数学教学专业委员会副理事长，江苏省小学数学专业委员会理事长。）

写在前面

将“教学智慧”作为博士论文的选题，起初，我很有些迟疑：它是一个超“名言之域”的概念，以我的学力能否胜任？事实证明我的迟疑不无“先见之明”。从萌生研究教学智慧这一念头至开题论证，从开始写作至论文初成再至预答辩和正式答辩，我常常感觉自己就像一只小小的飞蛾，在盲目地扑向那隔着透明然而坚硬的玻璃灯罩内的光亮——看上去即刻可以到达目标，而实际上却不停地在碰壁；虽然奋力振翅，但却难以触及光明和温暖的本源。多次折羽，几欲放弃。抑或是无知者无畏在先，因缺乏而生的强烈需要在后，我终究磕磕绊绊地走完了博士论文的写作之路。回顾整个历程，可以简缩为我对三个关联问题的作答——为何研究、如何研究、研究得如何。

一、为何要研究教学智慧

研究教学智慧，主要基于以下三个方面的原因。

第一，“教学智慧”是一个被经常使用而内涵充满歧义的概念，需要进一步澄清。

具体而言，“教学智慧”一词大多在教育学语境、教学论语境和学科教学论语境中使用。显而易见，三种语境之间存在着一个范围上逐步收缩的关系。教育学语境中的语义最为宽泛，既可以指一个恰当的动作、眼神、语调、表情，也可以指一个精彩的教学片段、一个巧妙的教学设计、一次成功的课后辅导；既可以指教学的有效性，也可指师生之间和谐共处，一起演绎课堂的诗情画意，使课堂进入一个畅神的境界；既可专指德育，也可专指教学，抑或兼指两者；既可理解为教学管理行为，也可理解为单纯的教学行为。教学论语境中的语义，主要指教学实践中教师处理复杂问题的能力。包括教师教学设计的智慧和现场执教的应变机智。它研究的是所有学科教学共同的性质，剥离了具体学科的特点，关注的是具有普适性的教学智慧的一般原理。学科教学论语境中的语义，指教师将教材上的学科知识转化为学生易于学习的知识形态的智慧。这是某一具体学科的教学智慧，关注的是某一学科教师教学某一具体学科知识的能力。本书所关注的教学智慧就是在这一语境中的理解。

我认为，就当前流行的分科课程而言，教学智慧必然是教师教学某一具体学科内容的智慧，不同的教学内容，当有不同的教学智慧。试想，如果课堂上飞进来一只蜜蜂导致了学生的“骚乱”，不同学科的教师会有不同的、富有教学机智（教学机智是智慧的现场表现）的做法——语文教师可能会爽性停下正在行进中的课，让学生观察小蜜蜂的飞行姿态，然后让学生说一说所见所闻，进而赞美其辛勤地为人类酿蜜，最后写一篇《可爱的小蜜蜂》的作文；科学教师可能会对小蜜蜂的身体构造（如有几对翅膀、几对足）、生活习性（如喜欢吃什么、居住在哪儿）等感兴趣；而数学教师则可能会问学生：为什么小蜜蜂飞得如此平稳？原来，它的身体两边是对称的……不同学科的教师会有不同的智慧做法，体现出不同的“学科味儿”。

由此，我们是否可以这样认为：教学智慧的研究只有深入到学科的层面才有真正的意义，才能更贴近教学智慧的本质，揭示教学智慧的规律？

教学智慧的复杂性还体现在其内涵的多样性上。目前，主要有实践范畴说、教学机智说、综合能力说和教、学两分说等四种不同观点。实践范畴说认为教学智慧是一种实践范畴；教学机智说则将其等同于教学机智；综合能力说认为教学智慧是教师的一种高水平的综合能力；教、学两分说认为教学智慧包括教师教的智慧和学生学的智慧，是两者的统一。

不同的内涵导致了“教学智慧”这一概念在外延上的差异。教学机智说的概念外延最小，专指课堂教学情境之中教师随机应变的行为。实践范畴说和综合能力说，则将概念的外延扩展至教学实践的各环节，即除了课堂教学中教师的教学行为外，还包括课前的教学设计和课后的教学辅导等，是处理“预设”与“生成”关系的行为总和。教、学两分说的概念外延最广，它包含了课堂内、外的教师教学行为和学生学习行为。

四种不同的理解源自研究者不同的视角，实践范畴说是一种哲学上的审视，教学机智说和综合能力说是从心理学的视角进行的研究，而教、学两分说则是站在教育生态学的立场进行区分。

第二，教学智慧是教师专业发展水平的标志，具有浓郁的中国文化韵味。

当前，国内学界大多将“教学智慧”一词英译为“teaching wisdom”，这是一个有点“Chinglish”味道的词，因为以此来检索英文资料较为困难。事实上，国外更多地围绕着“teacher knowledge”、“teacher thinking”和“practical wisdom”等词进行研究。可见，“教学智慧”一词体现了我国教学论研究的旨趣，是中华民族崇尚智慧文化和追求教无定法、运用之妙存乎一心的教学传统文化的体现。

有别于西方的课程传统，中国具有深厚的教学传统。从孔夫子到1905年科举制度废除，在两千多年的历史中，课程（教学内容）的载体仅有“五经”（《诗经》、《尚书》、《礼记》、《周易》和《春秋》）、“四书”（《论语》、《孟子》、《大学》和《中庸》）和“三百千千”（《三字经》、《百家姓》、《千字文》、《千家诗》，俗称“三百千千”）几套教材，教师的工作和智慧主要体现在如何诠释经典和教学现有的教材上。照本宣科——自主地进行非自主的教学内容的教学，实现非自主的教学目的，这是教师教学追求和全部智慧的体现。这种文化传统深深根植于教师的思想深处，至今仍然影响着教师的思想和言行。可见，教学智慧研究于中国的教师而言具有特别的意义。

叶澜教授说：“具有教育智慧，是未来教师专业素养达到成熟水平的标志。”教师拥有了教育智慧，就“具有敏锐感受、准确判断生成和变动过程中可能出现的新形势和新问题的能力；具有把握教育时机、转化教育矛盾和冲突的机智；具有根据对象实际和面临的情境及时做出决策和选择、调节教育行为的魄力；具有使学生积极投入学校生活，热爱学习和创造，愿与他人进行心灵对话的魅力。教师的教育智慧使他的工作进入到科学和艺术结合的境界，充分展现出个性的独特风格。教育对于他而言，不仅是一种工作，也是一种享受”。

第三，教学智慧研究见证了我专业发展的历程，是我长期以来研究的旨趣所在。

我是一名中师毕业生，曾经在乡村小学、县城实验小学和省城的名校任过教。担任过学校的中层管理人员、副校长和校长，做过县里的教研员和教育局的副科长。这种经历使我得以广泛地接触各层级的教师，了解他们专业成长的鲜活的历程，而我自己也一直在探寻着属于我的专业发展之路。其间，许多问题困扰着我：为什么有的教师一辈子都在“窝囊”中度过，直到退休也没有上过几堂自己满意的课？而有的教师刚工作几年就能在课堂上得心应手？有的人“以工代教”却成为特级教师，而许多“科班出身”的教师却一直业绩平平？明明课前准备得“很充分”，到课堂上却破绽百出？用的是和特级教师一样的教案，可上出的课与特级教师的距离咋就那么大呢？……

我曾经将教师的发展简单地归因为“学习改变命运，知识创造未来”，并且有一个朴素的想法——要想今后有大的发展，那就要将知识金字塔的底座垒得尽可能大。基于这种“知识促发观”，我先后学习了汉语言文学、小学教育、教育管理、课程与教学论等多个专业的课程。这些学习丰富了我的知识，在一定程度上促进了我的专业发展，但同时我也产生了一个想法：仅凭知识量的积累并不能彻底解决教师专业发展问题，知识的成分和结构可能更加需要关注。

我也曾将教师出名的路径归结为三条：上好课、写好文章、做好课题研究，并且在这三条路上不懈地跋涉着……

这些，虽各有道理，但并没有能抓住真正的内核，没有找到教师发展的关键。

2003 年，我通过南京市校长公选，到南京市拉萨路小学担任副校长，分管学校的教育科研工作。当时,学校正在寻找发展的“第二曲线”,进行着智慧教育的研究探索,我第一次接触到“智慧教育”这个词汇,并由此开始了教育智慧的研究。其时,我正在做硕士论文,便将文题定为“教育智慧的生长:L小学教师校本培训的案例研究”,这是从教育管理学的视角对教师的教育智慧进行的研究。至此,我已然认识到教师专业发展的本质是教育智慧的发展,而且认为教育智慧是一种实践智慧,是教师的理论智慧、实践智慧和情感智慧的合金,具有个体性、实践性和情境性等特征。

六年之后,我攻读课程与教学论(数学)专业的博士学位,在博士论文选题时我又将教育智慧聚焦为教学智慧。这样的选择于我而言具有相当大的风险,因为它关涉教师的认知和情意两大领域,对学识和研究能力要求很高,我能够胜任吗?在再三摇摆之后,我还是难以摆脱这一主题的诱惑,最终将文题确定为“小学数学教学智慧研究”,同时还将其申报了江苏省教育科学“十一五”规划重点课题并获得了立项。在导师喻平教授的悉心指导下,在众多师友的帮助下,我的论文总算如期完成,盲审时还获得了优秀的成绩,随后顺利地通过了博士论文答辩。

教学智慧的研究历程见证了我的专业发展历程,它驱散了蒙在我眼前的阴翳。我豁然开朗,多年以来关于教师专业发展的思考得以归结为一个清晰的答案——教学智慧是教师专业发展的标志和境界。

二、如何研究教学智慧

各种不同的研究者,其不同的研究视角或多或少地对问题的深入探究有所裨益。而我这种既有较为丰富的一线教学经历,又能略窥理论门径者,可能具有自己独特的视角优势,至少与我同质者目前尚不太多。正是基于这样的想法,我才不揣冒昧地进行研究。具体而言,我的研究从三个方面展开。

第一,对既有的文献进行梳理,明确研究方向。

通过对既有文献的收集和梳理,我发现,教学智慧的基本理论研究和基层教师的经验总结都非常多,而且两者都呈递增趋势。但它们之间却存在着巨大的鸿沟，彼此“各守一方，互不侵犯”。一方面，理论界的研究大多停留于内涵、特征、分类、养成等方面的普适性理论的探讨，没有深入到一线解决教师教学的具体问题；另一方面，广大基层教师又缺乏自觉地运用理论研究者的研究成果来指导自己的教学实践的意识和能力——大多数人仍然停留于经验的总结上，许多标题为教学智慧的文章，纯粹是具体做法的堆积，很难见到理性的分析、机理的探寻。因此，从理论与实践的两极化走向融合，是教学智慧研究的一个生长点。

第二，对一线教师进行调查，了解他们对于教学智慧及其发展的认识。

既然教学智慧研究旨趣在于关注教师教学实践及其改进，在于促进教师教学智慧的发展，那么，一线教师——这一研究共同体中的最大的人群，他们的观点至关重要。因此，应该在倾听广大一线教师意见的基础上界定教学智慧这一概念。调查显示，一线教师普遍认为：教学智慧是教学活动中教师随机应变地处理生成性的复杂问题并取得良好效果的心智综合素养。整个教学活动是其概念的外延。课前教学设计、课堂应变机智是其最主要的体现。教学机智是教学智慧的一种构成，是教学智慧的一种外在表现。教学机智主要指一种随机应变的能力，这种应变行为是一种遭遇意料之外问题时做出的，具有“救急”的意味。教学智慧并不是难以企及的，每一位教师都能够在自己的教学生涯中体验到。但是，教学智慧又是难以把握的，教师常常感觉到“可遇而难求”。小学数学教师的教学智慧有别于中学数学教师的教学智慧，应更加关注儿童特点，方法要形象直观；它也区别于小学其他学科教师的教学智慧，教师理性成分更多。小学数学教师的教学智慧需要较为丰富的教学经验作支撑。知识、经验、能力、自我反思、师德修养和数学教学观这六种内部因素对教学智慧发展作用较大，其中自我反思是最重要的一种方式。

调查结果还显示，整体上，不同教龄、职称和称号教师之间关于八种外部因素——学历进修、专家指导、师徒结对、同伴切磋、课题研究、互动研讨、集体备课、师生交流——对教学智慧发展作用的认识都不存在显著性差异，而在各因素对教学智慧发展作用的具体认识之间存在复杂关系。

第三，形成自己的理解，建构教师教学智慧发展策略。

我认为，小学数学教师的教学智慧就是指教师将教材形态的数学知识转化为学生可能接受的知识形态，进而在学生的学习过程中进行恰当调适，使学生易于接受的能力。其特点主要有四个方面：教学设计上强调趣味性、教学方法上重视直观性、教学活动围绕思维性、教学现场凸出应变性。

研究教学智慧的一个重要的目的就是发展教师的教学智慧，进而改进其教学方式和生活方式。所以，构建教师教学智慧发展策略就成为研究的重要内容。就发展的主体而言，可以是教师自我发展，也可以是外力推动教师发展，据此可将教学智慧发展策略分为外力支持和自主发展两类。外力支持的策略主要有师徒结对、课例研究和小组课题研究三种，分别帮助教师在获取隐性知识和经验、发展弹性认知、提高理论与实践结合能力等方面有所作用；自主发展策略主要有发展 PCK、自主磨课和论文写作三种，分别有助于教师本性知识和实践性知识发展、案例推理能力提高、教师反思的深入进行。教师教学智慧发展策略具有建构性，需要教师根据自己的独特情况进行创造性构建。

三、研究的结果如何

论文答辩虽已通过，但我深知我对教学智慧的研究才刚刚起步，今后的道路还很长很长，还需持久不懈地追索下去。

本书对教学智慧的研究有以下几个创新之处：第一，以冯契“转识成智”哲学为依据构建教学智慧形成模型。该模型以教师理论性知识和教学实践性知识为基底，以情感系统和信念系统为中层，以教学智慧为塔尖，认为教学智慧是教师教学知识在情感和信念系统评价、监控和整合下，经顿悟形成的一种恰当而正当的处理复杂情境中问题的能力；并结合 PCK 理论，将教学智慧分为课前的教学设计智谋和教学现场的调适机智。第二，结合中国传统文化的中庸之道，将“和”作为教学智慧评价的标准，并阐述了其在教学上的具体表现。第三，借鉴 PCK

理论，从学科教学论的语境将教学智慧界定为教师将教材形态的学科知识转化为学生可能接受的知识形态，进而在学生的学习过程中进行恰当调适，使学生易于接受的能力。第四，从中国传统的数学教学变式理论中汲取有益营养，将教学"变"的智慧落实于教师教学的变式行为中。从教学智慧的角度，对"愤悱术"和"产婆术"两种启发方法重新进行诠释，认为它们的实质是运用问题变式进行恰当的铺垫，以帮助学习者自己思考出问题的解决办法。第五，根据教学智慧结构模型，结合实际案例研究，建构出教师教学智慧发展的策略群，提出教师教学智慧发展需要外力支持和自主发展两类策略。

当然，本书对教学智慧的研究还存在不少问题：第一，智慧是一个超理性的概念，即包含着理性和非理性的成分，仅依靠纯粹的科学方法展开研究难以取得良好效果，而纯粹的思辨和质性研究又似乎难以将问题阐述清楚。陷入这样的两难境地，本书的量化的研究和质性的研究都还不够深入，且两者结合不够紧密。具体而言，量化研究过少，质性研究中访谈的针对性、适切性也有待加强。第二，国外的相关研究成果涉及较少，这使得研究缺乏国际视野。第三，许多研究浮于表面，观点缺乏更为深刻的分析。如，教学智慧结构模型中没有涉及能力因素，能力因素在教学智慧中处于何位置没有加以探讨，教师教学智慧发展策略缺乏实证等。

我以为，从学科教学论层面对教学智慧研究具有积极的实践意义，需要进一步开展。今后应着重在研究方法和研究的实效性上下功夫。第一，要解决好质的研究与量的研究之间的平衡。第二，要对"转识成智"的机理，特别是顿悟的内部机制进行进一步探寻。第三，要对教学智慧的内涵和教学智慧的结构模型进行深入论证。第四，要对教学智慧发展策略进行实证性研究，在此基础上建构更为有效的发展策略。第五，要对小学数学教师教学智慧的独特性进行更深入的探寻。

王九红
2011 年 12 月

目　　录

第一章　绪　论 …… 1

　第一节　研究的背景 …… 1

　第二节　问题的提出 …… 2

　第三节　教学智慧文献综述 …… 11

　第四节　研究的构想 …… 21

第二章　教学智慧的理论探讨 …… 24

　第一节　什么是智慧 …… 24

　第二节　什么是教学智慧 …… 31

　第三节　教学智慧生成模型 …… 43

第三章　小学数学教学智慧探索 …… 48

　第一节　PCK 理论的启示 …… 48

　第二节　数学教学智慧的内涵 …… 52

　第三节　小学数学教学智慧特征概述 …… 53

　第四节　比较视域下的小学数学教学智慧特征 …… 58

　第五节　从一则案例看小学数学教学智慧 …… 69

第四章　问卷调查与访谈(一):教学智慧是什么? …… 75

　第一节　问卷调查设计与过程 …… 75

　第二节　调查数据及分析 …… 77

　第三节　访谈设计与过程 …… 80

　第四节　访谈资料及分析 …… 81

第五章　问卷调查与访谈(二):教学智慧从哪儿来? …… 89

　第一节　问卷调查研究 …… 89

　第二节　访谈研究 …… 116

第六章　教学智慧表现(一):课前的设计智谋 …………………………………… 128
第一节　教学设计基本理论…………………………………………………… 128
第二节　基于“转化”的教学设计…………………………………………… 131
第三节　“转化”的智慧:变式教学理论的启示 …………………………… 135
第四节　探究式教学:一种智慧的小学数学教学方式 ……………………… 139
第五节　“三段式”教学:一种小学数学探究式教学模式 ………………… 146
第六节　一则“三段式”教学案例:“图形的对称”教学及评析 ………… 149
第七章　教学智慧表现(二):教学现场的调适机智 ………………………… 158
第一节　教学机智的理论探讨……………………………………………… 158
第二节　教学现场调适机智表现之一:会“接话” ………………………… 164
第三节　教学现场调适机智表现之二:善启发 …………………………… 172
第四节　教学现场调适机智表现之三:妙应变 …………………………… 180
第八章　小学数学教师教学智慧发展策略的建构……………………………… 191
第一节　教师教学智慧发展的语义分析及意义……………………………… 191
第二节　教师教学智慧发展的外力支持……………………………………… 192
第三节　外力支持下教师教学智慧的发展…………………………………… 196
第四节　教师教学智慧的自主发展…………………………………………… 209
第五节　案例研究:教学智慧从哪儿来 …………………………………… 224
第九章　结　论……………………………………………………………………… 229
第一节　研究结论……………………………………………………………… 229
第二节　创新之处……………………………………………………………… 232
第三节　问题与建议…………………………………………………………… 232
附录 A　关于教学智慧及其发展的调查问卷………………………………… 234
附录 B　参与问卷调查教师背景资料 ………………………………………… 237
附录 C　访谈提纲…………………………………………………………………… 239
附录 D　74 位教师对教学智慧所作的定义 ………………………………… 241
参考文献……………………………………………………………………………… 246
后　记………………………………………………………………………………… 253

第一章　绪　论

第一节　研究的背景

一、国外教师研究旨趣的实践转向

在国际教育领域，教师及其教学的研究始终保持着活跃的态势，从20世纪80年代起，这一领域的研究重点转向了教师实践。埃巴斯(Elbaz，1983)重点关注教师知道而其他人不知道的内容，她称之为实践知识(practical knowledge)。舒尔曼(Shulman，1986)提出了教师学科教学知识的概念，旨在探求教师如何将自己的学科知识转化为学生能够接受的知识。舍恩(Schon，1983)则辨别了反思性实践与技术理性之间的区别，提出了教师是反思性实践者的命题。这些研究产生了巨大的影响，推动了教师实践研究的迅猛发展。[①]

20世纪80年代，这一研究热潮流入我国，并与我国的本土文化相结合，衍生出了"教师实践性知识"、"教师实践智慧"、"教育智慧"、"教学智慧"、"教学机智"等研究热点。这些研究热点为教师教学实践改革和教师教育的创新注入了新的活力。其中，"教学智慧"这一概念是国际教师实践研究在中国本土化的体现和发展，具有浓厚的中国文化意蕴，对其进行深入的研究，对于当前的教学改革和教师专业发展具有极其重要的意义。

二、国内新课程改革实践的呼唤

为深化教育改革、全面推进素质教育，贯彻《国务院关于基础教育改革与发

---

① 【美】古铁雷斯·伯拉. 数学教育心理学研究手册——过去、现在与未来[M]. 徐文彬，喻平，孙玲译. 南宁：广西师范大学出版社，2009

展的决定》,2001 年 6 月,教育部颁发了《基础教育课程改革纲要(试行)》,拉开了新一轮基础教育课程改革的序幕。基础教育课程改革提出了一系列的新目标:

改变课程过于注重知识传授的倾向,强调形成积极主动的学习态度,使获得基础知识与基本技能的过程同时成为学会学习和形成正确价值观的过程。

改变课程内容"难、繁、偏、旧"和过于注重书本知识的现状,加强课程内容与学生生活以及现代社会和科技发展的联系,关注学生的学习兴趣和经验,精选终身学习必备的基础知识和技能。

改变课程实施过于强调接受学习、死记硬背、机械训练的现状,倡导学生主动参与、乐于探究、勤于动手,培养学生搜集和处理信息的能力、获取新知识的能力、分析和解决问题的能力以及交流与合作的能力。

改变课程评价过分强调甄别与选拔的功能,发挥评价促进学生发展、教师提高和改进教学实践的功能。

……

聚焦这些改革目标可以发现,对教学突出了"生成性"的特征,强调学习者与具体情境的交互作用,认为教学目标是师生在这个交互作用的过程中所生成的具有独特性的目标,而不仅仅是课程开发者和教师强加给学生的预设的目标;应对学习者、教师在课程与教学中的主动性表现出足够的尊重,适当弱化预定目标对实际过程和手段的控制,辩证地处理好预设与生成的关系。这一改革对于已经习惯了既有的教学观念和行为方式的一线教师而言,无疑是一个巨大的挑战。怎样整合并实现知识与技能、过程与方法、情感态度与价值观的三维目标?怎样改变传统的偏重知识传授的教学方式,落实"自主、合作和探究"的学习方式?怎样关注学生的学习兴趣和经验,为其终身发展精选必备的基础知识和技能?如何应对当前教学评价主体和评价目标多元化的情况?……这些问题都没有现成的答案,破与立,都需要教师以自己的教育教学智慧去应对。

第二节　问题的提出

国外教学理论研究热潮的渗入与国内新课程改革的实践,构成了教学智慧研究的两大背景。而日益复杂的教学情境、不断失落的教学价值、新世纪人才培养目标的变化和教师职业幸福的需要等必须面对的现实问题，更加凸显出教学智慧问题研究的必要性和紧迫性。

一、复杂的教学情境需要教学智慧去应对

1. 教学活动是一个“混沌”系统。

科学告诉我们一个惊人的消息：我们生活的世界原本就是混沌（chaos）的——不仅偶尔如此，而且时时刻刻如此。作为规范概念的“混沌”不能仅仅理解为“传说中宇宙形成以前模糊一团的景象”，还应指“貌似随机事件背后存在着的内在联系”。[①] 混沌系统（chaotic systems）是一个“多样性的实存”，是有序与无序的统一。教学活动是一种混沌系统，其中包含着诸多要素：学生、教师、课程、目的、环境和反馈等，这些要素相互联系、相互作用，构成了丰富多彩的课堂生态（如图 1－1）。

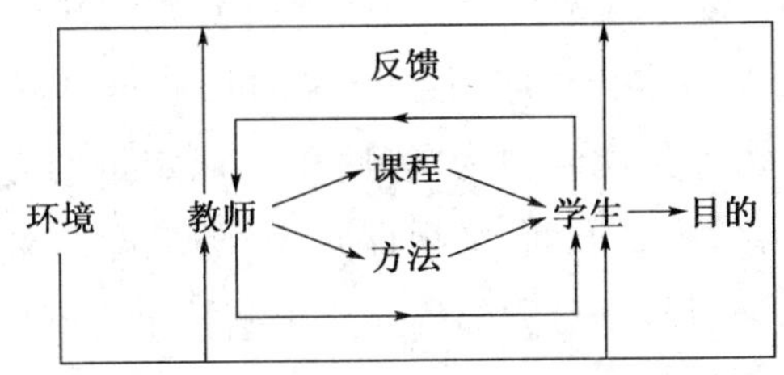

图 1－1　教学活动各要素及相互关系

从图 1－1 可以看出，学生是其他一切要素存在的基础，各种要素相互作用的最终目的就是为了学生的发展。学生是整个教学活动的主体，各种要素作用的发挥最终通过学生来实现。在这个复杂的系统中，各要素之间的关系需要通过教师去梳理，即教师调控着整个教学活动的进程，是教学活动的主导者，对教学成效起着关键性的作用。[②]

以上分析，只是对复杂的教学活动所做的一个简单的静态描述，实际情形远非如此简单。教学活动是一个瞬息万变的系统，其中充满了生成性和不确定性。从一定意义上说，教学活动不仅仅是外在的知识传递与掌握，而是师生双方借助

---

① 【美】约翰·布里格斯，【英】F·戴维·皮特. 混沌七鉴——来自易学的永恒智慧[M]. 陈忠，金纬译. 上海：上海世纪出版集团，2008

② 李秉德，李定仁. 教学论[M]. 北京：人民教育出版社，1991

于理性进行一次次的“探险”，亦即师生双方不断地借助于理性将思想的触角伸向远方，超越自我，探索种种“未知世界”的过程。[①] 任何已有的规律和“充分”的设想都难以完全预测课堂“前途”上可能发生的状况，当“险情”发生时，任何既有的应对措施可能都难以直接奏效。

2. 普遍规律难以把握“混沌”的教学活动。

教学活动是一种复杂的社会和文化的实践形式，以至于日本学者佐藤学将其比作“潘多拉的盒子”。一旦打开它，我们就不得不直面难以解决的、复杂的混沌情境，结果往往只落得“希望”二字。对于教师来说，教学是在复杂的文化和社会背景中产生的，是一个旨在解决复杂问题的持续不断的判断与选择过程；对于学生来说，是参与教材、教师和同学之间对话的一种文化和社会的体验，这是一个实现（或丧失）文化、政治、经济、社会、伦理等价值的活生生的过程。然而，面对如此复杂的情境，许多教学研究者们却一直秉持着科学主义的观点，企图通过“科学技术合理应用”（technical rationality）寻求到教学过程中的普遍规律。他们一方面把课堂视为“黑匣子”，以定量的方法探讨教学过程的诸要素之间的因果关系；另一方面，又视课堂为“玻璃盒”，希望透过“玻璃盒”观察、记录师生的活动，通过教学过程的描述寻求其技术合理性的理解。他们很少亲自走进课堂去研究真实的师生互动情景，却常常对教师的教学指手画脚、评头论足。[②] 这种学术权威的长期压迫，导致许多教师已习惯于科学主义的思维方式。同时，技术解决的简单化又不断地诱惑着教师们，这加剧了他们对普遍规律神话的信奉。

3. 以教学智慧去应对“混沌”的教学情境。

面对混沌世界那些不可预测事物的千变万化，任何既有的“普遍规则”都难以把握，只有超越了知识层面的智慧才能有效应对。知识管理领域有一个DIKW金字塔理论（如图1－2），认为DIKW体系就是关于数据、资讯、知识及智慧的体系，其中的每一层都比下一层多具某些特质——数据层是最基本的，它加入内容就成为资讯层，资讯层加入“如何去使用”就成为知识层，而知识层加入

① 石中英. 教育哲学导论[M]. 北京：北京师范大学出版社，2002

② 【日】佐藤学. 课程与教师[M]. 钟启泉译. 北京：教育科学出版社，2003

“什么时候才用”则成为智慧层。① 可见，智慧基于知识而又高于知识，它是知识在恰当时机的使用。它指向未来，关心问题解决的状况。

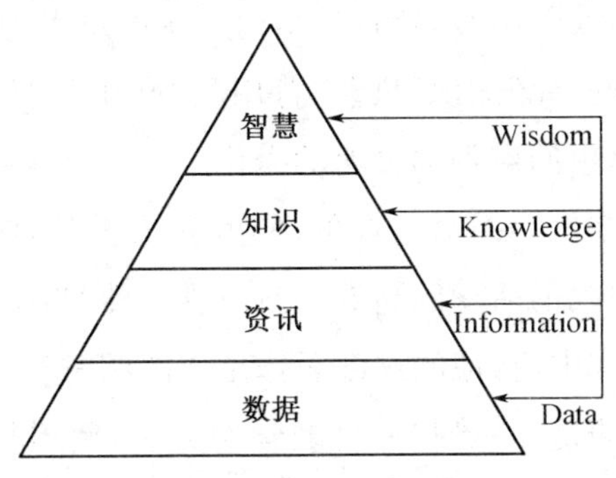

图 1-2 DIKW 金字塔

对于“混沌”的教学活动而言，学生、教师、课程、目的、环境和反馈等要素相互联系、相互作用，牵一发而动全身。各种新问题、新情境不断生成，需要教师及时做出判断、决策和行动，灵活运用各种教育教学知识加以解决。因此，教学智慧就是面对千变万化的教学实际情景，从“不确定性”中寻找“确定性”，充分表现出来的一种实践智慧。②

二、当前失落的教学价值需要教学智慧去寻回

尽管“教学”一词目前还没有普遍认同的定义，但是，“教学作为一种为人的人为活动”这一论断应该没有多少争议。因此，教学不可避免地具有价值性。不同的利益主体，对教学具有不同的价值诉求——为学生、为家庭、为教师、为学校、为国家、为社会、为人类……具体到为学生的发展，又有学生眼前需要和长远发展、学生的个体和群体等区别，甚至它在不同人的眼里有不同的含义，如：是考上名校？是出人头地？是情感愉悦？……教学价值的这种丰富性，容易让我们迷失于其中。考察当前教学价值的现状，我们发现，“为了生计”大有取代“为了生活”的趋势，主要表现为以下三个方面：

1. 过分重视“教书”，“育人”被架空。

教书和育人是教学的两大任务和目标，两者本是浑然一体、水乳交融、难以

① 转引自黄荣怀，郑兰琴. 隐性知识论[M]. 长沙：湖南师范大学出版社，2007

② 程广文，宋乃庆. 论教学智慧[J]. 教育研究，2006(9)

截然分离的，即任何教学都具有教育性——任何教书行为都具育人功能，而育人活动则需要通过教学来实现。但受应试的影响，“教书”被过分强化，有的甚至考什么就教什么、怎么考就怎么教，导致教学内容难度过大、教学速度过快，学生获得的往往是记忆性质的“死”知识，只会“背用”、“套用”记忆中的“死”方法；课堂上缺少情感的交流、思想的熏陶和灵魂的净化。学生普遍感到紧张、压抑，怨学、厌学、怕学、恨学情绪滋生。面对这样的现状，作为教师，应积极担当责任，丰富自己的教学智慧，实现教书活动的高效率、轻负担，使“教书”与“育人”和谐共生。夸美纽斯在《大教学论》中说，他的这部著作是要阐明“把一切事物交给一切人类的全部艺术”，主要目的是在“寻找一种教学的方法，使得教员可以少教，但是学生可以多学”。① 可见，减负增效是教学理论研究的价值所在，也是教师教学智慧的体现。

2. “规训”有余，“自由”不足。

“规训”一词的英文为“discipline”，具有纪律、教育、训练、训诫、校正等多种释义。福柯在此基础上，又赋予了它新的含义，用以指称近代一种特殊的权利技术，认为规训的目的不是为了增强肉体的能力，而是要建立一种关系，一种使能力增强与支配加剧的技术。②

“没有规矩不成方圆”，教育的过程就是人的社会化过程，即使受教育者超脱动物本性的自然状态，适应人类社会的生活。康德说：“人是唯一必须受教育的被造物。我们所理解的教育，指的是保育、规训以及连同塑造在内的教导。”③显然，问题的关键在于如何进行恰当的规训。合理的规训应该既不束缚儿童自由和个性的发展，又不允许儿童随其心性、放纵自流，而是在适度的指导下，自由地运用思考能力去行事，正确地运用思想去指导自己的行为。人的自由发展是教育所追求、所期望的状态，而教学的价值就在于作为一种实现这一目的的方式。

几千年的封建专制统治使得我们的文化传统偏于专制，反映在教育教学中就是规训较多而自由较少，尽管随着新课程理念的不断深入人心，课堂中的民主

---

① 【捷克】夸美纽斯. 大教学论[M]. 译：北京：人民教育出版社，1957

② 【法】米歇尔·福柯著. 规训与惩罚[M]. 刘北成，杨远婴译. 上海：三联书店，2003

③ 【德】康德. 论教育学[M]. 赵鹏，何兆武译. 上海：人民出版社，2005

风气在不断壮大，过于严苛的规定逐渐减少，体罚和变相体罚的行为已为绝大多数教师所不齿，但许多深层次的规训过度问题仍没有得到根本的解决，片面追求效率、简单灌输的教学行为仍时常出现，合作交流等有利于学生身心自由生长、个性解放的教学方式比重过小。有些教师不是通过学习活动自身的趣味因素来吸引学生的学习注意，通过学习的成功来增强学习的动力，而是一味地采用物质或符号的奖励（如送小礼物、发小红花、贴五角星等）来"引诱"学生听话、顺从，导致学生功利心的增强和人格独立精神的缺失。这样的教学仿佛"成为一种预谋好的、科学或艺术地控制人们心智的技术，成为一种人们必须服从的机制。从一个人幼年的时候被强制地送到教育的工厂中开始，教育的规训就以一种权力的眼睛监视人的一言一行，就以一种考试的技术算度人的现实和未来，就用一种势利的身份、诱惑方式生产着人的野心，就用一种奖惩的技术迅速地培养着虚伪的道德"。[①] 这种以"积极"面貌出现的规训方式是当前教学应该警惕的问题。

3. "技术"强势，课堂生态恶化。

伴随着科学技术的高度发展以及社会对教学活动的功利性追求，教学活动似乎越来越"技术化"了。教学"技术化"的最直接结果，就是改变了教学活动的性质，导致教学活动成为一项纯粹技术性的活动，失去了其最基本的人文向度和价值属性。在教学"技术"强势的课堂上，课堂生态恶化，师生间的交往互动不得不让位于"技术"和"流程"，教学世界成了"思想赤贫"的"情感沙漠"。由此，教学过程的复杂性和丰富性消失殆尽，没有了思想，没有了情感，没有了智慧。教学过程沦为不得不经过和履行的单一阶段和程序，其本身似乎无足轻重。因而，固守既定的或由经验习得的（常常又是最不费时费力的）阶段和程序也就"顺理成章"。学校犹如工厂，教室犹如车间，师生千人一面，与动物群体极为相似。[②] 比如，对教材配套光盘过度依赖，使上课沦落为"放课"——教师一味地点击鼠标播放光盘，从新课的引入到课的展开，从例题解答到课堂练习乃至全课总结。教师一路"点"下去，学生则一路"看"下去，教室仿佛变成了"放映室"。在这里，信息技术既没有为学生提供更为丰富的学习资源，也没有成为促进学生思维和探究

---

① 金生鈜. 规训与教化[M]. 北京：教育科学出版社，2004

② 徐继存. 教学技术化及其批判[J]. 教育理论与实践，2004(2)

活动的有力工具，而是变成了教师继续教学流程、展示预设内容的道具。从某种角度上说，这种“满堂放”的行为是“满堂灌”传统在信息技术条件下的新体现，其实质仍然是教师单向灌输，学生被动接受的教学模式，只不过由“人灌”变成了“机灌”而已。

教学是师生双方借助于理性进行的一次次“探险”，亦即师生双方不断借助于理性将思想的触角伸向远方、超越自我、探索种种“未知世界”的过程，并在这个过程中获得亚里斯多德所说的那种“理智的喜悦”。[①]

三、新的人才培养目标呼唤教师的教学智慧

国际21世纪教育委员会向联合国教科文组织（UNIESCO）提交的报告《教育——财富蕴藏其中》中指出：面向21世纪，教育要培养学生学会四种本领——学会认知（learning to know）、学会做事（learning to do）、学会合作（learning to together）、学会生存（learning to be）。要完成这个任务，对于教学来说，就必须抛弃单纯的以知识传授为主的教学方式，代之以既重视知识与技能传授，又重视过程与方法、情感态度与价值观培养的研究性学习、合作性学习等多种教学方式的有机整合，促进学生知、情、意、行的整体发展。

历史已经证明，而且将继续证明：一个没有相当发达的数学的文化是注定要衰落的，一个不掌握数学作为一种文化的民族也是注定要衰落的。[②] 数学素养是学生素养的重要构成。作为一种人类文化的数学教育，其目的不仅在于学生通过学习获得生活所必需的数学知识与技能，还在于通过数学学习得到思维的训练，提升思维品质，更在于领悟数学的精髓——数学思想方法，获得数学的素养。重视基础知识和基本技能的教学是我国数学教学的优良传统，但另一方面，这种对双基的重视有时蜕变成了过度的机械训练，加重了学生的学习负担。这就要求我们要在确保双基教学质量的基础上，促进学生创新精神和能力的发展。

四、教学智慧是教师专业发展的至高境界

孔子曰：知（智）者不惑，仁者不忧，勇者不惧。教学智慧丰厚的教师具有智、

---

① 石中英. 教育哲学导论[M]. 北京：北京师范大学出版社，2002

② 齐民友. 数学与文化[M]. 大连：大连理工大学出版社，2008

仁、勇的美德,他们是教师中的君子。这样的教师才能够进入不惑、不忧、不惧的境界,得以"诗意地栖居"。

1. 教学智慧解放了教师的身心。

客观地说,中小学教师的工作是繁杂、枯燥和沉重的。日复一日地与一群不懂世事的小孩子"打交道",其中常常不乏愚笨、顽劣者。不想学的要让他学,学不好的要让他学好,他们经常是"从鸡叫忙到熄灯,上了床还要想学生",承受的工作压力可想而知。2008 年,当第 24 个教师节来临的时候,《中国青年报》社会调查中心通过腾讯网教育频道,对 90964 名公众进行了"中国教师健康状况调查"。调查发现,85.3%的人认为教师是一个辛苦的职业。54.5%的教师每天工作 8~10 小时,26.2%的教师工作时间甚至超过 10 个小时,只有 19.4%的教师每天工作时间少于 8 小时。[①] 2005 年,海南省对其所属四个市县 400 名中学教师的心理健康状况抽样调查,结果表明,教师整体心理健康水平明显低于普通成年人,在强迫、敌对、人际关系敏感、焦虑方面的心理问题较为突出。[②]

这一问题的解决需要社会多方面的协力共为,就教师自身而言,发展教学智慧不失为一条可行的突围路径。教师的教学智慧集中表现在教学实践中:具有敏锐感受、准确判断生成和变动过程中可能出现的新情势和新问题的能力;具有把握教育时机、转化教育矛盾和冲突的机智;具有根据对象实际和面临的情境及时作出决策和选择、调节教育行为的魄力;具有使学生积极投人学校生活,热爱学习和创造,愿意与他人进行心灵对话的魅力。教师的教学智慧使他的工作进入到科学和艺术结合的境界,充分展现出个性的独特风格。教育对于他而言,不仅是一种工作,也是一种享受。[③]

2. 教学智慧赋予教师更大的专业自主权。

波斯纳认为,"行动+反思=教师成长"。教师的教学智慧来源于教学行动中的反思和反思中的教学行动,而这两者构成了教师的研究者生活。

---

① http://edu.qq.com/zt/2008/tcday,2010-9-18

② 肖少北、李玉美.海南省 4 市县 400 名中学教师心理健康状况抽样调查[J].中国临床康复,2005(24)

③ 叶澜.新世纪教师专业素养初探[J].教育研究与实验,1998(1)

在研究中，教师对教学问题了解得更深刻，看到了更多的别人没有看到的某些方面，从而寻找到更多的解决问题的办法，提高了教学的效率。不仅如此，研究还改变了教师对自己工作的看法——不再把教育工作看成是每天重复着同样的事情，不再把讲解、巩固等等看做枯燥、乏味、机械的表演了。① 正因为如此，苏霍姆林斯基才说，如果你想使教育工作给教师带来欢乐，使每天的上课不致变成单调乏味的苦差，那就请你把每个教师引上进行研究的幸福之路吧。在这里，有收获和发现，也有快乐和苦恼。谁能感到自己是在进行研究，谁就会更快地成为教育工作的能手。②

教学智慧还意味着“教师专业化”和“教师赋权增能”。教学智慧是教师专业水平的标志，扩大了教师的专业自主权，维护了教师作为实践者的尊严。

3. 教学智慧使教师得以“诗意地栖居”。

教学智慧是教师专业化成长中主体价值的体现，它使教师焕发了生命活力，使教学工作进入科学和艺术结合的境界，并成为一种愉悦的审美享受。在这种愉悦的审美活动中，教师超越了现实的藩篱和功利的追求而进入一个纯情的世界，灵魂得以净化和升华。

作为教学活动的对象，学生不仅具有获取知识的渴求、探究奥秘的天性，更具有强烈的审美要求。对美的感受能促使少年心灵中产生一种极其敏捷的力量，使之成为刚毅果敢、宽宏大量、心地善良而又十分热诚的人。如果一个人在他的童年时代没有领略到人的心灵美的话，他就不可能成为有教养的人。实际上，培养真正的人，就是用人的精神美使人变得精神高尚，正是那种思想高尚的精神，才促使儿童去思考：我是什么样的人？我活在世上是为了什么？③

在纯情的境界里，教师因教学智慧而获得了精神的自由和满足，这是人的价值的实现。在教学的职场里，教师以自己的教学智慧实现了让学生成为精神高

---

① 【苏】苏霍姆林斯基．给教师的一百条建议[M]．杜殿坤译．北京：教育科学出版社，1984

② 【苏】苏霍姆林斯基．苏霍姆林斯基选集（第四卷）[M]．蔡汀译．北京：教育科学出版社，2001

③ 【苏】苏霍姆林斯基．怎样培养真正的人[M]．蔡汀译．北京：教育科学出版社，1992

尚的人的目标,这是教师职业价值的最高实现。教学智慧使教师得以诗意地栖居于教育这片广袤的大地之上。

第三节 教学智慧文献综述

从20世纪80年代起,国外对教师及其教学研究的重点转向了教师实践,相关的研究文章以惊人的速度增长着。① 国内自20世纪90年代起也开始了这一领域的研究,出现了"实践性知识"、"实践智慧"、"教育智慧"、"教学智慧"、"教学机智"等研究热点。这些研究热点各有其背景,体现了研究者不同的研究旨趣。由于教学是教师教育实践的最主要构成,教学智慧直接关乎教师的教学绩效,因而教学智慧的研究日益成为理论界和实践界都极为关注的话题。就目前来说,教学智慧的研究主要集中在内涵、特征、分类和养成四个方面。

一、关于教学智慧内涵的研究

赵建军(1999)认为,"所谓教学智慧指的是作为教学主体的教师对教学所作的观念运筹、经验调度、操作设计等的种种努力及其体现于教学实践各环节的主体能动性。属于以教学为本体的主体实践范畴。"②

王鉴(2006)则认为教学智慧就是教学机智(teaching wit),他采用《教育大辞典》的定义:"教师面临复杂教学情境所表现出的一种敏感、迅速、准确的判断能力。如,在处理事前难以预料、必须特殊对待的问题时,以及对待一时处于激情状态的学生时,教师所表现的能力。"③

杜萍和田慧生(2006)认为,"教学智慧是教师个体在教学实践中,依据自身

---

① 【美】古铁雷斯·伯拉.数学教育心理学研究手册——过去、现在与未来[M].徐文彬、喻平、孙玲译.南宁:广西师范大学出版社,2009

② 赵建军.教学智慧内涵界说[J].四川师范大学学报(社会科学版),1999(2)

③ 王鉴.教学智慧:内涵、特点与类型[J].课程·教材·教法,2006(6)

对教学现象和教学理论的感悟，深刻洞察并敏锐机智、高效便捷地应对教学情境而生成融通共生、自由和美的境界的一种综合能力，这种能力包含了多种具体教学能力的综合运用，是教师有关教学活动的感知、思维、创新、实践等多种能力整合后的高水平的系统能力”。①

程广文和宋乃庆(2006)认为，教学智慧就是面对千变万化的教学实际情景，为保证教学作为一种“人为”活动，从“不确定性”中寻找“确定性”，充分表现出来的一种实践智慧。简而言之，是在教学活动中处理“预设”与“生成”关系的智慧。②

成晓利、毕平平(2007)认为，“教学智慧是一种特殊的智慧，是指教师在教学实践活动领域内主动运用个体知识、经验、能力、思维等合理认识和创造性解决教学实际问题时所体现出来的综合素养”。③

林存华(2008)认为，教师智慧是“教师基于自己独特的个性，并在特定的教育情景中形成的对教育活动的批判性认识和创造性解决问题的能力”。④

王峰(2008)认为，“教学智慧是教师个体在教学实践中深刻洞察、敏锐机智并高效便捷地应对教学情境的综合能力，是教师面临复杂教学情境时所表现的一种敏感、迅速、准确的判断与行动能力”。⑤

杜萍、王兆坤(2009)则从教育生态学的视角提出了一种全然不同的观点，他们认为：“教学智慧的内涵包括教师教的智慧和学生学的智慧，教学智慧的价值取向指向于教师与学生生命主体的共同发展，教学智慧的生成有赖于课堂教学情境的不断建构。”⑥

以上观点或多或少地得到了其他研究者的赞同，将这些观点加以概括，可以分为四种类型，如表 1-1 所示。

---

① 杜萍，田慧生. 论教学智慧的内涵、特征与生成要素[J]. 教育研究，2007(6)

② 程广文，宋乃庆. 论教学智慧[J]. 教育研究，2006(9)

③ 成晓利，毕平平. 论教学智慧[J]. 内蒙古民族大学学报，2007(3)

④ 林存华. 人种志研究与教师智慧的生成[J]. 教育理论与实践，2006(8)

⑤ 王峰. 浅谈教师的教学智慧[J]. 当代教育论坛，2008(6)

⑥ 杜萍，王兆坤. 试论教学智慧及其生成条件[J]. 课程·教材·教法，2009(2)

表 1-1 教学智慧内涵分类表

	观 点	内 容	研究视角	代表人物
1	实践范畴说	认为教学智慧是一种实践范畴	哲学	赵建军、王颖
2	教学机智说	将教学智慧等同于教学机智	心理学	王鉴、周智慧 李星云、刘爱
3	综合能力说	认为教学智慧是教师的一种高水平的综合能力	心理学	王鉴、杜萍、田慧生、王峰、成晓利、毕平平
4	教、学两分说	认为教学智慧包括教师教的智慧和学生学的智慧，是两者的统一	生态学	杜萍、王兆坤

这四种类型的划分体现了不同的研究视角。从心理学研究视角看，教学机智说也可纳入综合能力说，因为教学机智是“教师面临复杂教学情境所表现的一种敏感、迅速、准确的判断能力”。从总体上说，教育界一般是将教学智慧视为教师的一种高水平的综合能力。

由于以上四种观点赋予教学智慧以不同的内涵，导致了教学智慧这一概念在外延上的差异。教学机智说的概念外延最小，专指课堂教学情境之中的教师随机应变的行为。实践范畴说和综合能力说，则是将概念的外延扩展至教学实践的各环节，即除了课堂教学中教师的教学行为外，还包括课前的教学设计和课后的教学辅导等，是处理“预设”与“生成”关系的行为总和。“教、学两分说”的概念外延最广，它包含了课堂内、外的教师教学行为和学生学习行为。

从研究方法上看，研究者们主要采用了两种研究方法——词语分析法和相关概念比较法。运用词语分析法的研究者或从《辞海》、《现代汉语词典》、《韦氏大学辞典》中关于“智慧”一词的界定入手，来确定“教学智慧”这一概念的属性；或从《教育大辞典》直接给出“教学机智”一词的定义，然后再加以解读。运用相关概念比较法的研究者们将“教学智慧”与相关概念进行比较和辨析，以此获得对教学智慧的更多认识。

徐继存(2001)认为，教学智慧作为一种特殊的知识类型，既不同于纯粹的教学理论，也不同于单纯的教学技能。良好的践行本身就是教学智慧的目的，渗透于教学理论和教学技能的具体应用过程之中。[①]

程广文和宋乃庆(2006)将教学智慧与教学方法、教学艺术进行比较。首先,教学智慧与教学方法在“行为选择性”上不同,教学智慧所引起的行为具有生成性,而教学方法所引起的行为则具有预设性,但在“合目的性”上两者一致。其次,教学智慧与教学艺术在“行为创造性”上是一致的,而在“合目的性”上则存在区别。创造性的教学行为是教学智慧与教学艺术的共同追求,但两者对于这个共同追求的立足点不同。教学智慧作为实践智慧,它以“实践”为立足点;教学艺术则以“审美”为立足点。课堂教学不是演出,“教学生”的目的不是为了“愉悦学生”,如果在“教学生”的同时也“愉悦学生”,那就是教学智慧。[②]

李星云(2008)将教学智慧与教学经验、教学艺术和教育理论进行比较。认为“教学智慧不同于教学经验,也不同于教学艺术和教育理论。因为教学经验是具体的、零碎的、片面的;教学艺术则以审美为立足点;教育理论是系统化的普遍规律,更具有概括性、一般性,可以通过书本知识、观摩、讲授等方式习得。而教学智慧则是经过抽象概括后的教学经验,是基于课堂教学而生成的实践能力;教学智慧所追求的美,必须同时满足符合客观规律和符合人类心灵的需要,追求科学和艺术的和谐”。[③]

二、关于教学智慧特征的研究

关于教学智慧特征的研究主要有两种方式,一种是通过语句进行描述,另一种是以简明的词语进行罗列。

语句描述方式。赵建军(1999)说:“教学智慧具有哪些内在的规定性呢?教学智慧指的是作为教学主体的教师对教学所作的观念运筹、经验调度、操作设计等的种种努力及其体现于教学实践各环节的主体能动性。”它体现了“教学主体对教学客体的创造性”。[④]

---

① 徐继存.论教学智慧及其养成[J].西北师大学报(社会科学版),2001(1)

② 程广文,宋乃庆.论教学智慧[J].教育研究,2006(9)

③ 李星云.论新课改背景下教师教学智慧的生成[J].江苏教育学院学报(社会科学版),2008(7)

④ 赵建军.教学智慧内涵界说[J].四川师范大学学报(社会科学版),1999(2)

程广文、宋乃庆(2006)认为,教学智慧所引起的行为具有生成性,只能发生在具体情景中。没有创造也就表现不出智慧,教学智慧追求两种美——符合客观规律的美(organic beauty)和符合人类心灵的美(aesthetic beauty)。①

词语罗列方式多为2006年以后的研究者所采用,主要观点如表1-2所示。

表1-2 教学智慧特征分类

研究者	教学智慧特征
王鉴②(2006)	复杂性、情境性、实践性
杜萍、田慧生③(2007)	个性化、集成性、高效性、创新性、动态性
王颖④(2007)	内隐性、独创性、动态生成性、行动实效性

综合以上观点,创新性和动态性是大多数研究者较为一致的看法。

三、关于教学智慧分类的研究

根据不同的视角和维度,教学智慧大致有以下几种划分方式:

第一,从教学行为方式的角度划分。杜萍和田慧生认为,教学智慧主要包括:组织材料进行教学设计的智慧、教学内容呈现的智慧、师生沟通对话引领学生的智慧、教学方法选择和应用的智慧、教学过程组织管理的智慧、个别化教学策略应用的智慧等。

第二,从水平层次上进行划分,这种划分又分为两层次和三层次两种观点。王鉴(2006)将教学智慧分为简单层次和更高层次。简单层次的教学智慧是基于教师的教育教学经验和聪明机智的反应就可以掌握和展现的。这种教学智慧可以通过学习获得,但这种学习首先必须立足于个体经验,外来的知识只有通过和个体的教学经验的相结合,才能得以内化,才能表现为教师自己的教学智慧。更高层次的教学智慧是教师能在不断变化的教育情境中随机应变的综合素质,是一种内化于教师自身信念、价值与方法之中的实践能力。教学智慧是教师对意想不到的情

① 程广文,宋乃庆.论教学智慧[J].教育研究,2006(9)

② 王鉴.教学智慧:内涵、特点与类型[J].课程·教材·教法,2006(6)

③ 杜萍,田慧生.论教学智慧的内涵、特征与生成要素[J].教育研究,2007(6)

④ 王颖.论教学智慧[J].继续教育研究,2007(2)

境所进行的崭新的、出乎意料的塑造，将教学活动中的所谓小事变得有意义，这样教学就可能在学生的心目中留下较深刻的印象，就有可能产生教学中的奇迹。①

三层次划分的观点主要是杜萍、田慧生和张毅(2006，2007)等提出的。他们认为，教学智慧可以由低到高划分为三个水平层级。第一层是技能熟练且恰当运用阶段。教师在掌握了教学设计要求、常规教学方法的操作程序、多媒体的使用、课堂教学管理等多种技能的基础上，能够较熟练且恰当地运用教学智慧，师生交流正常，顺利达成教学目标。第二层是机智应对突发性教学情景阶段。教师在第一层次的基础上能够机智面对、有效引导课堂中生成的各种问题，达成良好的教学效果。第三层是融通共生、自由和美的境界阶段。教学体现了教师的才学与教学活动的自然契合，师生沟通交流融通和谐，教师的聪慧激发出学生智慧的火花，课堂呈现出求真、求善、求美的和谐统一状态。这是真正达成教学智慧的状态，是教学的最高境界。当然，并不是完全达到第一个层次后才能进入第二个层次，当教师部分素养达到一个水平层次后，就会有更高一个层次的行为表现，开始状态有可能是零散的、局部的，但在教师的不断努力下，会逐步进入较高的层次。②

第三，从整个教学系统来划分。成晓利、毕平平(2007)认为，教学智慧包括三个方面：一是教学内容处理上的智慧，体现为对文本的创造性解读；二是教学过程中的智慧，体现为预设与生成相得益彰；三是教学方法选择上的智慧，体现为教师个性特色的彰显。③

对教学智慧的分类有利于研究的深入进行，层次说更有利于教师增强信心，不再将教学智慧视为玄妙的、不可企及的状态。

四、关于教学智慧养成的研究

在教学智慧研究领域中，教学智慧的养成研究占据重要的地位，这表明研究者对改进教师专业素养，进而改进教学实践的一致关注。

徐继存(2001)认为教学智慧不同于教学理论(可以通过学习而获得)，也不像教学技能(可以通过有意识的系统的训练来形成)，只能在具体的教学实际情况中去探索和摸索，必须将教学理论的学习与教学实践经验结合起来，统一于具

---

①② 王鉴.教学智慧：内涵、特点与类型[J].课程·教材·教法，2006(6)

③ 成晓利，毕平平.论教学智慧[J].内蒙古民族大学学报，2007(3)

体的教学实践活动中。教学理论的学习在于确立正确的教学观念并以此观照自身的教学实践活动，也即教学实践反思，而教学实践反思正是获取教学实践经验并从中汲取教益的基本方式。也就是说，将教学观念的改造与教学实践反思结合起来，才有可能不断趋向教学智慧的境界。①

王鉴（2006）认为，教学智慧的养成策略有三条：理解教学艺术的创造性内涵、重视教师的实践缄默知识、提高教师的教学研究能力。②

杜萍、张毅（2006）认为，"突出问题意识的培养，提升教师的思维品质"有助于教学智慧的养成。对在职教师进行教育时，首先要鼓励他们摒弃墨守成规的教学方法和教学态度，摒弃不能适应今天教育改革的旧的工作方式和工作惯习，积极反思教育实践，积极自我革新，解放思想。其次要帮助教师去发现和创设有利于自主发展的教、学、研的结合点。要尽可能多创设一线教师与同行、专家的对话的教学现场，在对话、交流中实现教师缄默性个人教育观念的外显化，引导教师梳理问题、聚焦问题，选择与自己工作关系紧密、自己有感悟的并且可能有所突破的问题作为课题。这个问题就是继续学习、开展研究之源头，这个课题就是教、学、研的结合之点。③

杜萍和田慧生（2007）认为，教学经验、教学思维力和教学执行力是教学智慧生成的三条要素。教学直接经验是教学智慧不可或缺的土壤和基础，教学思维力是教学智慧生成的核心要素，教学执行力是教学智慧产生的最直接的能量、最直接的导因。前两者是内隐的，后者是外显的。教学智慧是这三方面综合形成的合力、融为一体所生发出的聪明才智。三者的高度发展与融合，成就了高水平的教学智慧。④

周智慧（2007）认为，教学反思、教学对话、教学案例研究是培养教学智慧的三条有效策略。⑤

---

① 徐继存.论教学智慧及其养成[J].西北师大学报（社会科学版），2001(1)

② 王鉴.教学智慧：内涵、特点与类型[J].课程·教材·教法，2006(6)

③ 杜萍，张毅.教师教学智慧的养成策略[J].当代教育科学，2006 (16)

④ 杜萍，田慧生.论教学智慧的内涵、特征与生成要素[J].教育研究，2007(6)

⑤ 周智慧.论教师教学智慧的培养策略[J].内蒙古师范大学学报（教育科学版），2007(10)

秦万山(2008)认为,要生成教学智慧必须从以下四个方面入手:一是挣脱教学惯习的桎梏,保持高度的敏感性;二是开展教学研究与教学反思,关注教学经验的提升与改造;三是改善思维方式,提高教学的创造性水平;四是厚积知识素养,实现"转识成智"。①

刘爱(2009)将教学智慧的生成过程分为三个阶段:第一阶段为孕育阶段,是教学理论和教学内容的学习过程;第二阶段为闪现阶段,是教学技能的强化、教学经验的积累及教学理论和教学实践反思的有机结合过程;第三阶段为无限生成阶段,是不同时空的教学实践中教学智慧生成机制的重现阶段。②

以上研究分别用了"生成"、"养成"和"培养"三个词,从中可以看出三者研究视角的微妙差异。"生成"的视角关注教师自身的修炼,"培养"的视角注重外部因素对教师的作用,"养成"的视角则兼顾内部的生成和外部的培养两方面。在教学智慧养成的具体策略上,以下几条是研究者提及较多的:对教学实践进行反思、积累加工教学经验、提升思维品质、提高综合素养、开展教学研究、与同行进行交流。这些策略的得出主要有两条路径,一是研究者基于教学智慧内涵、特征、表现和类型等研究结果所进行的推演,是思辨的产物;二是对经验的总结和提炼。它们都缺乏科学实证的研究。

五、关于教学机智

如上文所述,一些研究者将教学机智等同于教学智慧,因此教学机智的研究理应纳入本章的研究范畴。

国内对于教学机智的研究有两大特点:一是采用顾明远先生编撰的《教育大辞典》上的定义,然后加以解读和推演;二是较多引用马科斯·范梅南的《教学机智——教育智慧的意蕴》一书的内容,鲜有创新。值得一提的,是王卫华和涂艳国、钟启泉和刘徽等的另辟蹊径的研究。

王卫华(2007)认为,由于人们对教学机智的内涵缺乏清晰的了解,使得人们一方面把教学中的随机行为都当做教学机智,出现了教学机智的"泛化";另一方面,又把教学机智仅仅当做对意外事件的处理,出现了教学机智的"窄化"。因此

① 秦万山.论教学智慧的生成[J].当代教育科学,2008(11)

② 刘爱.教学智慧之生成过程初探[J].现代教育科学,2009(1)

他提出了判别教学机智的三个条件:第一,从本体论上说,教学机智是一种具体的实践行动;第二,从认识论上说,教学机智是对教育本质的正确认识;第三,从方法论上说,教学机智是教学行为与教学情境产生共振的产物,具有震撼性、流畅性和创新性。他还将教学机智分为主动的教学机智和被动的教学机智两种类型。在传统教学观念中,教学机智一般是用来处理课堂上的意外事件,而这些意外事件大多被认为是消极事件,它们破坏了教学的正常程序。教学机智主要就是用来疏导冲突,消弭矛盾,使教学恢复到常态。因此,这样的教学机智更多地表现为一种"救场"和"应急",这种教学机智可以称做被动的教学机智。主动的教学机智是指教师在没有碰到什么意外问题或遭遇尴尬处境的情况下,因为一定情境的触发,突然之间对一个习以为常的问题有了新的认识,产生顿悟,并立即采取了相应行动。这种机智类似于我们平常所说的"平凡中的创造"。①

涂艳国和王卫华(2008)研究了教师的教学惯习对教学机智的影响。按照法国社会学家皮埃尔·布迪厄的理解,惯习是人们行动的主要动力,对行动发挥着策略性的指导作用。教师的教学惯习一般是指教师的感知图式、评价图式和思维图式等在行动中所表现出来的性情倾向性,它是教师已有教学活动的内在化。由此,教师的教学惯习与教学机智之间形成了特定的关系,教师的教学惯习不同,他们在教学活动中所表现出来的行动方式也不同。了解这些关系,有助于教师自觉地调控自己的教学惯习,进而引发适当的教学机智。②

钟启泉和刘徽(2008)从课堂教学转型的视角来看待教学机智,认为技术观下的教学机智被理解为对偏离既定目标的意外事件的处理,狭隘地等同于课堂管理的机智。而当教学从技术向实践回归以后,教学机智则可定义为"面对惊异,契合情境的即兴创作。"③

六、教学智慧研究的问题和建议

1. 概念界定要进一步明确。

对教学智慧内涵的研究,主要存在四种观点——实践范畴说、教学机智说、高

---

① 王卫华. 论教学机智的判别条件及分类[J]. 江西教育科研,2007(4)

② 涂艳国,王卫华. 论教师的教学惯习对教学机智的影响[J]. 教育研究,2008(9)

③ 钟启泉,刘徽. 教学机智新论——兼谈课堂教学的转型[J]. 教育研究,2008(9)

层次综合能力说和教、学两分说。四种观点都是从某一视角展开的有益探索，都有其合理的因素，但我们如果不能进一步明确它的内涵和外延，在说到“教学智慧”一词时可能指的就不是同一个东西。概念的内涵与外延是一种相辅相成、互为表里的关系，内涵的研究某种程度上受制于其外延的明确。如果将外延限于课堂教学的范围内，则教学智慧的内涵就等同于教学机智；如果将教学智慧的外延设定为教学的各个环节，那么它的内涵就不能仅仅理解为教学现场的“见机行事”了，还要增加教学设计与课后辅导等内容；如果将教学智慧的外延设定为教师的教和学生的学的行为总和，则教学智慧的内涵必然又会发生变化。

对概念的合理界定有利于研究的深入开展：一方面，要避免与“实践智慧”、“教育智慧”、“教学机智”等研究产生重叠或留有空隙。另一方面，要有助于一线教师从整体上把握教学智慧，既不会因范围过大而产生“教学智慧是个筐，什么东西都往里面装”的现象，也不会因范围过小而局限于教学机智的层面。

窃以为，将教学智慧的外延设定为教学的各个环节，可能是个比较合适的做法，因为这有利于教学的科学性与艺术性的平衡。教学系统是有序与无序的统一体，有序意味着可学习、可预设、可把握，无序则意味着生成、随机应变、现场的发挥。正确处理好预设与生成的关系，正是教学智慧的所在。教学的科学性是预设的基础，机智和其他临场的发挥则是教学艺术性的体现。

2. 从两极化走向融合。

综观综合理论界和实践界两方面的研究，我们可以发现，当前教学智慧的研究呈现两极化现象，即教学智慧的基本理论研究和基层教师的经验总结都非常多，而且两者都呈递增趋势。但是这两者之间又存在着巨大的鸿沟，彼此“各守一方，互不侵犯”。从理论与实践的两极化走向融合是今后教学智慧研究的发展趋势。

3. 加强学科教学智慧的研究。

学科教学智慧是教学智慧系统的重要构成，是教师专业水平的重要标志，决定着教师教学的绩效。在当前分科教学的情况下，如何智慧地教学具体学科知识是教学智慧研究最具普遍意义的价值。因此，学科教学智慧研究是未来研究的一个重点。学科教学智慧主要体现在两个方面：一是如何利用自己的教育学和心理学知识、自己的专业技能、对学生认知水平和具体特点的了解，将自己掌握的学科知识转化为学生能够学习到的知识;二是如何在教学现场根据学生学习的具体情况灵活机智地调整教学的方案,利用随机生成的教学资源设计并达成新的教学目标的智慧。所以,学科教学智慧是对学生学科素养形成过程的合理预想和动态把握,是教师将教学理论与教学实践有机结合的产物。其中,课例研究是一种较为有效且为教师乐意接受的方式。①

4. 研究方法更加多样化。

当前教学智慧的研究方法主要有两种类型:一是理论界大多采用的"文献+思辨"方法,二是广大基层教师采用的经验总结法,缺乏量化的方法和实证的方法。这可能与教学智慧的复杂性和超理性有关系。

教学智慧的研究与教师知识研究、教师实践性知识研究具有密切的联系,但是它超越了单纯的知识范畴,是交织了知、情、意、行多方面因素的综合体。同时,它还融进了中国传统文化因素——重视师德、讲究育人,因而极具中国特色。对于这样一个复杂而且超理性的研究,应该采取量化研究与质性研究相结合、理论与实践相结合的研究方法,开放研究视角,从哲学、心理学、教育学、社会学、文化学、生态学等多学科领域,进行多侧面、多层次和多融合的研究。

第四节 研究的构想

一、研究内容

本研究的内容主要包括五个方面:

(1) 关于教学智慧的理论与实践研究文献的研究;(2) 对教学智慧的理论进行探讨,探寻教学智慧的内涵、特征、分类和表现,构建教学智慧的结构模型;(3) 对小学数学教师教学智慧的内涵、特征、制约因素和养成策略等因素进行问卷调查和访谈研究,了解和分析其倾向性及原因;(4) 对小学数学教师教学智慧的发展策略展开研究,建构有效的小学数学教师教学智慧发展策略簇群;(5) 对

---

① 王洁,顾泠沅.行动教育:教师在职学习的范式革新[M].上海:华东师范大学出版社,2007

基层小学数学教学名师的教学智慧发展案例进行研究。

二、研究目的

本研究主要达成以下目标：(1) 界定教学智慧的概念；(2) 探寻教学智慧的机理，构建教学智慧结构模型；(3) 探究小学数学教师教学智慧的特点和来源；(4) 构建小学数学教师教学智慧发展的策略；(5) 检验小学数学教师教学智慧发展策略。

三、研究思路

本研究总体上采用“自上而下”和“自下而上”相结合的研究思路。“自上而下”，指的是通过对既有相关文献的收集和研究，初步确定研究的方向、内容和程序。具体而言，就是初步了解现有的教学智慧方面研究的进展情况，对教学智慧研究的背景、教学智慧的内涵、特征、分类、表现和养成机制等进行梳理、分析，从中发现研究存在的问题，进而初步确定研究的方向——在学科课程与教学论的语境中对小学数学教学智慧开展研究，将理论界的基本原理研究与基层教师经验性研究勾连起来。“自下而上”，指的是通过对教师的问卷调查、访谈和课堂观察等行动，系统收集一线教师对教学智慧的相关资料，进而概括出某种倾向性，形成某种“扎根理论”。“自上而下”研究和“自下而上”研究结合起来，互为基础，相互渗透，彼此验证，有利于研究建立在一个比较稳固的基础之上。

具体研究步骤如下：

第一步：系统、全面地收集国内外相关教学智慧研究资料，对它们进行梳理和分析，形成对教学智慧概念及其来源的初步理解；

第二步：编制关于小学数学教学智慧概念及其来源的调查问卷和访谈提纲；

第三步：选取调查学校和访谈教师，实施调查和访谈，收集相关数据和资料；

第四步：对收集到的数据和资料进行处理和分析，探究教学智慧概念及其来源；

第五步：综合第一步和第四步的研究，界定“教学智慧”一词的概念，建构教学智慧结构模型；

第六步：综合以上各步研究，构建出小学数学教学智慧的发展策略；

第七步：利用名师成长案例验证第六步构建的教学智慧发展策略；

第八步：对整个研究进行总结反思，发现研究所存在的问题，对未来研究进行展望。

本研究具体采用文献研究法、调查法、课堂观察法和个案研究法，兼顾量化研究方法与质性研究方法，形成理论与实践相结合的研究策略。其中，相关文献、调查资料和课堂观察记录构成资料收集方法的三角互证。本研究线路如图 1－3。

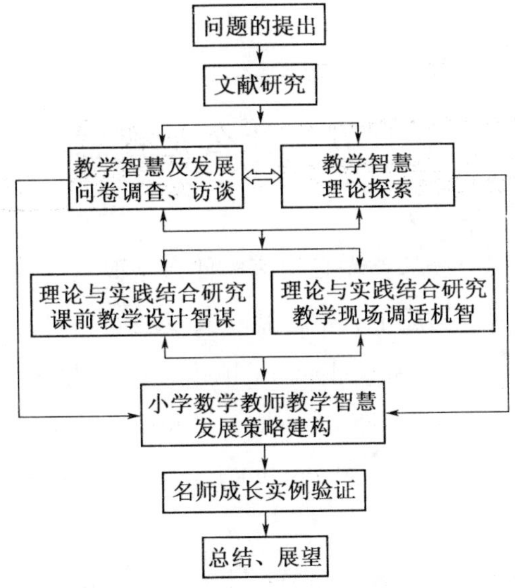

图 1－3　小学数学教学智慧研究线路图

第二章　教学智慧的理论探讨

第一节　什么是智慧

研究教学智慧及其发展，首先必须解决什么是智慧的问题，因为后者是前者的上位概念，对它的理解构成了教学智慧及其发展问题研究的理论基础。

“Where is the life we have lost in living（生活里的生命我们在哪儿失去）？/ Where is the wisdom we have lost in knowledge（知识中的智慧我们在哪儿失去）？/ Where is the knowledge we have lost in information（信息中的知识我们在哪里丢失）？”①

诺贝尔文学奖获得者、诗人艾略特（Thomas Stearns Eliot）在上世纪 30 年代诗作《岩石》（《the rock》）里发出的疑问，今天不仅仍然难以回答，而且似乎显得更加复杂了。人们通过观察和量度获得了各种各样的数据，对这些数据进行分析和加工，获得了浩如烟渺的信息，进而在应用这些信息的行动中产生了知识，而通过利用知识并反省这些知识的过程中又生成了智慧。可见，智慧是终极追求，是置身于纷繁复杂的大千世界生存、生活和发展的唯一凭借。

一、知识与智慧

在知识管理学的 DIKW 金字塔中，数据层居于塔底，是最基本的。信息层居于其上，它加入了“内容”，可以回答简单的问题，如：谁、什么、哪里、什么时候、为什么等。信息层加入了“如何去使用”就变成了知识层，它是一些可行的关系和

① 摘自 T. S. 艾略特《岩石》一诗里的句子，转引自 http://hi.baidu.com/jiangy468/blog/item/7a0cd0226e807f599922ed49.html，2011 - 1 - 9

行为方式，可以回答"怎么办"的问题。智慧层比知识层多了"什么时候才用"的内容，人们通过相互沟通及自我反省而生成了智慧。智慧能解答"为什么行动"和"什么时候行动"的问题，它关心行动的结果，指向未来。

DIKW 金字塔的意义在于它形象地揭示了数据、信息、知识及智慧之间的内在联系。对于智慧研究而言，知识显然是一个不可或缺的基础。

其实，知识和智慧本就是人类把握世界的两种方式，两者同根同生。在中国古代汉语里，知识的"知"与智慧的"智"是相通的。《释名・释言语》曰：智，知也，无所不知也。《论语》中未出现"智慧"一词，但据杨伯峻的统计，"知"字出现了116 次，其中作"智慧"义有 25 次。[①] 西方的"智慧"概念也有"一切知识"的意思。但随着历史的发展，知识和智慧受到的重视程度和发挥的作用却不尽相同。就现代社会而言，科学知识对人类发展的巨大推动作用有目共睹，对科学的信任、依赖与日俱增。时至今日，科学知识已经凌驾于人类的文化之上，人们对其达到了崇拜的地步。而智慧，却被"悬置"于一边。

那么，知识到底是什么呢？作为一个生活用词，《现代汉语》认为"知识"有两方面意义：一是人们在社会实践中获得的认识和经验的总和；二是指学术、文化和学问。[②] 这样的定义过于宽泛，包括了各种事物的性质、状态、类型、结构等因素。众所周知，一个概念越是宽泛，其内涵就越是难以确定，"知识"这个概念在此就处于这样的状况。

给"知识"下定义之难，还在于我们在问"知识是什么"的时候缺少一种具体的语境。这恰如石中英所描述的：这种问法本身省略了任何的语境，不是期望一个具体的个人带着个人的成见来回答这个问题，而是期望一个具体的个人一下子能够超越任何语言、文化背景的限制直接切中"知识"的唯一的"本质"。谁听到这样的问题内心都不免胆怯，因为我们的理智清醒地知道，我们说不中那个唯一的本质。或者说，我们的理智确切地知道，我们没有把握说中那个唯一的本质。[③] 好在我们现在研究的主要是教育问题，从教育学语境来解读知识，可能较

---

① 杨伯峻. 论语译注[M]. 北京：中华书局，1980

② 中国社会科学院语言研究所词典编辑室. 现代汉语词典[M]. 北京：商务印书馆，2006

③ 石中英. 知识转型与教育改革[M]. 北京：教育科学出版社，2001

为明白些。

《教育大辞典》认为："知识是对事物属性与联系的认识，表现为对事物的知觉、表象、概念、法则等心理形式。"[①]而《中国大百科全书·教育卷》则认为："所谓知识，就它反映的内容而言，是客观世界在人们头脑中的主观印象。就它反映的活动形式而言，有时表现为主体对事物的感性知觉或表象，属于感性认识；有时表现为关于事物的概念或规律，属于理性认识。"[②]显然，后者的界定更为具体明了。从这一界定我们也可以看出，知识是主客体相互统一的产物。它来源于外部世界，所以知识是客观的；但是知识本身并不是客观现实，而是事物的特征与联系在人脑中的反映，是客观事物的一种主观表征，知识是在主客体相互作用的基础上，通过人脑的反映活动而产生的。显然，在这样的定义中，知识是一种现代知识范型或科学知识范型。

石中英认为，知识在不同的历史阶段有不同的范型——原始知识型（神话知识型）、古代知识型（形而上学知识型）、现代知识型（科学知识型）、后现代知识型（文化知识型），后一种知识型都是在前一种知识型的基础上转化而来。[③] 其中，现代知识型（科学知识型）具有以下特征：

从知识与认识者角度看，科学家或研究人员是"知识分子"，他们享有认识特权。知识"反映"客观事物本质，观察、实验或推理是获得知识的主要途径；

从知识与认识对象角度看，世界是客观的，知识是对客观事物"本质"的揭示。真正的知识是实证的知识，与客观事物的本质相符合；

从知识的陈述角度看，知识通过特殊的概念、范畴、符号和命题加以表述。数学语言和观察命题是其基本形式。知识具有客观性、确定性和实证性；

从知识与社会关系角度看，知识为现代社会提供解释世界的模式，是形成现代社会的动力。知识是价值中立、文化无涉与非意识形态的，是人类公共财富。

现代知识型在面对现代社会时常常会遭遇三个困境。其一，世界是一个无

---

① 顾明远主编. 教育大辞典·第一卷[M]. 上海：上海教育出版社，1990

② 董纯才主编. 中国大百科全书·教育卷[M]. 北京：中国大百科全书出版社，1985

③ 石中英. 知识转型与教育改革[M]. 北京：教育科学出版社，2001

限复杂、瞬息万变的系统。各种事物实际能显现的属性总比它们可能表现出来的属性更多，其被实际体验到的部分往往就像冰山显示在水面上的部分。也就是说，真实事物在认识上是不透明的——我们不能把事物看穿。我们关于这些事物的知识可能因此变得更扩大了而不是因此变得更完善了。[①] 其二，现代知识型标榜价值无涉，只是出于纯粹客观，一味地关心"真"的问题，这难免出现不是将人"物化"，就是将人的生活方式、态度、情感、目的、价值完全排斥在外，全然不顾善与恶、是与非的问题。其三，从现实世界的情形看，知识的增进在促进人类的繁荣的同时，也使地球陷入空前的危机（如生态环境的恶化等）。正因如此，有研究者提出了更新知识观念的对策。例如，石中英提出了知识转型的观点，即使现代知识型（科学知识型）向后现代知识型（文化知识型）转化，这可能是一条可行的路径。当然，我们也可以扭转目光，将视线投向"智慧"，更准确地说，是回到智慧。因为在历史的长河中，人类曾无数次凭借智慧战胜了困难、化解了矛盾，智慧与人类的进步与发展相生相伴。

二、智慧的复杂内涵

如同"知识是什么"难以回答一样，"智慧是什么"至今（可能将来）也没有一个统一的界定。作为日常生活用语，《现代汉语词典》认为"智慧"指"辨析判断、发明创造的能力"。《辞海》对"智慧"的解释是："对事物能认识、辨析、判断处理和发明创造的能力。"但是这种较为通俗的理解并不能满足学术研究的需要，因为在不同的学科语境中，"智慧"具有不同的意义，在不同的认识层次上也有不同的理解。

1. 不同学科语境中智慧的内涵。

哲学的英语单词是"philosophy"，它源自希腊语"philosophia"。"philosophia"由"philos"和"sophia"合成，前者是"友爱"之意，后者是"智慧"之意。合而言之，哲学就是"爱智慧"。由此可见智慧在古希腊人心目中的重要性。与此相类似，我国哲学家曾称智慧为"元学"，即形而上之学。[②]

---

① 【美】尼古拉斯·雷舍尔. 复杂性——一种哲学观[M]. 吴彤译. 上海：上海科技教育出版社，2007

② 冯契. 智慧的探索·补编[M]. 上海：华东师范大学出版社，1998

从哲学的层面看，不同时代的哲学家的观点各不相同。古希腊亚里斯多德认为，人的理智获得真或确定性的方式有五种，即技艺（techne）、科学（episteme）、实践智慧（phronesis）、理论智慧（sophia）和努斯（nous）①，智慧是努斯和科学的结合，是关于普遍的、必然的事物的认识。智慧也指爱智慧的活动，有智慧的人对他们自己的利益全不知晓，他们知晓的都是一些罕见的、重大的、困难的、超乎常人想象而又没有实际用处的事情，因为他们并不追求对人有益的事务。② 可见，此处的智慧完全有别于我们现在一般人理解的聪明能干。

我国古代儒家认为，智（慧）总是与道德原理（仁道）联系在一起的，智是道德原理的一个主要特征和要素，是指导道德实践的原则。智慧不是像理智那样的中性能力，而首先是一种道德认识和道德实践的能力；它不是可以天马行空无限发挥的东西，而必须符合仁道的原则。这是智慧与一般聪明的根本区别。在早期儒家思想家关于智慧的论述中，智慧是实践之道，是对人、对事的整体把握和判断，是实践的指导，具有明显的伦理特征。它不是对事物的旁观者式的认识或客观知识，而是实践的决断。它也不是理论推理，而是超理性，但又不排斥理性的价值直观。它一方面不离仁义，另一方面总是能就特殊事情做出适时、适当的决断并付诸行动。智慧的落脚点在生活世界，但其关照却在天人之际。就此而言，它与亚里士多德的“phronesis”也并不完全相似，因为它包括对天道的某种洞察。③

我国现代哲学家冯契先生是在与知识相对照的语境下来定义“智慧”的，他心目中的“智慧”是对宇宙人生的某种洞见，和人性自由发展有着内在的联系。④ 在他看来，智慧根本不是日常意义上的所谓聪明才智，而是特指哲学智慧：“认识天道和培养德性，就是哲学的智慧的目标。”由此可以看出，冯契的智慧观吸纳了

---

① 亚里斯多德对“努斯”一词的使用似乎可以分为广义和狭义两种，广义的努斯与欲求相对，是灵魂的基于某种目的而把握可变动的题材的能力的总称。广义用法非常模糊，常常与理智混用。现在多数学者视努斯为原本的理智、直觉理性或神性智慧

② 【古希腊】亚里斯多德. 尼各马可伦理学[M]. 廖申白译. 北京：商务印书馆，2003

③ 张汝伦. 重思智慧[J]. 杭州师范大学学报，2010(3)

④ 冯契. 智慧的探索[M]. 上海：华东师范大学出版社，1994

中西两种文化的观点，有中国古代“圣智”、佛家的“般若”和希腊人“爱智”之“智”的意思，它指一种哲理，即有关宇宙人生根本原理的认识。[①]

以上是从哲学层面对不同时代、不同文化背景下的哲学家关于智慧理解的简单阐述，指的是一种“大智慧”。而从心理学的角度看，智慧通常指人的智能、智力(intelligence)，是人们认识客观事物并运用知识解决实际问题的能力。智力包括多个方面，如观察力、记忆力、想象力、分析判断能力、思维能力、应变能力等。在这个意义上说某人有智慧，就是指此人的智商(intelligence quotient 简称IQ)高，即聪明、智力发达、思维有创造性、善于解决认识上的问题等。[②] 这较之于哲学层面的理解明确、具体了很多，基本上等同于日常意义上的聪明能干。

教育家们关于智慧的观点也各不相同。[③] 洛克说：“和一般流行的见解一样，我将智慧理解为：一个人在世上处理其个人事务时精明强干并富于远见。这是善良天性、心智专一和经验结合的产物。”[④]杜威则认为，智慧与知识不同，知识仅仅是已经获得并储存起来的学问，而智慧则是运用学问去指导改善生活的各种能力。怀特海的观点与杜威相近，他在《教育的目的》一书中指出：智慧是掌握知识的方式，它涉及知识的处理，确定有关问题时知识的选择，以及运用知识使我们的直觉经验更有价值。这种对知识的掌握便是智慧，是可以获得的最本质的自由。智慧并不一定总是随着知识的增长而增长，只有当我们学会了积极地创造和运用知识的时候，我们才最终拥有了智慧。教育的全部目的就是使人具有活跃的智慧。[⑤]

我国学者田慧生认为，智慧是个体生命活力的象征，是个体在一定的社会文化心理背景下，在知识、经验习得的基础上，在知性、理性、情感、实践等多个层面上生发，在教育过程和人生历练中形成的应对社会、自然和人生的一种综合能力

---

① 冯契. 冯契文集·第1卷[M]. 上海：华东师范大学出版社，1996

② 【美】R. J. 斯腾伯格. 成功智力[M]. 吴国宏，钱文译. 上海：华东师范大学出版社，1999

③ 【美】杜威. 我们怎样思维·经验与教育[M]. 姜文闵译. 北京：人民教育出版社，2004

④ 【英】约翰·洛克. 教育漫话[M]. 杨汉麟译. 北京：人民教育出版社，2005

⑤ 【英】怀特海. 教育的目的[M]. 徐汝舟译. 北京：三联书店，2002

系统。它不只是一般意义上的聪明，甚至也不只是心理学概念中的智商，它是每个个体安身立命、直面生活的一种品质、状态和境界。正因为如此，人们常讲人要有大智慧才会有大格局。智慧实际上涵盖了个体多方面的素质，它融合了个体已有的知识经验、已有的经历。①

以上对智慧不同的理解源自不同的学科视角，从心理学的的优良智力，到教育学的个体多方面的素质的良好发展，再到对整个宇宙人生的洞察，由此呈现出一种由具体到抽象、由微观到宏观的认识上逐渐上升的变化。如果换一种思维方式，从人类理解智慧、追求智慧行为的角度进行分析，则可以将智慧分为四层境界。

2. 不同认识层次上的智慧内涵。

学者马国成认为，纵观古今人事，可以看到人们爱智慧有四种境界。②

第一种境界：崇尚聪明和知识的智慧。智慧总是与天赋的聪明联系在一起的，体现为高出常人的聪明才智，爱智慧就在于不断增长自己的聪明才智。但仔细推敲起来，聪明才智不过是智慧的“坯子”，而并非真正实现了的智慧。“聪明反被聪明误”这句话，反映了聪明与智慧之间存在着一条并非聪明人都能跨越的鸿沟。

智慧与知识的关系也非常复杂，没有知识的储备，不学习前人积累的知识和经验，就谈不上智慧。爱智慧就是爱知识，爱知识就是不断地学习和读书，不断地积累经验。所谓“吃一堑长一智”，就是通过积累失败的经验教训而增长智慧。理解和获得知识需要一定的聪明才智，而具有较高聪明才智的人也常常会比普通人更快、更多地获得知识。具有丰富知识的人也总能掌握更多的解决问题的方式方法。正因如此，培根才说“知识就是力量”。然而智慧与知识、有智慧与有知识之间并不能画等号。

第二种境界：崇尚权谋和技巧的智慧。我国古代许多杰出的兵法家、权谋家就达到了这一境界。汉初三杰之一的张良能“运筹帷幄之中，决胜千里之外”，功成却能全身而退，避免遭遇韩信的“兔死狗烹，鸟尽弓藏”的悲惨下场，历来被后人称为仁、智、勇三者皆备的完人。然而，纵观中国古代的权谋家，有许多不得善终，其根本原因在于这些权谋者们运用对立的思维方式，为胜人而无所不用其

① 田慧生.时代呼唤教育智慧及智慧型教师[J].教育研究，2005(2)

② 马国成.智慧四境界说[J].晋中学院学报，2010(4)

极。历史证明,崇尚权谋者远不及“大智若愚”者的境界。

第三种境界:崇尚道德正义的智慧。仁爱他人,伸张正义,修养自己,提高德性,以德服众;知权谋而不用,不战而屈人之兵。如:管仲九合诸侯而不以兵车之力,夫子从七十子而不以权谋,等等。这显然比第二种智慧境界更高,是一种纯正无邪的智慧,是谓“正智”。“正智”崇尚大道,在爱人中爱己,在利人中利己,在乐人中乐己。它消弭人与人之间的纷争,扬善抑恶,超越了二元对立的思维方式,更符合宇宙、人生的运行规律。

第四种境界:崇尚本真和超越的境界。如果说前三种智慧境界是人间的智慧,那么这第四种智慧境界则是超越人间的智慧境界。比如,老子说:“是以圣人常善救人,故无弃人;常善救物,故无弃物,是谓袭明。故善人者,不善人之师;不善人者,善人之资。不贵其师,不爱其资,虽智大迷,是谓要妙。”(《道德经·第二十七章》)在老子描述的圣人的眼里,没有无用之人,没有可弃之物;善者以善待之,不善者也以善待之。最高的智慧是超越理性和分析的,需要全体的把握和本体的直观。

第二节　什么是教学智慧

智慧是教学智慧的上位概念,研究智慧的目的是为了从总体上把握教学智慧的本质和基本特性,为教学智慧的研究指明方向。教学智慧从本质上说是一种实践智慧,它有别于国外教师实践性知识的研究旨趣,具有中国教学文化的独特韵味。

一、教学智慧体现了中国教学论研究旨趣

考察国内学术文献关于“教学智慧”的英文翻译,主要有两种:“teaching wisdom”和“teaching tac”。“tac”一词主要是“机智”的意思,加拿大学者马克斯·范梅南的《The tact of teaching: the meaning of pedagogical thoughtfulness》就被李树英译为《教学机智——教育智慧的意蕴》,可见,“teaching tac”译为“教学机智”比较妥当。“teaching wisdom”是一个有点“Chinglish”味道的词,因为以其为关键词检索英文资料时很难找到相关的文献,这可能表明国外的教师及其教学实践的研究没有采用这样的词汇来表达。事实上,他们更多的是围绕“teacher knowledge”、“teacher thinking”和“practical wisdom”（实践智慧[①]）等词进行研究。“teaching wisdom”一词更多地体现了我国教学论研究的旨趣，它根植于中华民族崇尚智慧文化和追求教无定法、运用之妙存乎一心的传统教学文化的土壤之中。

有别于西方的课程传统，中国具有深厚的教学传统。从孔夫子到1905年科举制度废除，在两千多年的历史中，课程（教学内容）的载体仅有“五经”（《诗经》、《尚书》、《礼记》、《周易》和《春秋》）、“四书”（《论语》、《孟子》、《大学》和《中庸》）和“三百千千”（《三字经》、《百家姓》、《千字文》、《千家诗》，俗称“三百千千”）几套教材，教师的工作和智慧主要体现在如何诠释经典和教学现有的教材上。照本宣科——自主地进行非自主的教学内容的教学，实现非自主的教学目的，这是教师教学追求和全部智慧的体现。美国学者斯蒂文森和斯丁格勒在其合著的《学习的差距》一书中明确指出了这一点：按照中国的教育思想，好的教师主要是“熟练的演绎者”（skilled performer），就像演员或音乐家一样，他们的主要工作是有效地和创造性地去演绎出指定的角色或乐曲，而不是直接从事剧本或乐曲的写作。[②] 这种文化传统深深根植于教师的思想深处，至今仍影响着他们的思想和言行，教学智慧研究于我国教师而言具有特别的意义。

诚如杨启亮先生所说，我国教师虽然把课程视为预设的物质化的教学内容，但是也赋予了教学以智慧的灵动和人性化的自由。至于“灌输”的方法，我国教师更是最懂得启发诱导、疏而不堵的。[③] 我国传统的教学方法极具自己的特点，这种特点主要体现在启发及智慧性上。

启发是我国教学方法的精髓。孔子曰：“不愤不启，不悱不发，举一隅不以三隅反，则不复也。”即是说教师的开导必须在学生“心求通而未得，口欲言而未能”之“愤悱”状态。（《论语·述而》）所以，《礼记·学记》中说：“故君子之教，喻也：道而弗牵，强而弗抑，开而弗达。道而弗牵则和，强而弗抑则易，开而弗达则思。

① 钟启泉在日本学者佐藤学的《教师与课程》一书中将其译为“实践性学识”

② The Learning Gap——why our school are failing and what we can learn from Japanese and Chinese Education, Simon &Schuster, 1992

③ 杨启亮. 守护家园：课程与教学变革的本土化[J]. 教育研究，2007(9)

和、易以思，可谓善喻矣。”

启发式教学方法的高级境界是不言之教。不言之教涵义有三：一是指行为的示范作用，身教重于言教，从而对于行为特别重视，一切教学最终都要落实到“笃行”。二是指教学要强调学生自身的彻悟。“悟”就是要思考，只有通过思考，才能由表及里、由此及彼，悟出结果，“学而不思则罔，思而不学则殆”。“悟”的对立面是迷，“当局者迷”，便是指一个人如果局限在自己的小圈子里，只为自己的利益得失而考虑，便无法得道。三是指氛围、环境的教化作用。道家强调接受大自然的熏陶，儒家也重视环境的教化作用，“近朱者赤，近墨者黑”。[①]

智慧性是我国教学方法的又一特色。智慧若水，因势而变，逢方则方，遇圆则圆。根据具体的情境及时做出恰当的应对是教学智慧的基本特性，它既表现在教师能因时而变，又表现为因材施教。因时而变，即随着学生所处的阶段不同予以不同的教学，是教学智慧性的一个表现。因材施教，则是根据不同的学生，采用不同的教学方法，它是教学智慧性的另一个表现。

《礼记·学记》中说：“善问者如攻坚木，先其易者，后其节目，及其久也，相说以解。不善问者反此。善待问者如撞钟，叩之以小者则小鸣，叩之以大者则大鸣，待其从容，然后尽其声。不善答问者反此。”这不仅从教的方面阐述了提问的智慧策略，而且从学的方面阐述了根据不同情境做出不同的应答。

我国几千年来严格的课程管理使得教师的全部智慧都体现在诠释经书上，这就有了“教学有法，但无定法，贵在得法，无法之法乃为至法”，这是教学智慧研究的文化基础。

二、教学智慧是一种实践智慧

教学智慧是一种实践领域的智慧，它产生于教学实践活动之中，由教学实践的主体——教师所拥有的为了改进教学实践的智慧，是一种实践智慧。

1. 教学智慧是一种教学实践领域的智慧。

对教学本质的认识，有认识说、发展说、层次类型说、传递说、学习说、统一说等观点。[②] 它们主要是在以下四种范围上进行指称的：在“教”的意义上、“学”的

---

① 何旭明. 论“不言之教”[J]. 当代教育论坛，2004(3)

② 李定仁，徐继存. 教学论研究二十年[M]. 北京：人民教育出版社，2001

意义上、“教学”意义上和“教学生学”的意义上。不论在何种指称上来谈论教学，教学都必然是一种由人——教师或学生或教师与学生自主进行的活动，而且这种活动旨在促进学生的身心发展。如果说实践是人们改造自然和改造社会的有意识活动，显然，教学就是一种特殊的实践活动。作为教师的实践，促进学生成长是其教学活动的根本性目的，也是其区别于其他活动的特殊性所在；[①]作为学生的实践，其特殊性表现为在教师的指导下进行自觉主动地学习，以使自己的身心得到发展。

教学作为一种实践活动，包括从师生展开活动、学生获得一定意义，到学生发生某种成长性变化的最终结果，这一系列逻辑链条中全部的“过程”和“最终结果”。从过程的角度看，教学活动主要包括课前的教学设计、课堂的教学、课外的教学辅导和交流这三个大环节；从结果的角度看，是师生双方都得到了益处，学生在知识与技能、过程与方法、情感态度与价值观等方面得到发展，而教师也在教学相长中获得学科及其教学知识的丰富，在师生的交往中陶冶了情感，净化了灵魂，对人生有了更深的感悟。教师的教学智慧产生于教学实践之中，也为教学实践服务。

2. 教学智慧是一种实践智慧。

实践智慧（phronesis，也有人译作明智）在亚里斯多德那里是一种与技艺（techne）、科学（episteme）、理论智慧（sophia）和努斯（nous）相并列的一种把握事物之真的理智活动形式。如前所述，智慧是努斯和科学的结合，是关于普遍的、必然的事物的认识。而实践智慧则是一种与人的善恶相关的、合乎逻各斯的、求真的实践品性。实践智慧不同于科学，因为它与具体的东西相关，都是具体的，它的题材包含着变化；实践智慧也不等同于技艺，因为实践与制作在始因上不同——制作的目的外在于制作活动，是为了制作出的产品，而实践的目的就是活动的本身，即做好本身就是一个目的。实践智慧也不等同于聪明，聪明是一种能很快实现一个预定目的的做事能力。实践智慧是对于一个高尚的、善的目的的手段，而聪明则是对于任何一个确定目的的行为。实践智慧离开了德性就只是聪明，而聪明如果失去了善的目的就蜕变为狡猾。[②] 由此我们可以概括出

① 李定仁，徐继存. 教学论研究二十年[M]. 北京：人民教育出版社，2001

② 【古希腊】亚里斯多德. 尼各马可伦理学[M]. 廖申白译. 北京：商务印书馆，2003

实践智慧的核心要素:对于实践的、出于善的目的以及善谋、善解和体谅。善谋、善解和体谅是实践智慧的三种德性。[①] 善谋属于一种出谋划策,即思考和做决定。善谋是以某种善为目标的,正确性是善谋的标志。善解就是能够明辨善断,即举止得体,有正确的判断。善解的人也特别能够体谅他人。

以此来对照教学智慧,我们可以发现,教学智慧是一种实践智慧。

第一,教学活动是一种实践活动。亚里斯多德在《形而上学》中将人类的活动一分为三:实践的、创制的和理论的。一般来说,理论的本性是求知,实践的本性是求好(good,即善);理论的特点是沉思,实践的特点是行动;理论的求知只能通过对普遍性的沉思来获得,实践的求好只能通过对特殊性的操作来达到;理论科学的意义在于提供知识,实践科学虽也提供知识,但根本意义在于使人们实际地变好。当然,理论求知的终极目的也在于价值上的好,即知自然和神的好,而实践是行人的好。实践与理论的共同点在于都是以自身为目的的活动,即理论与实践都不是用以达到其他目的的手段。然而创制则不然,它以其产品的好为目的。[②]

由此我们可以发现,不论何种指称,教学活动都具有"人为"的且"为人好"的有意识的活动这一属性,在这种活动中,人具有自己的选择性,从而使得教学活动富于变化,并区别于理论活动。同时,教学这一活动的目的在于自身的好,即教学行为自身符合善的标准——使师生得到发展,过上幸福的教学生活,这又使它区别于创制活动。

第二,教学智慧追求师生幸福的教学生活。真正的教学活动追求的是自身的善,即在教学中师生协同活动,相互对话,彼此悦纳。就学生而言,德、智、体、美各方面和谐发展;就教师而言,教学相长,享受职业幸福。充满教学智慧的教学追求的是使师生得以诗意地栖居,除此之外的目的都是教学活动派生的目的。

第三,善于谋划、恰当应对是教学智慧的基本属性。教学智慧就是面对千变

---

① 【古希腊】亚里斯多德. 尼各马可伦理学(注释导读本)[M]. 邓安庆译. 北京:人民教育出版社,2010

② 徐长福. 走向实践智慧——探寻实践哲学的新进路[M]. 北京:社会科学文献出版社,2008

万化的教学实际情景，为保证教学作为一种“人为”活动，从“不确定性”中寻找“确定性”，充分表现出来的一种实践智慧。简而言之，是在教学活动中处理预设与生成关系的智慧。① 预设就是谋划，处理好生成就是恰当应对，巧妙处理好预设与生成的关系，这就是教学智慧。

谋划的依据是既有的教学活动的规律。教学活动作为一种人的实践活动，有别于自然科学的必然性，具有变动不居的性质，而这种变动不居也具有某种规律性。事实上，人们对教育规律的认识日趋丰富，已经形成了诸多的教学理论。当然，这些理论不能而且永远不能涵盖教学活动的复杂性，它只是在一定程度上成为人们规划和设计教学活动的依据。但另一方面，教学活动虽然可预设，却并不是绝对地由预设来决定的，它还有生成的一面——在教学过程中，预设的目标、内容、方法与手段、组织形式等在遭遇学生的学习活动后，很可能需要进行调整和改变，甚至要完全否定，恰当地应对正是教学智慧的又一种体现。

总之，教学智慧要求教师既要在教学活动之前科学地预设教学的目标、内容、方法与手段、组织形式等，又要在教学活动过程中充分考虑学生的学习方式与学习特点，给学生参与、思考、表达的机会，生成并实现学生所需要的、所能理解的知识与技能、过程与方法、情感态度与价值观等目标。②

三、教学智慧的评价标准

什么样的教学是智慧的教学？什么样的教师是智慧的教师？这两个问题实质上是一个问题——我们评价教学智慧的标准是什么？

1. “和”：教学智慧的评价标准。

首先，教学活动是一个非常复杂的系统。如前所述，教学系统由学生、教师、课程、目的、环境和反馈等众多要素构成，这些要素相互联系、相互作用，构成了丰富多彩的课堂生态。其中的每一个要素都具有许多不确定性因素，就人的因素——学生和教师而言，每一个个体都是唯一的，他们在不同的时空有不同的身心状态，会做出不同的甚至大相径庭的行为。就目的而言，这又涉及价值取向问题，在不同的价值观念下，教学目标的定位就有所差异。例如，以知识为本位的

① 程广文，宋乃庆．论教学智慧[J]．教育研究，2006(9)

② 王鉴．试论预设性教学的内涵与特点[J]．课程・教材・教法，2008(2)

教学观念之下，往往特别关注知识的获取并以此作为教学智慧的评价标准，教师就特别追求“精讲精练”、“循循善诱”、“熟读静思”等教授方法的巧妙，就会提倡“熟能生巧”等学习方式。

其次，我们已经习惯将复杂的事物分化成简单的部分来进行研究，这具有化难为易、各个击破的好处。但这存在着一个隐患，因为复杂事物的属性往往并不是由一个个简单事物性质叠加而成的。例如，兔笼中有一只兔子，再添加一只兔子就可以得到两只兔子。但是，如果添加的是一只异性兔子，那就有可能产生更多的兔子。如果添加的是一只狼则可能一只兔子也没有了。显然，教学系统的复杂性远比这样的例举复杂得多，如果采用简单的分解方式进行研究，其结果可能距离真理相去甚远。

教学智慧是一种实践智慧，其复杂性和人文性注定了我们不可能用一种简单的、具体的，或者科学的、技术的方式来进行评价，而要用一种具有足够包容力的事物评判标准来进行评判。1988 年，世界各国的七十多位诺贝尔奖得主在巴黎集会，会后发表的共同宣言中提到：“人类要在 21 世纪生存下去，必须回到 2530 年前中国的孔子那里去找智慧。”我们的先哲——孔子的思想可能为这一难题的解答提供帮助。

“和”，是东方哲学的重要概念，“和”文化更是中国传统文化的思想精华。“和”是先秦思想文化中的重要社会理念。《礼记·中庸》“‘和’也者，天下之达道也”、《周易》“天下和平”、《尚书》“协和万邦”、《管子》“内外均和”之类的表达，说明“和”的理念已经具有了较为广泛的时代认知基础和社会心理基础。“和”的本义是“相应”(《说文解字》)，即和谐、和顺、和睦。“和”的理念蕴涵着社会学、人类学和政治学的诸多要素，反映的是社会协调有序的精神风貌，体现着文明健康的发展。人“和”则不争，国“和”则无战。身与心“和”则人健康，人与天“和”则持续发展。作为人类文明发展史上卓越的思想家和杰出的文化巨人，孔子为中国“和”文化的创新发展作出了重大贡献。孔子通过倡“仁”和崇“礼”来实现“和”。“仁者爱人”(《论语·颜渊》)中的“仁”，是一种境界和胸怀，是内在的气质和修养，是一种最为纯洁可贵的人类情感。如果说“仁”主要是通过人的内在道德修养来实现人与人之“和”的话，那么，“礼”更多的是通过人的外在行为规范来实现人与社会之“和”。

孔子以“中庸之道”来把握行“仁”尊“礼”的度。“中庸”是孔子学说中一个最耐人寻味而又充满思想智慧的哲学理念，也是孔子“和”文化思想体系里最重要的内容。从文字学的角度来看，“中庸”的本义就是恰当地运用。按照子思的解释，“喜怒哀乐之未发谓之‘中’；发而皆中节谓之‘和’”（《札记·中庸》），从而指出了“中”与“和”的内在联系；而《逸尚书·度训》也有“‘和’，非‘中’不立”之论。由此可知，“中庸之道”就是“和”之道，它体现着“和”，又是达成“和”的方法和原则，所以，孔子认为“中庸”是“至德”的表现（《论语·雍也》）。①

中庸之道的实质是指思想和行为的恰到好处，而不是指绝对的中立或无原则的折中立场。奉行中庸之道的目的是避免“过”和“不及”两种极端情况的出现。对此，几乎同一时代的西方圣哲亚里斯多德也有类似的观点。亚氏认为，在所有连续的、可分的事物中，都存在太多、太少和适中，虽然有时是从与事物本身的关系上说的，有时是从与我们的关系上说的，但适中就是过多和过少的一种中间。人们在观赏艺术品时常会说“这里一点点都不能减少，这里一点点都不能添加”，因为多一点点和少一点点都破坏了和谐，唯有正确的度才保持完美——所以，优秀的艺术家在创作时总是瞄准这个适度点。②

2. “和”作为教学智慧评价标准的具体体现。

以“和”为教学智慧的评价标准，具体体现在教学活动诸因素之间的“和”上，包括人际之和、物际之和、教学主体与教学内容之和、人的因素与方法因素、技术因素与物的因素之和等。

（1）师生关系的和谐。

教学活动诸因素中，教师和学生是最重要的两个因素，他们是整个教学活动的主体，其和谐的生活状态既是教学智慧的体现，又是教学智慧的追求。师生间平等民主和同学间亲密友好的关系，有助于营造一种安全、和谐的课堂氛围。在这种氛围里，学生可以把注意力集中在运用材料和观念进行探究和创新上。研究表明，“心理安全”和“心理自由”是创新能力形成的两个重要条件。通常情况下，具有高

---

① 杨庆存. 孔子“和”文化思想及现代启示[J]. 北京大学学报，2009(2)

② 【古希腊】亚里斯多德. 尼各马可伦理学(注释导读本)[M]. 邓安庆译. 北京：人民教育出版社，2010

创造力的人常常具有偏离文化常模的倾向，常常会做出“离经叛道”、“荒诞怪异”的行为，如果环境能够给予他们充分的容忍和有力的支持，那么他们就会感到安全和自由，从而更好地发挥自身的创造力。对于学生来说也是如此，我们应在课堂教学中坚持学生“学习行为无错误”原则，允许、容忍、理解学生的错误，对学生的学习行为进行延迟评价。教师应把教学重点放在帮助学生弄清为什么错和如何改进上，而不是放在对学习结果正确与否的奖惩上，更不能唯结果是论。

当然，教师在充分尊重学生的同时，也要注意另一种极端现象的出现，那就是“跪着教书”。由于社会对教育提出了更高的要求，教育管理政策的变革、就业局势的艰难、独生子女的人口政策以及教学智慧的缺失等诸多因素，导致了一些教师教学行为中“贿赂”学生的现象出现——过度奖励、虚假表扬、不当许愿、招安式封官和无原则迁就等。① 吴非说：“要想学生成为站直了的人，教师就不能跪着教书。如果教师没有独立思考的精神，他的学生会是什么样的人？……一想到中国人千百年的下跪历史，…… 想到下一代人还可能以各种各样的形式下跪，就觉得我们中国首先得有铁骨铮铮的教师，教育的辞书中才能有‘铸造’这样的词条。”②

从学生的角度看，也要平衡好两方面关系。一方面要提倡“吾爱吾师，吾更爱真理”的精神，打消盘踞在一些学生心灵的“唯上”、“悦上”、“枪打出头鸟”、“木秀于林，风必摧之”等传统观念，敢于直抒胸臆，大胆质疑。另一方面，又要提倡尊师重教、遵守纪律、讲究秩序的优良传统。

（2）教学目标全面与适度的达成。

把一个人在体力、智力、情绪、伦理各方面的因素综合起来，使他成为一个完善的人，这就是对教育基本目的的一个广义的界说。在几乎所有的国家，在整个历史过程中，在哲学家和道德学家们那里，在大多数理论家和理想家们那里，都可以找到这个教育理想。③

---

① 王九红．教师贿赂学生现象的社会学剖析[J]．江苏教育，2006(1)

② 吴非．不跪着教书[M]．上海：华东师范大学出版社，2004

③ 联合国教科文卫组织、国际教育发展委员会·学会生存——教育世界的今天和明天[M]．北京：教育科学出版社，1996

学生的发展是有个性的全面发展，即要让每一位学生的全面素质都得到尽可能的发展。然而，长期以来“社会本位”的价值取向导致了我们对学生个性发展的忽视。曾几何时，我们将听话、顺从甚至唯唯诺诺作为衡量一名学生好坏的标准。这不仅压抑了学生渴望自由的天性，违反了儿童成长的规律，同时也使得我们的教育难以适应今天这个充满挑战、呼唤创造精神时代的需要。不满足于已有结论、不相信唯一正确的解释、不迷信权威的仲裁、不屈服于任何外在压力而放弃自己的主张，是创造型人才的人格特征。

全面发展的人，同时也应该是有个性的人。如果无视人的个性差异，强求一律化和平均化地发展，那我们造就的只能是“统一规格的产品”。苏霍姆林斯基说，个人的全面和谐发展就是道德的、智力的、劳动的、审美的、身体的几个方面的和谐发展，要把这种全面发展与发掘人的天赋才能结合起来。他认为，最主要是在每个孩子身上发现他最强的一面，找出他作为人的发展根源的“机灵点”，使孩子能够充分发挥和发展他的天赋素质，达到他的年龄可能达到的最卓越成绩。全面发展是个性发展的基础，个性发展是全面发展的核心，彼此之间相互渗透、相互融合、相互促进。人的身心发展的内在统一性和整体性决定了人的全面发展和个性发展的连续性、一致性。一方面，个性发展建立在身心全面发展的基础之上，不顾及全面发展而苛求个性特长，终究导致扼杀个性。另一方面，全面发展不仅以尊重个性为前提，而且以个性发展为目标，最终通过个性发展而表现出来。

全面而有个性地发展的实质是学生的差异性发展，即在所有学生都得到发展的基础上，不同的学生得到不同的发展。在每个学生全面素质都得到发展的基础上，不同的素质得到相对于原有素质水平的最大限度的提高。差异发展需要教师打破学生发展上的平均主义，要正确认识差异。差异是客观存在的，我们不能无视其存在，而单纯理想化地去追求绝对的全面发展。差异实际上是促进学生全面发展的一种宝贵资源，正因为学生之间存在着差异，学生之间合作学习的方式才有必要和存在的可能。差异是现实世界真实性和丰富性的体现，是世界存在的方式。我们不仅要正视差异，还要充分利用差异，推进学生全面而个性化地发展。

(3) 学习者与教学内容、教学方式的相互匹配。

学生的身心发展是遵循一定的规律的，并不是所有的学习内容都适合他们的学习，这就存在一个教学内容与学习者相匹配的问题。这是教材编写者重点考虑的问题。就教师而言，主要的工作在于如何根据既有的教学内容进行加工使之适合学生学习。

首先，不同学科知识应采取不同的学习方式。例如，弗赖登塔尔就反复强调："学习数学的唯一正确方法是实行'再创造'，也就是由学生本人把要学的东西自己去发现或创造出来；教师的任务是引导和帮助学生去进行这种'再创造'的工作，而不是把现成的答案告诉给学生。这是一种最自然、最有效的学习方法。说它最自然，是因为生物学'个体发展过程是群体发展过程的重现'这条原理在数学学习上也是成立的，即：数学发展的历程也应在个人身上重现，这才符合人的认识规律。"[①]显然，"再创造"这种学习方式是不太适合语文和英语学科的。

其次，同一学科不同类型的知识也要采用不同的教学方式。就数学而言，"数与代数"、"空间与图形"、"统计与概率"、"实践与综合运用"等领域内容的学习方式也各有特点。自主、合作和探究的学习方式是应该提倡的，但要根据具体情况灵活采用。数学家陈省身在回答张奠宙关于合作讨论的提问时说："数学是自己思考的产物。首先要能思考起来，用自己的见解和别人的见解交换，会有很好的效果。但是，思考数学问题需要很长的时间。我不知道中小学数学课堂是否能提供很多的思考时间。"[②]显然，独立思考、形成自己的意见是合作讨论的前提和基础，而独立的思考需要充分的时间，离开时间的保障，合作讨论就不能得到真正的实施。

只有"吃透两头"——充分了解学生和深入理解教材，才具有设计良好教学的基础，即才能选择恰当的教学方式，实现教学方式与学生、教学内容相匹配的目标。

（4）人机的协同。

随着信息技术的飞速发展，以计算机多媒体和网络技术为核心的现代教育

---

① 【荷兰】弗赖登塔尔. 作为教育任务的数学[M]. 陈昌平，唐瑞芬等编译. 上海：上海教育出版社，1995

② 张孝达. 数学大师论数学教育[M]. 杭州：浙江教育出版社，2007

技术受到了教育界的普遍关注,信息技术与课程整合已经成为课程改革的一个重要方面。2001 年教育部颁布的《基础教育课程改革纲要(试行)》明确指出,要大力推进信息技术在教学过程中的普遍应用,促进信息技术与学科课程的整合,逐步实现教学内容的呈现方式、学生的学习方式、教师的教学方式和师生互动方式的变革,充分发挥信息技术的优势,为学生的学习和发展提供丰富多彩的教育环境和有力的学习工具。信息技术在教学中的作用,从高到低可以分为:作为教学的主宰者(master)、作为教学的支持者(servant)、作为教学的合作者(partner)、作为教学的推动者(extension of self)等四个层次。

在信息技术作为教学主宰者的课堂中,教师和学生的行动都受到一定限制,课堂行为比较被动。教师利用信息技术的动力可能较多地来自于外部环境的压力,他们并没有真正理解信息技术的教育价值和工作原理,在使用信息技术时经常表现出一些束手无策、无助的迹象;而学生则盲目相信技术,不加思考地用计算机处理自己所碰到的数学问题,或用技术的智能化功能来代替自己的推理。在这种技术环境中,学生的思维过程很容易被技术所替代,致使学生对技术产生依赖,对技术所产生的现象或结果缺乏数学的理解,从而让人感到技术的应用对教学没有必要,甚至非常有害。① 在数学教学实践中,信息技术作为主宰者的现象不仅存在甚至还相当严重。一些教师因理念上的偏失,过分夸大信息技术在课堂中的作用,甚至出现“没有应用信息技术的课一票否决”的极端情况。还有一些教师出于公开课作秀的考虑,为用而用,致使公开教学变成了课件展示。课件设计和制作片面追求形式的完美和技术的复杂新颖,而淡化了为教学服务的意识。更多的教师则由于对信息技术与学科整合实质理解的不到位,缺乏运用信息技术整合教学的技能,导致了信息技术运用不当甚至起反作用现象的发生。

课堂教学是一个师生双方互动的过程,是有序与无序的统一体,因而需要教师在遵循规律的基础上随机应变、临场发挥,任何预设的教案、课件都无法包打复杂多变的课堂情境的天下。从课堂教学要素来看,信息技术作为一种物的和技术的因素,它服从于人的需要,只能处于一种“辅助”的地位。人——教师和学生才是课堂诸要素中最重要的因素,是活的因素,决定包括信息技术在内的其他

---

① 尚晓青.信息技术在数学课堂教学中应用的层次分析[J].数学教育学报,2008(8)

因素。如同教学不是“教教材”而是“用教材教”的道理一样，教学不是“放光盘”而是“用光盘教”。要将光盘作为一种教学的资源来利用，为学生创设学习的情境，激发学生学习的兴趣；为学生提供学习的材料，帮助他们突破思维的障碍，取得更好的学习效果。光盘不应该也不可能成为教学的主宰者，而必须成为教学的支持者、合作者和推动者。①

“和”作为教学智慧的评价标准，正如亚里斯多德所言：“这当然是难的，尤其是在一些具体的境况中。要规定一个人究竟该如何、对谁、出于何种原因、多长时间发怒才是合适的，这自然不容易。我们有时称赞发脾气太少的人，称他是儒雅的；有时又称赞怒发冲冠的人，说他像个男子汉。我们不谴责无论是根据过度还是根据不及都只偏离正确航线一点点的人，但我们谴责偏离正确航线太远的人，因为他引人注目。至于偏离多远、多严重就当受到谴责，这难以确定。这就像一般感觉性的东西很难确定一样。但我们所说的那些属于行为领域的现象，它们是单一的、具体的，对它们的判断取决于直接的感觉。所以说了这么多，确定无疑的还是，尽管中庸的品质在所有事情上都值得称赞，但人们必定还是有时偏向过度方面一些，有时又偏向不及一面多些，目的还是为了契合中庸，更易于达到适度。”②

第三节　教学智慧生成模型

从哲学的层面看，教学智慧是一种实践智慧。那么在教学论——区别于教育原理和具体学科教学理论的一般教学理论语境里，教学智慧又是什么呢？

在第一章第三节的文献综述中，我们已经阐述了当前教学智慧研究存在一种两极化现象。理论界的研究属于一种思辨性质的基本原理的探讨，一线教师的探索则是一种经验性质的具体做法的陈述。前者的研究剥离了具体学科的特

① 王九红.小学数学教材配套光盘引发的教学问题及对策[J].现代教育技术，2010(12)

② 【古希腊】亚里斯多德.尼各马可伦理学(注释导读本)[M].邓安庆译.北京：人民教育出版社，2010

性，是普遍意义上的教师及其教学研究，后者主要是某一学科的教师及其教学实践的经验总结和探索。前者的研究是教学论语境下的研究，后者是学科教学论语境下的研究。显然，在这两极之间寻找联系点，消弭两者之间的鸿沟，是教学智慧研究的任务和空间所在。

一、教学论语境下教学智慧的内涵

在充分吸纳实践范畴说、教学机智说、综合能力说和教、学两分说等研究成果的基础上，我们认为，教学智慧是教师在教学活动中，灵活运用各种资源，巧妙处理复杂问题的心智综合素养。这一界定有以下几方面的内涵：

(1) 教学智慧贯穿于教师整个的教学实践活动中。教师的教学实践活动不仅包括课堂教学活动，还包括课前的教学设计活动，以及师生课外的教学交流和辅导活动。这一点较之于既有研究仅将其定位于课堂教学活动范围有很大的区别。课堂教学确实是教学智慧产生、运用和表现最集中和最主要的场所。但是，课前的教学设计和课外的师生教学交流与辅导是课堂教学的准备和延伸，是教学实践活动的重要构成。既然教学实践不能局限于课堂教学，那么教学智慧就应该贯穿于包括课前设计、课堂教学和课外教学交流与辅导的整个过程。

(2) 教学智慧指一种实现的状态，即巧妙的教学设计、灵活机智的课堂调适、及时恰当的课外交流与辅导，这些行为都指向一个良好的结果，而且这种良好的结果是一种现实的存在。良好的教学效果是检验教学智慧的唯一标准。

(3) 教学资源包括整个教学活动所需要的人力资源、物力资源、信息资源、时间资源和空间资源等。人力资源主要包括教师和学生，物力资源主要包括教学设施(场所、桌椅、照明灯具等)、器材(计算机多媒体设备、实验器材、教具和学具等)，信息资源主要包括教学内容及其载体、音频、视频、挂图等。巧妙运用教学资源的评价标准是教学效果良好前提下的资源利用的高效率。

(4) 教学目的正当，即教学必须符合善的目的，有利于学生身心的健康和谐发展，有利于教师专业发展，有助于师生过上幸福的教学生活。

(5) 教学智慧是教师的一种心智方面的综合素养，包括知识(理论知识、实践知识)、经验、态度、情感、价值观等，其核心是一种高水平的综合能力。

二、教学论语境下教学智慧的构成

教学智慧是教师的一种心智方面的综合素养，由知识、经验、态度、情感、价值观等因素按照一定的结构组合而成(其模型如图 2-1)。

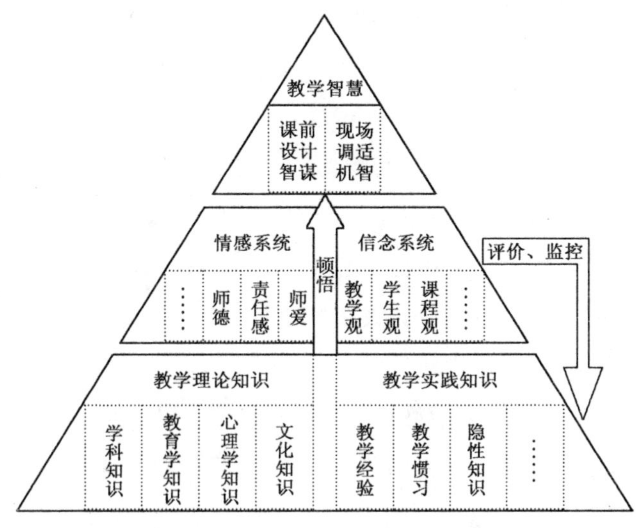

图 2-1　教学智慧形成模型

知识是智慧的基础,智慧是知识恰当和正当的使用,没有知识的积累,便没有智慧的创生。冯契先生认为,人的认识过程是从无知到知、从知识到智慧的变化过程。由此,他提出了"转识成智"的哲学观点。在他看来,知识与智慧是连续、统一的认识过程的两个方面。作为统一的认识过程的两个方面,知识与智慧并不是彼此并列或对峙的二重序列,知识之中即包含着智慧的因素,智慧则始终与知识经验有着内在的联系。知识固然应向智慧转化,但"转识成智"的飞跃是在与知识经验的联系中实现的,不能把知识与智慧割裂开来。

知识是"以物观之",即反映事物的实在情形,其效用是有限的、相对的,是有分别的正确。而智慧则是"以道观之","道取于无物而无不由也",是无分别的正确,其效用是无限的、绝对的。① 具有智慧的人,能达到"理性自知"、"意志自主"和"情感自得"的境界。就教学智慧而言,最高境界就是所有教学行为"无不通也,无不由也"。这是值得教师毕生追求的境界。

教师个体教学智慧达成的境界以知识为基础,当其达到"理性自知"——拥有丰富的知识且对其有深刻的理解后,方才具备"转识成智"的基础条件。"转识

① 冯契. 智慧的探索·补编[M]. 上海:华东师范大学出版社,1998

成智”还需意志的自主和情感的自得两个因素的促成，即在意志上，教师要树立正确的人生态度，摆脱各种羁绊，达到自由的境界。具体而言，就是树立良好的世界观、人生观、知识观、价值观，乃至于学生观、教学观和课程观，以正确的观念去调适、监控自己的教学思想和行动的方向；在情感上，要净化灵魂，树立大爱，关心学生，热爱教育事业。以高尚的师德和师爱去评价、浸润和提升自己的思想和行动的境界。如此，教师的知识才能经由顿悟转化为智慧。

教师的教学知识从总体上可分为教学理论知识和教学实践知识。教学理论知识主要包括学科知识、教学知识、心理学知识和一般文化知识，这是教师把握课堂确定性因素和根据变化应对课堂不确定性因素的依据。学科知识被林崇德称为本体性知识，是教学知识中最具基础性的知识，但它对学生学业成绩的影响存在一个“阈限”，即达到某种水平即可，多了对教师的教学并不一定起作用。许多学科知识丰富却教不好书，而学科知识不甚丰富教学成绩却比较出众的例子都说明了这一观点。教师所具有的教育学和心理学的知识也被视为条件性知识，它包括学生身心发展的知识、教与学的知识和学生成绩评价的知识。文化知识是教师学科知识之外的其他领域知识，具有背景作用，能使教学达到锦上添花的效果。

教学实践知识与教学理论知识相对，它包括教师在教育教学实践中实际使用和表现出来的知识（显性的和隐性的），是教师内心真正信奉的、在日常工作中“实际使用的理论”，支配着教师的思想和行为，体现在教师的教育教学行动中。[①] 教师的教学实践知识指教师在面临实现有目的的行为中所具有的课堂情景知识以及与之相关的知识，或者更具体地说，这种知识是教师教学经验的积累。[②]

我们所认识的多于我们所告诉的，[③]教学实践中蕴藏着大量的隐性知识，这些知识我们难以明言，却可意会。它类似于波兰尼所说的“附带知觉”（subsidiary awareness），为教师作为“焦点知觉”（focal awareness）的行动提供支撑和指导。[④]

---

① 陈向明.实践性知识：教师专业发展的知识基础[J].北京大学教育评论，2003(1)

② 林崇德.教育的智慧——写给中小学教师[M].北京：北京师范大学出版社，2005

③ Michael Polanny. The Tacit Dimension[M]. London: Routledge & Kegan Paul, 1966

④ 【英】波兰尼.个人知识[M].许泽民译.贵阳：贵州人民出版社，2000

如果没有附带知觉，焦点知觉无法发挥作用。附带知觉越丰富、越厚重、越协调，焦点知觉则越强、越明晰、越准确。因此，教师的教学实践知识在教师的行动中发挥着不可或缺的作用。[①]

在教学中，教师的教学惯习不同，他们在教学活动中所表现出来的行动方式也是不同的。不同经验教师的教学惯习不同，教学经验不同可以看做是教师教学惯习的最大差异。教学惯习与教学机智之间具有密切的联系，惯习中经验丰富的教师不仅易于引发被动机智，而且能主动创造"平凡中的伟大"——主动机智。[②]

---

① 陈向明. 对教师实践性知识构成要素的探讨[J]. 教育研究，2009(10)

② 涂艳国，王卫华. 论教师的教学惯习对教学机智的影响[J]. 教育研究，2008(9)

第三章　小学数学教学智慧探索

教学智慧是教师专业素养的核心要素，标志着教师专业发展的水平。小学数学教师的教学智慧既具有一般教学智慧的共性，也具有自己的个性。既区别于大学、中学和其他类型教师的教学智慧，又区别于小学语文、英语、科学等其他学科教师的教学智慧。

第一节　PCK 理论的启示

在教师及其教学实践研究中，PCK 理论特别关注学科知识与教学法知识相互结合并在实际教学中发挥作用的机制。就目前分科制度下的教师教学而言，教学智慧必然是具体学科知识教学的智慧，学科知识及其教学知识必然是教学智慧的核心构成。

一、PCK 理论简介

在教师知识的研究中，学科知识和教学法知识一直是两个最重要的成分，但是长期以来的研究始终处于两者分离的状况。上世纪 80 年代后期，美国学者舒尔曼（Shulman）认为应将两者结合起来进行研究，并提出了“学科教学知识”（Pedagogical Content Knowledge 简称 P. C. K）的概念。舒尔曼（1986）认为，学科教学知识即教师将自己所掌握的学科知识转化成学生易于理解的形式的知识，它具体表现为教师知道使用怎样的演示、例举、类比等方法来呈现学科内容，知道学生的理解难点。[①]这种转化一般包括解释、表征和适应这三

① Shulman, L. S. Those who understand: Knowledge growth in teaching. Educational Researcher, 1986(15)

个阶段。[①]

解释(Interpretation)阶段。这是知识的转化的第一阶段,教师需要对所要教授的学科内容进行归类与解释。这就要求教师能把学科内容知识中的重要原理、概念和技巧方法区分为不同层次,对学科内容知识的重要性和结构组织有基本的理解。

表征(Representation)阶段。这里的表征主要指的是教师对学科知识的表达和呈现,这是知识转化的关键环节。对于某一学科知识,教师应拥有一个表征结构,这种结构由隐喻、类似、图解、活动、举例等组成。为了能有效地教学,教师需要采用多种方法表征学科内容。

适应(Adaptation)阶段。教师需要根据学生的能力、性别、先前知识和前概念来选择、分配各种材料,确定课堂中知识的表征形式,以满足学生的认知特点和需要,使知识易于为学生理解和掌握。因此,适应是基于教师对学生的理解而实现的。

通过这三个阶段,教师将学科知识归类和解释,确定呈现学科知识的表征形式,并依据具体教学情境随时调整,以满足学生的个性特点和需要。[②]

二、PCK 理论的启示

1. 教学智慧主要体现为两个"转化"的智慧。

教师将学科教学知识转化为学习者可以理解的学科知识的这种转化活动是分为两个步骤完成的(如图 3－1 所示)。第一次转化是教师将"教材形态的学科知识"转化为"预设形态的学科知识",第二次转化是"预设形态的学科知识"遭遇学生的学习活动时,教师所进行的调适变化。这两次转化集中体现了教师的教学智慧,前者是一种教学设计智谋,后者表现为教学应变智慧(核心为教学机智)。

① Schulman, L. S. knowledge and teaching: Foundations of the new reform. Harvard Educational Review, 1987(57)

② 童莉. 初中数学教师数学教学知识的发展研究——基于数学知识向数学教学知识的转化[D]. 西南大学, 2010

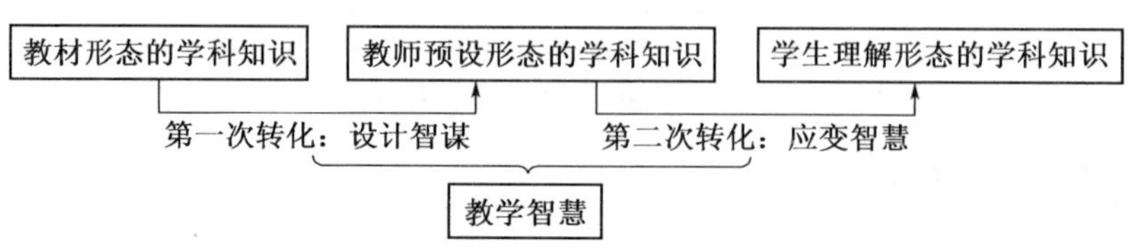

图 3-1 PCK 视域中教学智慧的构成

将学科知识的起点状态确定为“教材形态的学科知识”，这主要是基于对我国教师习惯于照本宣科的教学传统和普遍使用行政规定教材现实的考虑。张奠宙先生曾将数学知识分为三种形态——原始形态、学术形态和教育形态。原始形态是指数学家发现数学真理、证明数学命题时所进行的繁复曲折的数学思考，它具有后人仿效的历史价值；学术形态是指数学家在发表论文时采用的形态——形式化，严密地演绎、逻辑地推理，它呈现出简洁的、冰冷的形式化美丽，却把原始的、火热的思想淹没在形式化的海洋里；教育形态是指通过教师的努力，启发学生高效率地进行火热的思考，容易地接受人类数千年积累的数学知识体系。① 对照此观点，“教材形态的学科知识”应该属于一种“教育形态”数学知识。

“预设形态的学科知识”是指教师根据自己对教材知识的理解和学生认知状况的了解，依据教育学、心理学规律，设计教学方案，将教材知识转化为学生可能理解的学科知识形态，其具体体现为教案和课件等。

“学生理解形态的学科知识”是指学生能够理解的学科知识形态，这与学生头脑中已经接受的知识形态有所区别。因为面临同样的“理解形态的学科知识”，不同的学生头脑中表征的方式是不同的。

2. “吃透两头”是教学智慧发展的两条路径。

所谓“吃透两头”，就是指教师深刻理解教材上的知识内容和充分了解学生的学习状况(如图 3-2)。

首先，教师要深刻理解教材上的教学内容，捕捉到某一具体教学内容对学生

① 张奠宙. 教育数学是具有教育形态的数学[J]. 数学教育学报，2005 (3)

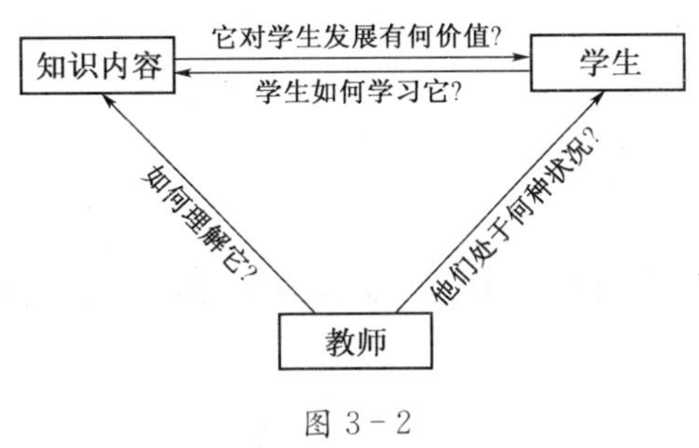

图 3-2

发展所具有的价值,并据此加以开掘,通过具体的方式方法予以实现。教师研读教材内容的最低层次是自己弄通所要教学的知识,其次是从学生的角度来理解教材,要能够帮助学生理解,用学生能够明白的方法解释他们可能产生的疑问。教师对教材内容的理解不仅来自于"正规化"的知识学习(如职前教育、职后的专家培训等),还来自于教师的自我学习和教学实践经验。前者是以显性知识形式存在,后者则更多地以隐性知识形式存在。

教师对于自己所教学的数学知识的掌握情况在很大程度上决定了他的教学效果。这里所说的数学知识的掌握情况,是指这种知识究竟是"很好地发展起来的、整体性的",还是"零碎的、互不相关的"。为了更为具体地刻画教师对数学知识的掌握情况,马立平专门引进了知识的"深刻理解"(profound understanding)这样一个概念。该概念共包括深度、广度和贯通度这样三个涵义:深度是指相关题材与更为基本、更为深刻的数学思想之间的联系,广度是指横向联系的广泛程度,贯通度则是指在所包括的各种成分间迅速转换的能力。他还指出,教师只有建立起了对于所授知识的"深刻理解",才可能在教学中表现出以下特征:知识的相关性(connectedness)、多元取向(multiple perspectives)、基本思想(basic ideas)、纵向的一致性(longitudinal coherence)。[1]

其次,教师要充分了解学生,不仅了解学生普遍的认知规律,还要了解具体学习者的认知特点、学业水平、学习态度和兴趣、动机等。同时,教师还要从具体

① Ma Liping. Knowing and Teaching Elemetary Mathmatics Mahwah [M]. NJ: Lawrence Erlbaum Associates, 1999.

教学内容的角度来解读学生，即学生在这一教学内容面前呈现的认知和情意状态。

第二节　数学教学智慧的内涵

既然教学智慧主要体现为教学实践中学科知识的两次连续“转化”的智慧，那么，我们可以这样理解数学教师的教学智慧：

数学教师的教学智慧是指教师将某一具体的数学知识转化为学生可能接受的知识形态，进而在学生的学习过程中进行恰当调适，使学生易于接受的能力。

这是一种基于学科教学论语境下的教学智慧的界定，对此有两点说明：

第一，将学科知识形态转化为学生易于接受的知识形态的能力不是某种简单的能力，而是一种高级的综合能力。它是整合了知识、经验、情感和信念等多种因素，融通而形成的一种实践智慧。其中，知识包括了学科知识、教学法的知识、学生数学认知的知识（学生如何思考特定的内容以及出现的困难等）与特定情境的知识。①

第二，两次转化相互联系，前一次转化体现的是教学设计的能力，后一次转化体现的是现场应变的能力。教学设计是一种主动的行为，要求教师遵循科学规律，巧妙、合理地安排教学的各个环节，以达成促进学生发展的目标。教学设计时要尽可能多地设想各种可能出现的课堂状况，做到防患于未然。但不论设计如何巧妙，预想如何充分，教学现场的应变都是不可避免的，教学智慧的体现之一就在于机智应对教学现场出现的各种生成性问题。教学机智不仅仅表现为一种被动的“救失”行为，还可以表现为一种主动的创新，即根据教学现场的状况，灵机一动，主动“出击”，创造出更美好的局面。

---

① Fennema. E. & Franke. M.. Teachers' Knowledge and Its Impact. In D. A. Grouws(Ed.), Handbook of research on mathematics teaching and learning[M]. New York: Macmillan. 1992

第三节　小学数学教学智慧特征概述

单墫教授和喻平教授认为，数学教育研究应该是双逻辑起点的研究。一个起点是教育学，另一个起点是数学，即数学教育理论的探讨必须紧扣“数学”教育来进行，以区别于一般的教育理论。同时，数学教育又必须定位于数学“教育”，以“教育”的话语而不是“数学”的话语来阐述，否则它是数学而不是教育。前者与数学教育学是演绎关系，后者与数学教育学是归纳关系。[①] 即数学教育的理论一方面可以通过对一般教育学原理的演绎而获得，另一方面可以通过各种数学知识教学的研究而归纳出。进而，涂荣豹先生明确提出了数学教学研究“二重原理”——“教与学对应的原理”和“教与数学对应的原理”的观点，数学教育中的大量问题都与数学本身的特点相关，必须将数学的内在因素与教育联系起来进行研究，否则只能是教育原理的空洞阐述。[②] 这也就更加清楚地表明：数学教育（教学）理论来源于对数学学习者——学生和对教学内容——数学的两个方面的研究。事实上，当今学习心理学的影响已日益凸显出来。这也成为教育界人士的一种共识，即学习心理学（数学学习心理学）构成了教学理论（数学教学理论）的直接基础。[③]

一、小学生认知心理发展规律

皮亚杰（Piaget）借用数学和逻辑学中的术语“运演”（operation）[④]来说明儿童的活动类型。他认为，活动既是感知的源泉，又是思维发展的基础。运演是一种认识活动，它能协调各种活动成为一个运演系统，又渗透在整个思维活动中。运演具有如下特征：（1）它是内化了的动作。（2）它是可逆的，可以朝着一个方向进行，也可以朝着相反方向进行，如减法是加法的可逆性运演。可逆性又可分

---

① 单墫，喻平. 对我国数学教育研究的反思[J]. 数学教育学报，2001(4)

② 涂荣豹. 数学教学认识论[M]. 南京：南京师范大学出版社，2004

③ 郑毓信. 开放的小学数学教学[M]. 南京：江苏教育出版社，2008

④ Operation 一词原意指“运算”，皮亚杰以之借指思维活动的过程，译者王宪钿为示区别，故译为“运演”

为逆向性和互反性，如+A是−A的逆向，A＜B是B＞A的互反。(3) 它是守恒的，一个运演的变换经常使整个体系中的某些因素保持不变。这种不变性称为守恒，如狭×高=宽×矮，其容量不变；(4) 它不是孤立的，能协调成为整个运演系统。[①] 简言之，运演=内化的心理操作+可逆性+守恒性。根据运演能力，皮亚杰将儿童认知发展过程分为四个阶段：感知运动阶段(sensorimoter stage)(0～2岁)、前运算阶段(preoperational stage)(2～7岁)、具体运算阶段(concrete operational stage)(7～11岁)和形式运算阶段(formal operational stage)(11～15岁)。我国小学生的年龄一般处于6～12周岁，[②]据此来看，分处于前运算阶段后期、具体运算阶段和形式运算阶段前期。其中，具体运算阶段涵盖小学阶段的绝大部分时间。

具体运算阶段在认知发展中是一个主要的转折点。这一阶段，儿童进行具体运演，也就是能在具体事物相联系的情况下，进行逻辑运演。这时儿童的思维已有了可逆性和守恒，而守恒是这个阶段的一个主要标志。儿童有了一般的逻辑结构，如群、格和群集等。这时的群集运演有五个特点，即：组合性或直接性，如A类和它的补余类A′组成总类，因而A+A′=B；逆向性，如A+A′=B，则B−A′=A；同一性，如+A−A=0；重复性，如A+A=A；结合性，(A+A′)+B=A+(A′+B)。[③]最近的研究发现表明，具体运算推理在非西方社会是延迟的，在很大程度上以位置状况为条件。这也正如皮亚杰认为的那样，在儿童中期，具体运算推理不是一种自发和普遍出现的思维形式。[④]

处于具体运算阶段的小学生的认知特点有别于处于形式运算阶段的初中生的认知特点。儿童大约从11岁开始，个体思维能力已超出事物的具体内容或感知的事物。思维的特点是“有能力处理假设而不只是单纯地处理客体”，“认识超于现实本身”，而“无需具体事物作为中介了”，逐步形成综合性认知结构系统，能进行命题运演，智力发展趋于成熟。[⑤] 皮亚杰起初认为形式运算的智力发展约在15岁完成，但后来的许多研究表明，由于缺乏适当的教育和环境刺激以及才

---

①③ 【瑞士】皮亚杰. 发生认识论原理[M]. 王宪钿译. 北京：商务印书馆，1981

② 我国《义务教育法》第十一条明确规定：凡年满六周岁的儿童，其父母或者其他法定监护人应当送其入学接受并完成义务教育；条件不具备的地区的儿童，可以推迟到七周岁

④ 【美】劳拉·E·贝克. 儿童发展[M]. 吴颖等译. 南京：江苏教育出版社，2002

⑤ 【瑞士】皮亚杰. 发生认识论原理[M]. 王宪钿译. 北京：商务印书馆，1981

能上的个别差异，许多学生甚至大学生还不能进行形式思维。因此，他修正了这一看法，认为在15～20岁达到形式运算阶段的人都属于智力发展正常。

皮亚杰秉持的认知主义心理学一改行为主义心理学的传统，即由唯一集中于外部的可见行为转向了学生内在的思想活动。认知主义心理学关注感知的选择性、图式与认知框架在认识活动中的作用、同化与顺应、元认知、观念和信念对于认知活动的重要影响等方面，而此后兴起的建构主义心理学则认为学生的学习并非是学生对于教师所授知识的被动接受，而是依据自己已有的知识和经验所进行的主动建构。① 学生这种认知发展上的阶段性特点决定了学生数学学习上的循序渐进性，进而导致了以学习心理为基础的教学方式的不同，具体而言，小学数学教学有别于中学数学教学。

二、小学数学知识的特点

数学不同于人文社会科学。人文社会科学是以人、人类社会为研究对象的科学，人文社会科学研究不仅仅是一种真理性探索，而且还代表了一定的价值观和社会集团的利益。它依赖于社会实践，既具有客观性又具有主观性，既具有事实性又具有价值性，既具有真理性又具有功利性，既具有普遍性又具有特殊性，既具有必然性又具有偶然性，既具有理论性又具有规范性。而数学则是以抽象的、形式化的人的思想为研究对象的，其结论具有确定性——就某一公理体系而言，与人类的价值无涉。数学也不同于物理、化学等自然科学。自然科学研究的对象是客观世界具体的物化形式或运动形态，人可以通过感觉器官感受到它们的实际存在。但数学中的对象，如点、线、面、体、数、式、方程、函数、群、环、域等却是人的观念之物，而不是自然界中的客观实在之物。人们只能依据相应的定义去演绎推理，而不能依赖于直观而把握。自然科学的真理性是通过实践检验的，而数学的真理性只能通过逻辑来检验。进一步地，这种逻辑关系以及所运用到的公理体系都被视为不证自明的。相对于人文社会科学和自然科学，数学具有高度抽象性、广泛应用性、逻辑验证性和结论确定性等特点。②

数学知识发展至今，已形成一个异常复杂而庞大的体系，中小学所涉猎的只

---

① 郑毓信.开放的小学数学教学[M].南京:江苏教育出版社，2008

② 严士健.面向21世纪的中国数学教育[M].南京:江苏教育出版社，1994

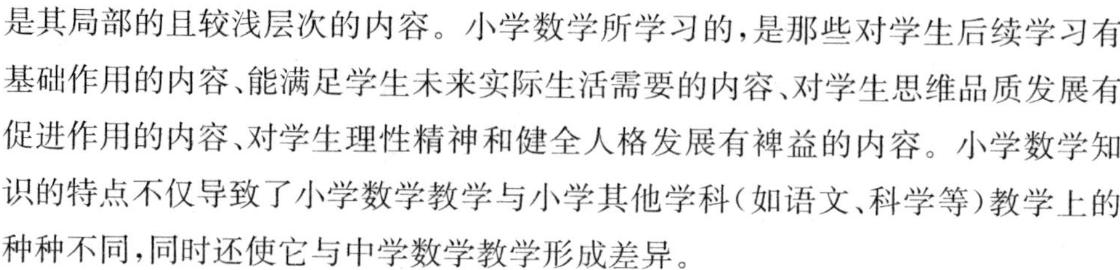

是其局部的且较浅层次的内容。小学数学所学习的，是那些对学生后续学习有基础作用的内容、能满足学生未来实际生活需要的内容、对学生思维品质发展有促进作用的内容、对学生理性精神和健全人格发展有裨益的内容。小学数学知识的特点不仅导致了小学数学教学与小学其他学科（如语文、科学等）教学上的种种不同，同时还使它与中学数学教学形成差异。

三、小学数学教学智慧的特征

小学数学教学智慧的核心是教师的一种“变”的能力。影响教师“变”的效果的因素很多，抛开主观因素，数学学科特点和小学生认知特点是其中最主要的两个因素，从这一角度看，小学数学教学智慧的特点主要体现在以下几方面：

1. 教学设计强调趣味性。

数学知识的抽象性、概括性和逻辑性等特点，容易导致学习活动的枯燥乏味，各种数字、符号、公式和习题，往往会使学生望而生畏。从这个角度，小学数学教学应特别强调趣味性。应从整个设计的层面来予以考虑，从教学目标设定、资源开掘、方法选择、程序实施、媒体运用和作业练习及反馈等多方面加以落实——要创造性地开掘教学资源，赋予抽象内容以形象的形式、枯燥内容以鲜活的形式，通过游戏、故事、视频动画等方式引入学习内容，设疑激趣，提高学生的学习积极性。在方法上要深入浅出、灵活多变，作业设计上要力避机械、枯燥的训练，开掘新颖有趣的题型，使学生想学、乐学。

2. 教学方法重视直观性。

数学的抽象性很强，而小学生的认知发展却处于具体运算阶段，以形象思维为主，逐步向抽象思维过渡，这种矛盾一方面体现了数学知识具有的促进学生思维发展的价值，另一方面也给教师的教学提出了直观化的要求。小学数学教学直观化的方式主要有语言描述直观、动作示意直观、画图形象直观、教具演示直观、多媒体技术直观和实验、实践活动直观等。其中，画图形象直观方法将语言文字或符号表述的问题，通过形象的示意图、线段图等直观显示出来，是一种非常有价值、有普遍意义的解决问题的策略，也是一种重要的数学思想方法。我国著名数学家华罗庚曾说过：“数缺形时少直观，形少数时难入微；数形结合百般好，隔离分家万事休。”数学是研究数量关系与空间形式的科学，数和形之间可以相互转化、相互渗透——数量关系的问题可转化为图形性质的问题，便于诱发直觉思维;图形性质的问题可转化为数量关系的问题,使问题精确化。两者结合可以扬长避短、化难为易,寻找到解决问题的方案。

小学数学中的许多概念是数学知识序列中的"起始概念",对于这些内容的教学,只能借助于学生的生活经验、动作操作和直观的演示来帮助他们建立起表象,进而为思维活动提供支撑。

3. 教学活动围绕思维性。

数学从它诞生那天起,就与思维结下了不解之缘。数学的存在和发展都要依靠思维,都要通过思维来实现。反过来,数学又是思维的工具。精湛的思维艺术常常要借助数学显示其美感和力量。"数学思维"作为一个统一的名词,经常挂在学者们的嘴边。[①] 但由于受我国传统文化的影响,人们往往只是从工具的角度来理解数学的功能,强调其算法性质,在数学教育中比较注重计算和应用,而忽视了对逻辑思维和创造能力的培养。美国数学家 A. 拉克斯(A. Lax)和 G. 格罗特(G. Groat)曾指出:"当用记忆规则的教学铺平通往正确答案的道路时,学生就没有贡献其创造力的余地。学生看不出数学和思维有关系;他们把它与一堆需要记忆的公式和规则联系在一起。"[②]针对这一问题,数学课程标准明确指出:义务教育阶段的数学课程设计要发展学生抽象思维和推理能力,要符合数学科学本身的特点、体现数学科学的精神实质。数学教学活动必须激发学生兴趣,调动学生积极性,引发学生思考;除接受学习外,动手实践、自主探索与合作交流也是数学学习的重要方式,学生应当有足够的时间和空间经历观察、实验、猜测、验证、推理、计算、证明等括动过程。数学教学应该以学生的认知发展水平和已有的经验为基础,面向全体学生,注重启发式和因材施教,为学生提供充分的数学活动的机会。要处理好教师讲授和学生自主学习的关系,通过有效的措施,启发学生思考,引导学生自主探索,鼓励学生合作交流,使学生真正理解和掌握基本的数学知识与技能、数学思想和方法,得到必要的数学思维训练。

4. 教学现场凸显应变性。

当小学生以自己的认知特点和水平遭遇数学学科的特点后,出现种种课前

---

① 徐利治,王前. 数学与思维[M]. 大连:大连理工大学出版社,2008

② 【美】L. A. 斯蒂恩. 明日数学[M]. 马继芳译. 武汉:华中工学院出版社,1987

没有预见到的情况就在所难免，这对身处教学现场的教师提出了随机应变的要求。应变能力体现了教师的教学机智，是面临教学现场突发事件或随机生成的问题时巧妙应对、恰当处置的能力。突发事件是一种师生双方没有预见到的非由教学行为导致的事件，随机生成的问题是指由于师、生或师生双方的相互关联的行为导致的课堂问题。对突发事件或随机生成问题的恰当处理，是教师多方面素养协同作用的结果。首先，要树立一个以学生为本的观念。孔子因心中有人，故能“厩焚”后脱口而出“伤人乎？不问马”。[①] 其次，要有魄力。要认识到教学在某种程度上是一种探险行为，敢于冒险才能欣赏到险峰的无限风光。当然，最重要的还是要具有应变的能力，就此而言，善于“接话”是其中一种主要表现。

教学中，教师提问，学生回答，是经常的事。面对学生的回答，教师如何接话（理答）是考量其教学智慧的一个重要指标。具有教学智慧的教师不仅善于处理学生正确的回答，而且善于处理学生错误的回答，进而能巧妙转化错误回答中的因素为有价值的教学资源，推动教学过程的继续进行。

第四节　比较视域下的小学数学教学智慧特征

如上所述，小学数学教学智慧特征可以从教学对象——小学生和教学内容——数学知识两者的特点推演出来，这种推演具有想象的性质，是一种“鸟瞰”的视角，为了更深入细致地刻画小学数学教学智慧的特征，我们有必要将其与其他学科的教学智慧进行比较。考虑到数学科学与人文科学、自然科学的不同，所肩负的素养培养的侧重点不同，我们选取小学语文教学智慧与小学科学教学智慧进行比较。同时，考虑到学生年龄的不同，小学数学教学智慧与中学数学教学

---

① “厩焚子退朝曰伤人乎不问马”是《论语·乡党》中的一句话，现代出版的《论语》读本都作如下标点：“厩焚。子退朝，曰：‘伤人乎？’不问马”（译文：马房烧了。孔子退朝回家，问道：“伤了人吗？”没有问马。）刘道峰在《现代语文（语言研究版）》2007年第9期《〈论语〉“厩焚子退朝曰伤人乎不问马”标点商榷》一文中，认为觉得改为如下标点会更妥帖些：“厩焚。子退朝，曰：‘伤人乎？’‘不’（‘不’通‘否’）。问马。”（译文：马房烧了。孔子退朝回家，问道：“伤了人吗？”（回答说：）“没有。”接着询问马的情况。）

智慧也会有所不同，因而这两者的比较也具有必要性。显然，这种比较是一项比较浩大而系统的工程，限于能力只能“大题小作”。下面通过案例分析的方式将小学数学教学智慧分别与小学语文教学智慧、小学科学教学智慧和初中数学教学智慧分别进行比较，希望能以小见大，凸显其特征。

一、与小学语文教学智慧的比较

1. 案例呈现。

【案例 1】 一位小学语文特级教师反串数学课的教学片段[①]

片段 1：整体阅读课文，分节后学习第 1 节。

师：请同学们把书本翻到 48 页，像学语文那样给它标上小节。

生：第 1 节“复习”，第 2 节“例 9”，第 3 节“练一练”。

师：我们先看第 1 节。谁敢做，试试看？

师：看 3 个不会说话的算式，告诉我们什么事？

（教师出示如下算式。）

$8\overline{)1656}$　　$5\overline{)530}$　　$4\overline{)1232}$

生：商中间都有 0。

生：没有余数，商都是 3 位数。

师：它们的除数有什么特点？

生：除数都是一位数。

师：谁来把这个意思写下来。

（指名一位学生到黑板上写：“除数都是一位数，商中间有一个 0。”因该生个矮，教师抱起他板书，其余学生在座位上写。）

师：为什么商中间都有 0？

生：因为除到十位都不够商“1”，就用“0”占位。

生：不够商 1，用“0”占位。

师：出现什么情况时商“0”的？

生：除到被除数十位，不够商 1 用“0”占位，再把后面的数落下来。

（教师板书。）

---

① 宋运来. 去种一次别人的田——一位语文特级教师反串数学课[J]. 人民教育，2005(20)

师:现在我们把第1节意思弄明白了。

片段2:学习第2节。

师:第2节“例9”是什么意思?“例9”与“复习”有什么关系?

生:第1节是复习以前学过的内容。

生:第1节复习是为第2节“例9”服务的。

师:咱们比一比,看谁做得又对又快。

(学生摩拳擦掌。教师出示师生所做题目。教师板书如下除法竖式。)

```
       2 3
  34)6924
     68
     ----
      124
      102
     ----
       22
```

生:弄错了。

师:谁能说服我,谁就做我的老师。

生:(气氛高涨)不够商1,就用0占位。

师:(争辩)我可以不用“0”占位,为什么要用“0”占位?

生:商数2写在百位上,商就是3位数。

师:这就是三位数,2空3余22。

生:没有你这样读数的和写数的。

生:你这样写,验算就不对。

……

师:我这个笨学生终于学会了,谢谢你们!

生:不用谢!

(学生满意地笑了。)

片段3:学习第3小节。

师:你们还有什么问题?

生:(盛气凌人)再跟我们赛一道,还必须验算。

师:好。

(师生分别完成下面的除法竖式。)

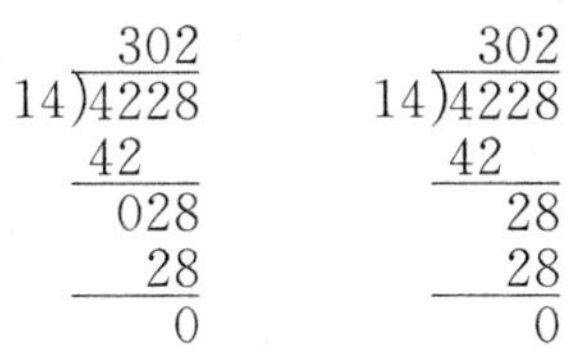

生：老师你又做错了。

师：（手指“028”）为什么这地方不能写0？

生：后面还有数，这地方不可写0，再说一个数的开头不可写0，这是习惯。

2. 分析比较。

案例1虽不足以反映小学数学教学与小学语文教学的全部差异，但从中我们还是能强烈地感受到两者的不同，尽管执教的宋运来老师课前下了许多的功夫研读数学课程标准和教材、了解学生、设计教案。这种不同首先体现在教师采用的教学话语体系不同。语文教师强调对文本的阅读，通过阅读来寻找答案、理解意义。案例中，宋老师让学生像学语文那样给文本标上小节，理解第2节“例9”的意思，进而思考“例9”与“复习”有什么关系。这种做法带有鲜明的“语文烙印”——寻找文本段落之间的联系，这与数学教师关注知识之间的逻辑关系、演变关系的做法大不相同。而数学教师则希望学生通过自己的操作、观察、独立思考、画图、计算等活动发现解决问题的方法，阅读文本通常放在自主学习活动之后。

其次，对学生的指导，语文教师是通过“导读”的方式来进行的，而数学教师则是通过“导思”来实现的。语文课上，往往通过初读来学习字词，通过浏览来了解文本大意，通过精读思考文本深层意义，通过品读欣赏写作技巧的高妙，通过大声朗读提高诵读能力、表达内心的情感；数学课上，则主要通过复习旧知激活相关知识储备，通过铺垫适当的台阶帮助学生跳跃到新知的思维高度，利用变式练习凸显新知的本质属性，使学生丰富理解。对于数学教师来说，数学教学是“清清楚楚一条线”，这条线是由旧到新、由浅到深，由易到难、由生疏到熟练，由不懂到理解。而语文教学则是“模模糊糊一大片”，一会儿教字词、一会儿理解文意，一会儿读、一会儿写，语文的人文性和工具性相互交错、少有定数。这也从一个方面显示出语文教学的非线性和开放性等特点高于数学教学。

再次，虽然教师都重视让学生说发现，但语文教师侧重让学生说事，数学教师重视让学生说理。宋老师已经习惯了语文的“说”，以至于在教学数学内容时仍然使用这样的语言：“看 3 个不会说话的算式，告诉我们什么事？”这种对“事”的重视可能与小学语文教学内容中记叙文占据较大比例有关。事实上，数学课的“说”重在讲清道理，尽管也有说“怎么做”——法则、程序，但最重视的还是“为什么”。这与数学教学更关注学生理性精神培养的教学目标有关——说事强调条理清晰、生动形象，说理强调准确周全、理由充分。例如，“小数末尾添上或去掉 0，小数的大小不变”这一句，“小数末尾”不能说成“小数点后面”，否则不准确；“分数的分子和分母同时乘或除以相同的数（0 除外），分数的大小不变”这一句中，“0 除外”不能省略，否则就不周全。

如果从更宏观的视角来审视，我们可以发现，两者最大的差异在于目的指向不同，前者指向培养学生的语文素养，后者指向培养学生的数学素养。

语文课程标准指出，九年义务教育阶段的语文课程，必须面向全体学生，使学生获得基本的语文素养。语文课程应培育学生热爱祖国语文的思想感情，指导学生正确地理解和运用祖国语言语，丰富语言的积累，培养语感，发展思维，使他们具有适应实际需要的识字写字能力、阅读能力、写作能力、口语交际能力。语文课程还应重视提高学生的品德修养和审美情趣，使他们逐步形成良好的个性和健全的人格，促进德、智、体、美的和谐发展。简而言之，就是语文的工具性和人文性在学生身上得到和谐统一的实现。而学生数学素养的培养不仅指学生获得适应未来社会生活和进一步发展所必需的重要数学知识（包括数学事实、数学活动经验），以及基本的数学思想方法和必要的应用技能；而且指学生学会运用数学的思维方式去观察、分析现实社会，去解决日常生活中和其他学科学习中的问题，具有应用数学的意识；更指拥有理性的精神和独立的人格。这种目的指向上的不同，导致了两者实现方式上的差异性。

语文教学智慧主要体现在语文的工具性和人文性在学生身上得到和谐统一的实现。具体而言，就是如何巧妙地“知”、“情”兼得。郑毓信教授认为，语文主要是一种“情态教学”：即教师将教材中的情感因素充分地发掘出来，在课堂上造成一种强烈的感情氛围，并使学生受到强烈的感染……从而情感带动了语文知识的学习。[①]

数学教学也涉及知识与情感，但与语文截然不同。如果说语文教学主要体现为“以情带知”，那么数学教学则主要表现为“以知怡情”。学生通过数学知识的学习活动——操作、观察、计算、猜想、验证、证明、运用等，而对数学好奇，对数学学习产生兴趣，在客服困难中锤炼意志，在学习成功中获得自信和满足，感受到数学的理性之美……

更进一步地，语文课的情感与数学课的情感也不相同。语文教学中所涉及的应当说是人类最基本的一些感情：人世间的爱恨和冷暖，自然万物的生命短暂和崇高，社会历史进程中的神奇和悲欢……也就是说，正如种种文学作品，首先吸引你的不是相应的语言表达形式，而是文字中的精神滋养，包括对大自然的关爱、对弱小的同情、对未来的希冀、对黑暗的恐惧等。但是，数学教学中所涉及的却是一种不同的情感，因为，我们在数学课上所希望学生养成的是一种新的精神：它不能被看成与生俱来的，而是一种后天养成的理性精神（这是与原始人类所普遍持有宗教迷信或者说对大自然的敬畏心理直接相抵触的）；一种新的认识方式：客观的研究（从而，这也就与所谓的“天人合一”、“天人感应”构成了直接的对立）；一种新的追求：超越现象以认识隐藏于背后的本质（是什么、为什么）；一种不同的美感：数学美（罗素形容为“冷而严肃的美”）；一种深层次的快乐：由智力满足带来的快乐，成功以后的快乐；一种新的情感：超越世俗的平和；一种新的性格：善于独立思考，不怕失败，勇于坚持……[②]

二、与科学教学智慧的比较

1. 案例呈现。

【案例 2】　《研究磁铁》[②]教学片段

师：同学们，你会用纸剪小动物吗？你们剪的小动物会动吗？老师剪的小蜻蜓它会飞，你们信吗？请同学们看大屏幕。（演示纸蜻蜓“飞”的样子）看到这只会飞的纸蜻蜓，你有什么想法？

---

①②　郑毓信，数学的文化价值何在、何为——语文课反照下的数学教学[J]．人民教育，2007(6)

②　引自杜萍、董雅群.《研究磁铁》(第一课时)教学实录与评析[J]．科学课，2008(12)

……

师:你真聪明,老师的魔术一下子就被他揭穿了。其实,磁铁对于同学们来说并不陌生,有些同学可能已经与磁铁“交过朋友”了。关于磁铁,你已经知道了哪些知识?是怎么知道的?

生:我知道磁铁可以吸铁,是通过实验知道的。

师:下面我们就要研究磁铁的秘密了,比一比,看哪个组合作得好,发现的磁铁秘密多。

(学生分组实验,教师巡视帮助。)

师:谁愿意把自己组的方法和发现介绍给大家,让我们一起来分享你们成功的快乐?

生:我们组是把曲别针放在水中,用磁铁能把它吸上来。这说明磁铁在水中也有磁性。

生:我知道了磁铁能吸铁;有南极和北极;能指南北方向;同极相斥、异极相吸。

生:我还知道磁铁隔着物体也能吸铁;磁铁在水中也有磁性。

2. 分析比较。

从这个科学课开始的一个小片段,我们可以明显地感受科学课的特点:探究性、操作性,我们的比较由此展开。

首先,数学教学重在导“思”,而科学教学重在导“探”。发展学生的思维、提高学生的思维品质,是数学教学最重要的任务之一。因此,数学教师的全部教学智慧浓缩于导思行为之中,即创设情境以激其思、复习铺垫以助其思、启发点拨以引其思、提高拓展以深其思。科学教学的核心则在于探究。探究既是科学教学的目标,又是科学教学的方式。小学生对周围的世界具有强烈的好奇心和极大的探究欲。科学教学必须建立在学生已有经验的基础之上,提供他们能直接参与的各种科学探究活动,引导他们自己提出问题、解决问题,这比单纯的讲授训练更有效。教师是科学学习活动的组织者、引领者和亲密的合作伙伴,其教学智慧体现在对学生科学学习活动中的表现给予充分的理解和尊重、及时的启发和点拨,给学生提供充分的科学探究机会,使他们在像科学家那样的探究过程中体验学习科学的乐趣,获得自信,增长科学探究力,获取科学知识,形成尊重事实、善于质疑的科学态度,养成科学的思维方式,认识科学的本质。

数学教学也注重学生的自主探究，但与科学课的探究教学还是具有一定的差异。科学课中，学生的探究活动环节较为完整、正式和充分，主要包括提出问题、猜想结果、制订计划、观察、实验、制作、搜集证据、进行解释、表达与交流等。这比数学课上的学生探究活动完整、正式和充分，特别是制订计划环节，数学课上是很少出现的。科学课的探究活动贯穿整节课的始末，而数学课的探究只是课的一个重要环节。

其次，数学教学通过操作帮助学生思维，而科学教学则通过操作来发现和验证，两者对操作的目的指向有所不同。数学操作的目的主要在帮助学生获取思维加工的表象，理清思路，其操作的学具往往具有象征性和符号意义。例如，学生在利用计数器进行操作时，计数器上的同样算珠却代表着不同的数，既可以代表“1”，也可以代表“10”、“100”……用三角形纸片来验证其内角和的度数是180°，纸片的形状、大小和颜色等物理因素与操作的结果无关。又如，教学《观察物体》内容时，教师让学生摆放小正方体，然后进行观察，其目的不是记住摆放物的具体形状和位置关系，而是帮助学生在头脑中留下表象素材，为今后的空间想象能力发展提供支撑。可见，数学课的操作具有中介性，其本身并不是目的。而科学课操作使用的材料会对操作结果产生影响，同时，操作的目的在于发现或验证。

以上两方面差异性的根源在于两者教学内容性质上的差异性。小学科学课要学习的知识内容主要是生命世界、物质世界、地球与宇宙等三大领域中浅显的、与日常生活密切相关的知识，这些知识大多是学生可感的具体形象的物体，这与数学知识的高度抽象性具有很大的不同。这种知识类型上的差异以及由此衍生出来的两种学科教学目的上的差异，最终形成了数学教学智慧与科学教学智慧的不同特点，即数学教学智慧指向学生的数学素养，而科学教学智慧指向学生的科学素养。数学素养和科学素养有许多相通之处，其共同的核心都在于理性精神，即实事求是的态度、独立的人格、探索奥秘的兴趣。具体来说，数学素养主要包含数学知识和技能、数学思想和方法、数学美的感受，就是学生能用数学的眼光观察世界、用数学的头脑分析问题，言必有据，逻辑性强。科学素养则主要体现在：领会科学的本质，乐于探究，热爱科学，并树立社会责任感；学会用科学的思维方式解决自身学习、日常生活中遇到的问题——知道与身边常见事物有关的浅显的科学知识，并能应用于日常生活，逐渐养成科学的行为习惯和生活习惯；了解科学探究的过程和方法，尝试应用于科学探究活动，逐步学会科学地看问题、想问题；保持和发展对周围世界的好奇心与求知欲，形成大胆想象、尊重证据、敢于创新的科学态度和爱科学、爱家乡、爱祖国的情感；亲近自然、欣赏自然、珍爱生命，积极参与资源和环境的保护，关心科技的新发展。

三、与中学数学教学智慧的比较

1. 案例呈现。

【案例 3】 《扇形统计图》[①]教学片段

一、学生交流

师：课前你们了解到学校卫生室是用什么方法来反映学生近视情况的？上学期初一级学生体育达标情况又是怎么反映的？

（学生介绍收集到的情况，出示图 3－3 和图 3－4。）

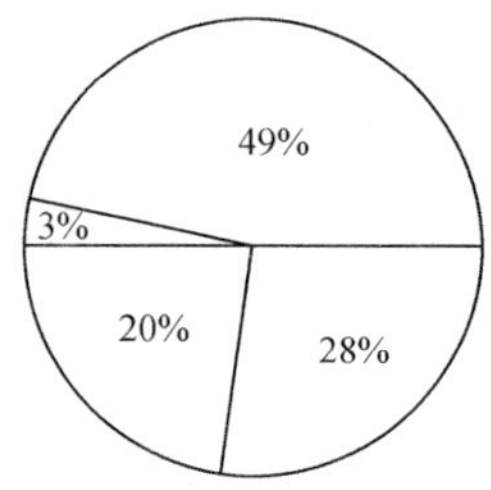

图 3－3　学生近视情况统计图

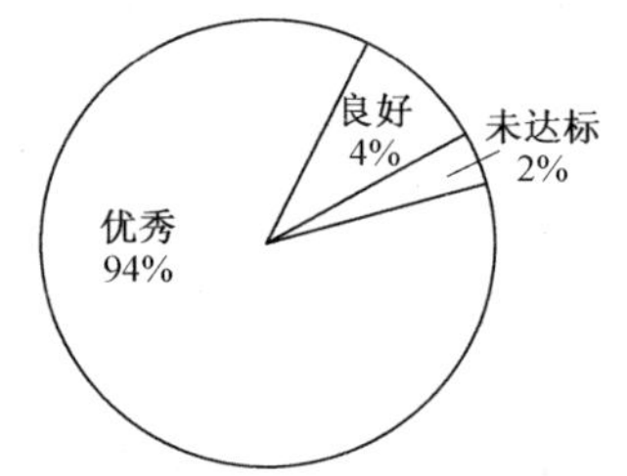

图 3－4　初一(6)班体育达标情况统计图

师：扇形统计图是一种常见的统计方法，它简单明了，虽然不能直接从图中得到具体的数据，但却能为下一步如何决策提供有力的依据。

二、分组讨论

师：从近视情况统计图得到的信息看，你认为我校学生的近视情况严重吗？请大家议一议课间眼保健操的重要性和保护视力的各种措施。

三、制作扇形统计图

1. 阅读下面选自《十万个为什么》的资料。

（主要介绍月球的情况，略。）

---

① 马复. 设计合理的数学教学[M]. 北京：高等教育出版社，2003

2. 学生分组讨论(4～5 人一组)。

师:请就“月球上有水吗?”这一问题发表自己的见解。

(三位学生对全班情况进行统计,填出下表。)

	人数	占百分比	所占圆心角的度数
认为有水	15	30%	108
认为无水	30	60%	216
不知道	5	10%	36
合计	50	100%	360

师:请大家就上面的统计结果发表意见,你能试着把它制成扇形统计图吗?同学之间相互交流。

3. 总结制图步骤:(1) 画圆。(2) 用量角器把各部分在统计图中所占圆心角的度数量出来。(3) 在每一个划分出来的扇形中标明内容及所占的百分比,再标明统计图名称。

四、学生活动

1. 完成下表:

	女同学人数	占全体 女生数的百分比	对应的 圆心角度数
认为“有水”	15		
认为“没水”	27		
不知道	18		
合　计			

2. 填空:在一个扇形统计图中,某部分所对的圆心角为 36°,则该部分占总体的百分比是(　　)。

3. 根据下面给出的数据,完成扇形统计图:地球上的生物细胞,不管其源于动物、植物或微生物,都会由近似的元素组成,大约是:氧 60%,碳 20%,氢 10%,其他 10%。

4. 地球上的四大内陆海——里海、咸海、死海和大盐湖,总含盐量约是703.5亿吨,其中里海含盐 600 亿吨,算出里海占含盐总量的百分比和里海含盐量对应的扇形圆心角的度数。

五、课后作业

学校德育处准备组织初一学生外出秋游，请你帮忙定出三个地点，征求意见后制成扇形统计图，交给德育处。

2. 分析比较。

扇形统计图在小学六年级就已经初步学习过，到了初中再次学习这一内容，如果还仅仅停留在知道扇形统计图每一个部分含义、会制作扇形统计图并用它表达数据上，那就很难达成统计内容教学的目标。而且，由于学生已经初步学习过，对再一次学习很容易缺失兴趣。为此，执教者将教学目标定位在：使学生能从统计角度思考与数据信息有关的问题，能通过收集数据、描述数据、析数据做出合理的决策，进一步认识统计对决策的作用。同时，为了提高学生的学习兴趣、吸引学生积极参与，精心选择了“月球上有水吗”等素材。目标设计关注学生感受数学对于现实的作用，素材选取关注学生的实际生活，这种基于学生的现实生活，为了学生将来的生活的教学，才是真正抓住了数学教育的本质——促进学生各方面素养的发展。充分挖掘学习素材中的数学教育资源，采用适当的方式培养学生的数学素养，这就是教学智慧的价值所在。

通过案例3，我们可以感觉到小学数学教学与中学数学教学上的差异。第一，小学数学教学不仅要关注教学的设计，更重要的是要具有应变的机智。因为小学生刚开始数学学习，数学知识的积累比较少，数学思维还没有达到一定的水准，往往是天马行空、无拘无束。比如，如果在黑板上画一个圆圈，孩子们会说出“太阳”、“月亮”、“烧饼”、“0”等五花八门的答案，而中学生则只会说是一个“圆”或“0”，这表明，中学生已经具有思维的严谨性，其思维受到了数学知识的约束，从某种意义上说，他们已经能够数学地思维了。小学生的这种思维状态，要求教师在课堂上具有将学生数学的“生活概念”转化为“学术概念”的能力。

第二，在教学方法上，小学数学教学“扶”的色彩较之于中学教学更浓。这主要还是基于小学生数学学习时间较短，其知识积累、思维水平和学习方法等方面较之于中学生欠缺的缘故。小学数学教学速度不能太快，步子不能太大，教师要具有敏锐的感觉、细腻的心灵，高度关注小学生的学习行为，及时进行有针对性的点拨和帮助；要善于蹲下身子，以小学生的眼光来审视数学学习，设身处地地

为学生着想——遇到学生不称心时，要有足够的耐心，要用宽阔的胸怀容忍学生、包容学生。

第三，小学数学教学应具有更强的基础意识。具体而言，要帮助学生夯实知识基础，熟练基本技能，经历丰富的学习过程，养成良好的学习习惯。以计算教学为例，要加强口算训练，重视估算，培养数感。因为这是今后数学学习的基础，在小学阶段抓好了，可以事半功倍，大大简化今后学习的负担，增强学习信心。相比之下，中学数学的计算教学关注点更多在于思维训练上。在思维发展上，小学数学教学较多地采用归纳发现、合情推理的方法，证明时大多采用简单枚举法；中学数学教学更关注演绎证明和逻辑推理。

第五节　从一则案例看小学数学教学智慧

一、背景介绍

这是在教学苏教版小学数学六年级上册《解决问题的策略》一课的例1时遇到的情况。

例1　小明把720毫升的果汁倒入6个小杯和1个大杯，正好都倒满。小杯容量是大杯的$\frac{1}{3}$，小杯和大杯的容量各是多少毫升？

在学生运用替换策略解决了此题后，教师将条件“小杯容量是大杯的$\frac{1}{3}$”改为“大杯的容量比小杯的多20毫升”，然后让学生尝试运用替换的策略进行解答。

二、教学现场及教学智慧分析

片段1：出示问题。

【现场行为】

师：同学们，如果将“小杯容量是大杯的$\frac{1}{3}$”改为“大杯的容积比小杯的多20毫升”，你能运用替换的策略进行解答吗？

（学生自主尝试解答后汇报）

生：(720－20)÷(6＋1)＝100(毫升)——小杯；

100＋20＝120(毫升)——大杯。

师：你能说一说这样做的道理吗？

（学生回答略。）

师：还有谁想发表意见？

生：我觉得可以这样做：720÷6＝120(毫升)——大杯；120－20＝100(毫升)——小杯。

【心理剖白】

面对突然出现的新情况，我心理陷入紧张和犹豫。因为我在一瞬间没有非常清楚地领会学生的思路，没有想出这个解法的道理，只是直觉地认为正确的答案可能是一种巧合。但是时间很紧，容不得我细想。我必须做出应对，是先敷衍过去，告诉学生自己暂时没弄清楚，课后研究好了再讲解，还是凭直觉就予以判断，说这种解法是一种巧合、没有道理？讲解很可能费时较多，这会影响下面教学任务的完成；本节课先放一放，明白以后再进行教学也有道理。最终，我还是决定予以面对。

【教学智慧及其生成】

在学生给出第一种解法后，教师让别的同学发表意见，虽然是想给学生发散思维提供机会，但是此时教师心中已经有了一些预设的解法，其中优先的解法是：(720＋20×6)÷(6＋1)＝120(毫升)——大杯；120－20＝100(毫升)——小杯。显然这是与例1的两种解法相匹配的，都是先将大杯替换成小杯，再将小杯替换成大杯。当然教师也预想了一些别的解法，如方程等。但是“计划没有变化快”，面对突然出现的新情况，教师该怎么办？正如石中英说的，教学是一种探险活动。教师在课堂中随时处于一种“危险”之中，需要教师随机应变——对事件作出分析、判断和行为反应。

课堂上的选择具有一定的风险性。它基于现场得失的考量——效率高低、影响如何、别人的评价怎样，这实际上是教师教学信念的作用。同时，它还取决于教师的性格特点——是喜欢冒险，还是求稳。还与教师是否自信有关，更与教学的成功与失败的体验有关。

片段 2:引导求解。

【现场行为】

师:哎,这个解法很简单,答案也正确。有没有道理呢?

(学生议论纷纷。)

生:有道理,答案正确嘛。

生:可能是碰巧吧。

(大多数学生脸上露出疑惑的表情。)

师:我也糊涂了,怎么办呢?谁来告诉老师?

生:我们可以用画来表示。

师:对啊!这是个不错的主意。

【心理剖白】

我确实需要时间来进一步思考,但我已有了初步的想法,就是通过画图来分析学生会的做法。我自己在解题时就喜欢画图,曾做过一些研究,给学生分析问题时也经常用画图的方法。尽管我心里已经决定画图,但是我还是希望由学生自己提出这一做法。事实证明我的目的达到了。于是,我顺水推舟。

【教学智慧及其生成】

教师采取何种应对办法体现了其教学智慧的水平。一瞬间作出的行为反应在很大程度上取决于教师既有的教学经验和解题经验——教学经验让教师赢得分析问题的时间,获得学生的支持;解题经验决定了教师采用何种数学方法分析和解决问题。解题成功经验与教师的数学思维优势相关联,有些教师善于形象思维,在教学中往往会利用画图和语言描述直观事例的方式来分析问题,寻求问题解决的思路;而长于抽象思维的教师,则可能利用方程、逻辑推理等方式进行分析。

急中可能生智,也可能生愚,关键在于教师的积累。情急可以使思维更敏捷,将原本没有联系的、潜伏状态的资源调动起来、勾连起来。但前提是教师必须有一定的资源积累。所以,教师是一种实践性很强的职业,教师的发展要注重实践知识。

片段 3:画图分析。

【现场行为】

(教师在黑板上画出图 3-5,然后将大杯平均分成 6 份,分别添加到 6 个小杯上面，见图 3－6。）

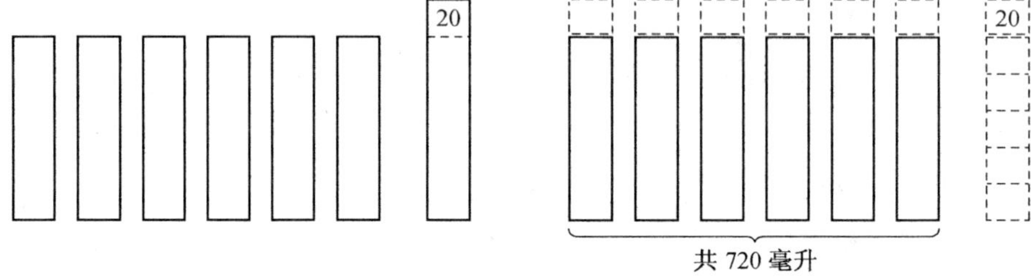

图 3－5　　　　图 3－6

师：现在大家能知道 720÷6＝120（毫升）指的是什么了吗？

生：是 1 个小杯容量加上 1 个大杯容量的$\frac{1}{6}$。

师：它是大杯的容量吗？

生：从图上看正好是。

师：题目的条件说大杯容量比小杯多 20 毫升，也就是说小杯容量加上 20 毫升等于大杯容量。如果大杯容量的$\frac{1}{6}$是 20 毫升，就可以认定 120 毫升是大杯的容量。那么，大杯容量的$\frac{1}{6}$是不是 20 毫升呢？

生：不知道。

师：确实没有什么条件告诉我们大杯容量的$\frac{1}{6}$是 20 毫升，所以我们不能确定大杯的容量是 120 毫升。尽管第一种解法的结果认为大杯的容量是 120 毫升，但我们的这种解法还是不能得到这样的结论，我们不能受它的影响。实际上这是一种巧合，当我们假设大杯容量的$\frac{1}{6}$是 20 毫升时，计算出来的结果正好是 120 毫升——因为 $20\div\frac{1}{6}=120$，这与实际结果正好吻合。大家看，（指着图 2，将大杯圈了个圈）大杯的容量被平均分成 6 份，其中的一份恰好是 20 毫升，而且每个小杯正好是这样的 5 份。所以，将它们分别加到小杯上，那正好就是大杯的容量了。

【心理剖白】

看到一些学生眼神还是比较茫然，我有点急。这个问题确实有点难，明明解答的结果与正确答案一致，为什么没有道理？看来要破解这个“巧合”的关键在于让它巧合不起来，于是我决定再换一道题。

【教学智慧及其生成】

这种做法不仅具有风险，而且会浪费时间，耽误后续的教学环节。认识到这一点还继续做，应该是源自教师的教育价值观——认为数学教学的本质在于发展学生的思维，在于在复杂的情境中运用知识解决问题，只要思维有了实实在在的活动，耽误一点其他环节的时间没有关系。没进行的环节下节课还可以再补上，而已经出现的现场情景若错过去，再补就不是“原汁原味”了。

能够将这一想法实施好，需要具有丰富的学科教学知识。数形转化是一种数学思想方法，它不仅有助于具体数学问题的解决，更重要的是有助于学生更好地理解数学的本质，发展数学素养。从教学论的角度看，数形转化是一种知识表征方式的变化。将课本的数学知识转化成学生易于接受的知识样态是教师学科教学知识的核心构成，教师应该具有丰富的学科教学知识，知道数学知识的不同转化方式对学生发展的有益之处，知道学生在学习数学知识时的困难之处，知道问题解决的关键之处并能够予以突破。教师要有敏锐的观察力，能迅速捕捉到学生的想法，根据现场情况正确地判断、及时调整。教师还必须具有良好的表达能力，将数学内容深入浅出、形象直观地讲解出来。

教师的数学解题能力在此处显示出其基础性作用——能够非常清醒地认识到“$720\div6=120=$小杯容量$+$大杯容量的$\frac{1}{6}$”，而题目已知条件是“大杯容量$=$小杯容量$+20$毫升”。由于题目没有告诉我们20毫升$=$大杯容量的$\frac{1}{6}$（尽管从图上看起来20毫升是6份中的1份），所以通过$720\div6$求出的120毫升就没有理由被认为是大杯的容量。如果教师理不清此处的数量关系，那就根本无法作出判断，也就失去了决策的依据。同时，此处还显示出，教师应该具备一种关于数学知识认识的知识，即教师判断一种解题方法是否正确的依据是它是否具有普遍性——能够解决同类的其他问题。如果调整了题中数据后这种方法仍能有效，那才能证明其正确性。

片段4：更换问题。

【现场行为】

师：那让我们换一个数据再来看看这种做法有没有道理。我们可以把“720”的条件改成“580”，其余条件不变。请大家用以上两种方法解答一下。

（学生用以下两种方法解答。）

第一种方法：(580－20)÷(6＋1)＝80(毫升)——小杯；80＋20＝100(毫升)——大杯。

第二种方法：580÷6≈97(毫升)——大杯。

师：大家看，第二种解法和第一种解法的结果不一样了吧，这说明第二种解法是没有道理的，刚才是一种巧合。一种真正有道理的解法是能够适合许多同类问题的，如果换了数据方法就不能用了，那这不是正确方法。我们用了这么长的时间，终于把问题搞清楚了。看看刚才那道题还有没有别的解法？

【心理剖白】

换一个数据想法是正确的，但是要真正落实，还需要教师的技巧。换的数据一方面要能验证出这两种方法的真伪，还要便于计算。事实是，我先假定小杯的容量是80毫升，大杯的容量是100毫升，据此算出7杯果汁共580毫升，然后用它替换原题的720毫升。当然，我也可以选择改变原题中小杯的数量——6，或者改换“大杯的容量比小杯多20毫升”这个条件中的“20”。鉴于现场条件，我选择了课上的替换。

【教学智慧及其生成】

偏离预设的轨道果然导致了“大麻烦”，一再地“纠缠”导致许多预设的环节难以进行，要不要“戛然而止”？这又一次考量教师的魄力。是继续还是终止？本来采用何种做法是没有一定之规的，但如果半途而废，学生依旧不清不楚，不如索性继续进行下去，直到问题彻底解决。

就本题而言，改变既有数据的办法是很多的。此处教师采用了一种简单办法，只改变一个数据，保持了大、小杯之间的相差关系。

第四章　问卷调查与访谈(一):教学智慧是什么?

既然教学智慧研究的旨趣在于关注教师教学实践及其改进,在于促进教师教学智慧的发展,那么,一线教师——这一研究共同体中的最大的人群,他们是怎么认为的则是至关重要的。因此,我们必须在倾听广大一线教师意见的基础上界定教学智慧这一概念。

第一节　问卷调查设计与过程

一、调查对象

本研究选取的调查对象是江苏省南京市鼓楼区五所小学的全体数学教师和安徽省巢湖市和县的部分城乡教师,共 94 人。鼓楼区五所小学指南京市拉萨路小学、南京市银城小学、南京市金陵汇文学校小学部、南京市长阳小学和江苏教育学院附属小学,它们都是省、市级实验小学。这五所学校的全体数学教师共 65 人参加了这次调查,他们集中在一个报告厅里,同时间、独立填写调查问卷,65 份问卷全部有效。巢湖市和县位于安徽省东部、长江下游西北岸,与南京市、马鞍山市、芜湖市三座城市隔江相望,经济文化居安徽省前列,县域经济综合考评动态位次列全省第 8 位。[①] 参与问卷调查的教师来自全县的城乡学校,调查活动选在该县举办的小学数学教师暑期培训活动中进行,自愿接受调查的有 29

① http://old.hx.gov.cn/zjhx.asp,安徽省和县人民政府网站,2010-10-11

名教师，其中 26 份问卷有效。

二、调查工具

本研究的调查工具为《关于教学智慧及其发展的调查问卷》。调查问卷由“基本信息”和“关于教学智慧”两大部分构成。“基本信息”部分从九个方面来了解教师信息，包括性别、教龄、技术职称、学历、专业称号、课堂教学获奖、所在学校级别、自己喜欢教的年级、自我认定的教师类型(新手教师、胜任教师、经验丰富教师、专家教师)。这些主要是作为分析和理解他们作答的背景资料。(详见附录 A)。“关于教学智慧”部分又分为三个部分。第一部分是了解教师对教学智慧内涵的理解，包括如何界定、属于何范畴、产生于何阶段。第二部分是了解教学智慧的特征。第三部分从内、外部因素列出了若干可能对教师教学智慧发展具有影响作用的因素，请教师根据自己的认识赋予其作用值(作用值从高到低分为四级)。内部因素包括知识、能力、经验、自我反思、师德修养和数学教学观六项。在知识因素中，又分为数学知识、教学理论、心理学知识和一般文化知识，这借鉴了林崇德的教师知识分类法，只是将条件性知识分为教学理论和心理学知识两部分①。同时，考虑到一线教师可能对“实践性知识”一词的理解产生歧义，因此将其改为“教学经验”(包括上课和听课两种方式获得的经验)并予以单列。能力因素也被分为四项，即了解学生能力、教学组织能力、随机应变能力和数学能力。外部因素一共列出了八项，分别是学历进修、专家指导、师徒结对、同伴切磋、课题研究、互动研讨、集体备课和师生交流。最后有一道开放题，请教师写出自己认定的对教学智慧产生作用的其他因素。

整个问卷设计兼顾了开放性和封闭性两种类型问题，为了尽可能准确而全面地了解教师关于教学智慧概念理解和发展策略方面的信息，问卷编制过程中请教了我的导师喻平教授，得到了他悉心的指导。多位一线教师对问卷的完善提出了有益的建议。

---

① 林崇德. 教育的智慧——写给中小学教师[M]. 北京:北京师范大学出版社，2005

第二节 调查数据及分析

一、教学智慧概念的外延

对于教学智慧概念的外延的调查采用了开放题的方式,问卷提供了关于教学智慧内涵的5种观点,请教师说出自己的观点,91份有效问卷的74份作出了回答。

显然,关于教学智慧,不同的人有不同的理解。作答的74位教师共有71种不同的表述(详见附录D)。这是其中的一些观点——

“教学智慧是教师面临复杂教学情境所表现的一种敏感、迅速、准确的判断能力。如,在处理事前难以预料、必须特殊对待的问题时教师所表现的能力。”

“教学智慧是教师个体在教学实践中,依据自身对教学现象和教学理论的感悟,深刻洞察并敏锐机智、高效便捷地应对教学情境而生成融通共生、自由和美的境界的一种综合能力,这种能力包含了多种具体教学能力的综合运用,是教师有关教学活动的感知、思维、创新、实践等多种能力整合后的高水平的系统能力。”

“教学智慧就是面对千变万化的教学实际情景,从‘不确定性’中寻找‘确定性’,充分表现出来的一种实践智慧。简而言之,是在教学活动中处理“预设”与“生成”关系的智慧。”

“教学智慧指的是作为教学主体的教师对教学所作的观念运筹、经验调度、操作设计等的种种努力及其体现于教学实践各环节的主体能动性。”

“教学智慧是教师的一种素养,包括促进学生学业进步的能力、机智处理生成问题的机智,关爱学生并使之形成良好道德品行的师德。”

根据调查问卷,从教学智慧概念的外延、邻近属概念和种差三个方面进行了分析、编码和统计。关于教学智慧概念外延的情况如下:课堂(3次);设计(4次);课前(2次);课后(2次);教学实践(3次);教学情境(5次)。可见,教师观念中教学智慧外延有大有小,各不相同。“教学实践”范围最大,可以涵盖其他词语所表达的范围。“课堂”和“教学情境”具有一致性,可以合二为一。这样,我们可以笼统地用“教学实践”来指称“教学智慧”这一概念的外延,其中“课堂教学活动”和“教学设计活动”是最主要的两种活动方式。这一结果与第二章对教学智慧外延的界定非常吻合，这也就支持了将教学智慧分为课前的教学设计智谋和教学现场的教学调适机智两种表现形式的观点。

二、教学智慧概念的邻近属概念

1. 开放题的调查。

根据 74 名教师的回答，其中关于教学智慧概念的邻近属概念情况如下：综合素养(12 次)；能力(61 次)；智慧(16 次)；师德(关爱学生)(11 次)；机智(20 次)。其中，“能力”一词使用最多，被提及 61 次，占作答人数的 82.4%，可见大多数教师将“能力”视为教学智慧的核心成分。如果我们将“师德、关爱学生”视为教师素养中的德性素养，将“机智”视为一种随机应变的行为素养，将“智慧”视为教师“辨析判断、发明创造的能力”，则我们可以用“综合素养”来概括以上的所有名词，即教学智慧是教师的一种心智方面的综合素养。

2. 封闭题的调查。

问卷还提供了能力、知识、心理品质、德性、综合素养等五个选项供教师选择。

实际作答时，有部分教师选择不止一项，统计结果见图 4－1。85.71%的教师选择了“综合素养”，这与前面开放题的统计数据吻合。

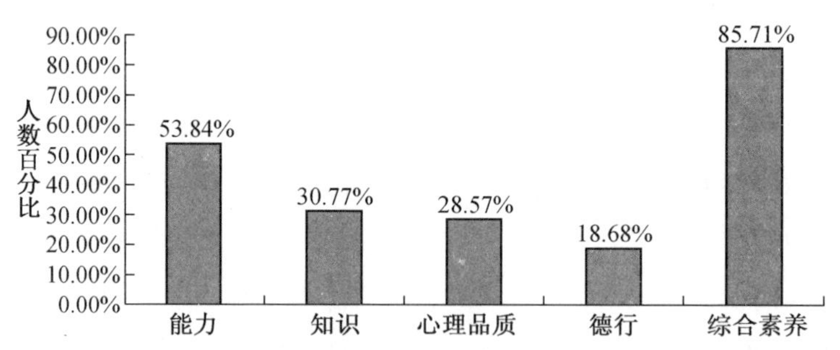

图 4－1　关于教学智慧概念的邻近属概念选择情况

三、教学智慧概念的种差

1. 教师行为方面。

从对于教师行为描述的词语来看，有处理、引导、控制、驾驭、激发、转化和创造等。具体情况如下：

处理(26 次)；驾驭、控制、驾驭、掌控、掌握、调控(13 次)；激发(2 次)；转化

(3 次);创造(3 次);引导(10 次)。

这些不同的词语表达了受调查教师对教学智慧的不同理解,折射出他们不同的教学观念。这些词语中,“处理”一词出现频数最大,共 26 次,从语义上看,它的意义也最宽泛,基本上可以涵盖其他各词的意义。

2. 行为对象方面。

教师的作答中,用词情况如下:

问题、错误(21 次);事件(6 次);教材(4 次);知识(21 次);经验(4 次);突发(8 次);复杂、千变万化(8 次);生成(20 次);预设(9 次)。

从中可见,教学智慧的行为对象涉及教学中出现的“问题”、“错误”,发生的“事件”,教学的内容——“教材”、“知识”和“经验”。这些行为对象具有“复杂、千变万化”、“突发”的、“预设”的和“生成”的限定性。其中“问题、错误”和“生成”出现频数较大,这意味着在广大教师的观念中,教学智慧是与随机生成的问题和错误相联系的。

3. 行为限定方面。

教学智慧的行为具有独特的表现——“敏捷”、“适时”、“灵活”、“机动”、“随机应变”、“巧妙”、“自如、游刃有余”等,“随机应变”是大多数教师认可的教学智慧行为特征。具体用词情况是:

敏锐、敏感、敏捷(5 次);及时、适时(7 次);适当、恰当(4 次);灵活、随机应变、机动(23 次);自如、游刃有余(2 次);巧妙(4 次)。

4. 行为结果方面。

教师认为教学智慧应该产生良好的行为结果,有的追求“高效率、高收益(2 次)”,有的则强调教师和学生双方的“愉快(2 次)”、“快乐(1 次)”和“幸福(1 次)”。

综合以上关于教学智慧概念的外延和内涵(包括邻近属概念和种差)的分析,结论如表 4-1。

表 4-1　受调查教师关于教学智慧概念的定义

外延	种差				邻近属概念
	教师行为	行为限定	行为对象	行为结果	
教学实践	处理	随机应变	生成的、复杂问题	良好	心智的综合素养

将表中的词语串连起来,我们不难得到一线教师对于教学智慧所作的界定:教学智慧是教学活动中教师随机应变地处理生成性的复杂问题并取得良好效果的心智综合素养。将这一界定与第二章中通过理论思辨的方式所作出的界定进行比较,我们可以发现两者同中存异。其中,相同之处是:概念的外延都是整个教学活动,概念的邻近属概念都是"心智综合素养",都强调教师行为方式的灵活、巧妙,行为结果的良好。不同之处是:教师的界定凸显了课堂情境和所要解决问题的生成性,这说明他们更多地倾向于将教学智慧视为课堂教学的机智。这一观点与文献研究中将教学机智等同于教学智慧的观点比较一致。

四、教学智慧的特征

在对既有文献研究梳理的基础上,调查问卷列出了教学智慧的 8 个特征供教师选择:生成性、创新性、情境性、实践性、复杂性、集成性、高效性、个体性。没有限定选项数,可以多选。调查结果如图 4-2。

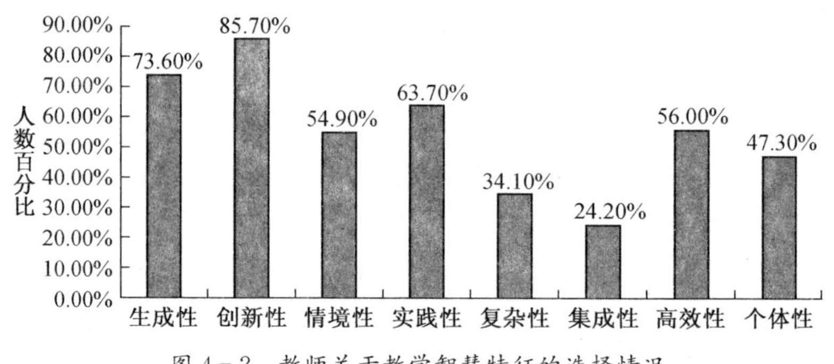

图 4-2 教师关于教学智慧特征的选择情况

从图中可以看出,有 50%以上的教师选择了"创新性"、"生成性"、"实践性"、"高效性"和"情境性"。其中,选择"创新性"的教师最多,达 85.70%。可见,绝大多数教师认为教学智慧具有创新性特征。

第三节 访谈设计与过程

一、访谈对象

本研究分别对三个层次的 9 位教师进行了访谈。其中,专家层次教师界定为省级特级教师,共3名;市区骨干教师3名,普通教师3名(详细情况见表4-2)。

表4-2　接受面谈教师基本情况一览表

姓名	性别	教龄	专业水平	工作单位
T1	男	32	特级教师	××县实验小学
T2	男	18	特级教师	南京市××小学
T3	男	19	特级教师	××师范大学附属小学
G1	男	22	大市中青年骨干教师	南京市××小学
G2	女	20	区级骨干教师	淮安市××区实验学校
G3	男	12	区级优秀青年教师	南京市××小学
P1	女	11	普通教师	××教育学院附属小学
P2	女	5	普通教师	××教育学院附属小学
P3	女	4	普通教师	××教育学院附属小学

二、访谈提纲

访谈提纲(具体内容见附录C)共设计了24个小问题,主要涉及"教学智慧的内涵"、"教学智慧的构成"、"教学智慧的体现"、"小学数学教师教学智慧的发展"四个方面,最后是一道开放题:关于教学智慧及其发展,您还有什么自己的见解?

三、访谈过程

访谈前将访谈提纲发给被访谈者,让他们了解访谈的相关内容。随后进行面谈并将谈话录音。最后整理录音,形成文本,再发至被访谈者,请其审阅和修正。其中有一人还进行了二次访谈。

第四节　访谈资料及分析

一、关于教学智慧研究热的背景

首先,关于教学智慧研究热的背景,对三位特级教师进行了访谈——

面谈者:您是江苏省特级教师,著名的小学数学教学专家,您能谈谈为什么现阶段"教学智慧"这个词语出现得比较频繁?

T1:因为新课改凸显以学生为主体的教育理念,倡导把学习的主动权交给学生，这样，在课堂教学活动中学生就会拥有更多的自主学习的时间、空间和自由表达的机会，也就必然会出现许许多多非预设性的生成问题，这些问题需要教师及时反应、正确引领、机智处置，因而要求教师要拥有教学智慧，并要不断提升教学智慧。

T2：首先，新的教育形势下整个社会、学校、家庭对学生的素质教育有了新的要求，要求我们必须培养出更多的素质全面发展的学生，培养素质全面发展的学生，要求教师必须具有教学智慧。其次，现在社会学生接触的、了解的信息不仅多而且杂。表现在课堂中，学生肯定不会像以前的学生一样循规蹈矩，经常会出现一些稀奇古怪的问题，这些问题也要求教师必须具有一定的教学智慧。最后，新的人才标准不是知识，而是素养、创造力，这种东西不能直接给予，不像知识可以直接传授，只能在互动中养成。

T3：这是教学改革、教学创新的需要，教师专业发展的需要。

专家教师分析问题具有一定的高度，从教学面临的新情境、教学创新和教师专业发展等方面简要谈了教学智慧研究热的原因，重点关注的是教育面临的新情境和新任务。教学面临的情境发生了新变化：新的培养目标——培养有全面素养、有创造力的人才；新的教学对象——更加“难缠”的学生；新的教学理念——给学生更多的自主；新的教学方式——师生互动，课堂生成性增强。当然，他们没有关注国外教师及教学实践性知识等研究动向，也没有涉及中国教学文化传统的影响。他们关注的是与自己教学工作相关的问题。

二、关于教学智慧的内涵

面谈者：您是如何理解教学智慧的？

T1：教学智慧应指教师在教学实践活动过程中，面临复杂的教学情境所表现出来的一种敏感、迅速、准确的判断能力，和机智、妥善处置教学活动中偶发事件与特殊问题的能力。

T2：教学智慧是教师的一种内隐素质（智力、情感、价值观的统一体），外显反映就是在课堂这种特殊的情境中体现出来的一种快速的判断能力以及据此所表现出来的及时教学反应。

T3：教学智慧是一种整体品质，是一种能力状态，诞生和表现于教学情境中，以机智为主要表现形式，以教学创新为主要特征。

三位特级教师都认为,教学智慧是教师在教学实践中表现出来的一种处理复杂问题的能力,是一种临场的机智。它是教师的一种内隐的整体素质。这与问卷调查中教师倾向于将教学智慧视为课堂教学机智的观点一致。就此,又追问了 T1—— 一位从教 32 年、对教学智慧具有较为深刻理解的老教师,一位江苏省小学数学特级教师。

面谈者:在和你的相处中经常听你说到"教学智慧"一词,你认为的教学智慧是否就是指课堂教学的智慧?

T1:我认为,教学智慧主要指课堂教学智慧,但课外与教学活动有关的工作,如培优辅差、转化后进生等所显现出来的智慧性行为,也应称之为教学智慧。

面谈者:那你是否认为课前的教学设计也是教学智慧的一个组成部分呢?

T1:能对课堂教学进行较为全面、合理的预设,是教学智慧的一种体现。

面谈者:您认为教学智慧在课堂教学中表现在哪些方面?

T1:教学智慧在课堂教学中主要表现在:能对课堂教学进行较为全面、合理的预设;具有敏锐的观察力、分析力和判断力;能够机智、果断、有效处置意料之处的问题;能高效利用生成资源服务课堂教学;能采用灵活多变的教学策略促进教学目标的高度达成。

面谈者:这些表现具体体现在学生和教师的哪些方面?

T1:从学生方面看,能自始至终以一种愉悦的心理状态、一种亢奋的探究热情参与到学习活动中去,拥有充满智慧的求知空间,享受洋溢智慧的学习生活,习得智慧的学习方式,建构良好的智慧人格,实现个性化的充分发展。从教师方面看,能娴熟驾驭课堂,教学工作挥洒自如、得心应手,课堂氛围和谐,师生高频互动,教学目标达成度高,能让学生的知识与智慧达到同进共长的境界。

T1 认为教学智慧体现在教师整个的教学活动中,包括课前的教学设计、课堂的教学和课后的辅导,而课堂是教学智慧集中体现的场景。教学智慧在课堂中的主要表现是:教师反应敏捷、机智果敢处理意料之外问题、善于利用生成资源、教学策略多样、有效达成教学目标,而且学生表现出积极的学习心态,教师自我效能感强,师生课堂生活愉悦。

P3 是一位工作刚满 4 年的青年女教师,我们的访谈如下——

面谈者:小丁老师,你是怎么理解教学智慧的呢?

P3：有教育机智，遇到突发事件，能比较巧妙、合理化地解决问题。睿智，有思想，有深层次内涵，才能有智慧。加上教学的话，就是自己的独特见解。处理问题能一分为二地思考，能考虑多方面，不片面，考虑周到。

面谈者：巧妙是什么意思呢？是大事化小、小事化了？

P3：是将问题、矛盾化解了，不让矛盾激发，把困难的问题解决掉。能以错改错，利用错误为自己的教学服务。许多名师就会利用错误。遇到生成性问题、突发问题、棘手问题都能巧妙解决。

面谈者：主要是巧妙解决这些已经发生的问题，还有没有别的意思？

P3：还有教学设计比较巧妙，想法比较独特。名师的教学设计，我们拿来用可能效果就不一样。

面谈者：导致不一样的原因是什么？

P3：他们对设计的理解比较深入、深刻。另一方面，有教学智慧的人敢于否定自己，就是以前上的课，后来看不是特别理想，就用别的方法来上，从更深层次加以理解。有教学智慧的教师，能不断丰富自己，站在高的起点来要求自己。教学智慧主要就是三方面：处理问题、教学方面（教材理解、教学设计）和善于反思。

面谈者：有教学智慧的教师主要有什么表现？

P3：有多种表现，如总是不断学习，向新的高度发展，有思想。

面谈者：有思想主要指什么？

P3：对问题理解比较深刻，有自己独特的见解。

面谈者：多方面表现还有什么？

P3：看课堂，不仅从教师方面看，任务能否完成，计划能否实现。而且要从学生方面看。陶行知在学生犯错时奖励糖果，没批评反而奖励，而我们一般是先批评，再问为什么会犯错。

面谈者：有教学智慧的教师除了机智，还表现为什么？

P3：个人修养。我觉得有智慧的人有修养，知识渊博。

面谈者：知识渊博的人是否就有智慧？

P3：那可能没有，但量变到质变，只要不断修练就可能有智慧。

面谈者：如果你给教学智慧下定义，怎么定义？

P3：应急能力。

P3认为教学智慧体现于两方面:课堂教学善于解决问题、能够应急(这也是她给教学智慧下的定义)和教学设计巧妙。具有教学智慧的人思想深刻,善于反思。有独创性,有修养。她的叙述中出现了两个例子,都是被用来诠释教学智慧的,案例构成了对教学智慧理解的一种方式。

三、关于小学数学教学智慧的独特性

关于小学数学教学智慧与其他学科、中学数学教学智慧的区别,问答如下——

面谈者:相对于中学数学,小学数学教学智慧有什么独特性?

T1:小学生心智发展尚未成熟,在小学数学教学活动中,学生必然会涌现出许多幼稚的问题、莫名其妙的问题、匪夷所思的问题等,因此小学数学教学智慧必须具有厚实的儿童心理学理论素养。小学数学教学智慧相对于中学数学教学智慧,品质要求要更高些。

面谈者:这些更高的要求,是否指小学数学教师应比中学数学教师更加关注学生的学习心理规律,更加重视教学方式、方法?

T1:对,要多激趣、多激励。

面谈者:与小学其他学科教学智慧相比,小学数学教学智慧又有何不同?

T1:数学知识比较抽象,学生学习起来比较困难,需要教师对小学数学学科特点、学生数学学习规律和教师在教学中的作用有独特的认识,需要丰富的教学经验作支撑。

面谈者:教学智慧与教师的数学知识有什么关系?

T1:教学智慧与教师的数学知识有一定的关系,它是在一定的数学知识素养与教学经验基础上产生的,一个数学知识捉襟见肘的教师是不可能拥有什么教学智慧的,一个数学知识渊博、教学经验充盈的教师则可以不断增长教学智慧,并能使自己尽快成长为智慧型教师。但数学教师的教学智慧与教师的数学知识并不成正比关系,不是说数学知识越丰厚,教学智慧就越丰富,教学智慧相对于知识来说是深层次的,除了跟知识素养有关外,还与教师的教学理念、情感与价值观、教学机智、教学风格等个性化的综合素质有关。

P3对这一问题做了如下回答:

P3:小学数学教学智慧的独特性主要表现在数学是充满理性、逻辑的学科,和中学数学相比，更趋向儿童化，包括数学概念的定义要更加直观形象，要站在儿童的角度来理解数学。和小学语文相比，小学数学教学活动更加理性，有逻辑性、条理性，而语文更加充满诗意。

P3 的观点和 T1 相近，认为小学数学教学智慧有别于中学数学教学智慧：注重儿童特点，要直观形象；有别于小学语文教学智慧：教师的理性成分更多一些。

四、关于自己是否有教学智慧

面谈者：您认为自己的课堂教学有智慧吗？

T1：我认为一个正常的较为成熟的教师其教学中都会拥有教学智慧，只不过有多智慧与少智慧、大智慧与小智慧之分；我的教学中也同样拥有教学智慧，其教学智慧的含量或层次介于一般教师与专家、名师之间吧。

对于这一问题，其余 8 位受访者也都做出肯定回答，可见教学智慧是一个相对的概念，具有多种层次性。教学智慧并不是难以企及的，每一位教师都能够在自己的教学生涯中体验到。但是，教学智慧又是难以把握的，常常是“可遇而难求”，需要“妙手偶得”。

五、关于教学智慧的特征

对于问题：“您觉得教学智慧具有哪些特征？”9 位被访谈教师回答情况如表 4－3 所示。

表 4－3　被访谈教师认为教学智慧具有的特征

教师	教学智慧的特征
T1	情境性、复杂性、实践性
T2	情境性、复杂性、偶然性、长期性
T3	方向性、情境性、创新性、实践性
G1	独创性、机智性、人文性
G2	迅捷性、科学性、发展性、自然性
G3	突发性、偶然性、敏捷性
P1	个体性、差异性、创造性
P2	个体性、综合性、创造性、动态性
P3	独创性、随机性、内隐性

虽然9位不同层次的教师对教学智慧特征予以不同的表述,但这些表述之间有相似、有交叉,从中我们可以发现一些共性——有5位教师认为教学智慧具有"创新性"(近似词语"独创性、创造性")特征,排在所有特征之首,与问卷调查的结果(85.70%)相一致。紧随其后的是"情境性"和"随机性"(近似词语"偶然性、突发性",它和"生成性"也有诸多相同),各有3位教师提及,这也与问卷调查的结果("情境性"54.90%、"生成性"76.60%)大致吻合。"个体性"指教学智慧带有鲜明的教师个体特征,"独创性"之"独"也包含"个体"之意,合两者之意,可知"个体性"也是较受被访谈教师关注的特征。

六、关于教学机智的理解

如前所述,许多教师将"教学智慧"理解成"教学机智",因此,进一步地了解教师对"教学机智"的理解很有必要。

面谈者:您怎么理解教学机智?

T1:教学机智是指教师在课堂教学中,面对事前难以预料而必须特殊对待的一些偶发事件、复杂情境所表现出的一种敏感、迅速、准确判断能力和处置能力。

面谈者:那它和教学智慧是什么关系呢?

T1:教学机智是教学智慧的重要显现,教学机智与教学智慧关系密切,彼此相辅相成、相互促进。

T2:教学机智是教学智慧的一种特殊表现,是指教师在教学实践活动中的一种随机应变的能力,可能是教学智慧的一种实践体现。

T3:记得范梅南曾论述这个问题,机智是一种行动,是一种全身心投入的实践,是外在的一种行动方式;而智慧,是一种内部的状态。我认同这个观点。

G1:机智主要指能处理一些突发事件的能力表现。机智可以说是教学智慧的一种表现。

G2:教学机智指的应该是教师面对学生出现的意外情况作出的巧妙反应。教学机智只是教学智慧中很小的一部分。教学智慧包含教学机智。

G3:教学机智有可能是一种经验,但教学智慧除了经验以外,更多的需要知识的积累。

P1:教学机智只是指教师在课堂教学中处理临时生成的问题的处理能力,

它只是教学智慧中的一个方面。

P2:教学智慧的表现形式就是教学机智,教学智慧=教学机智。

P3:教学机智就是课堂上灵活应变的能力。

以上观点可归纳为两点:首先,教学机智是教学智慧的主要构成,是教学智慧的一种外在表现;其次,教学机智主要指一种随机应变的能力,这种应变行为是在遭遇意料未及问题时做出的,具有被动性。

第五章　问卷调查与访谈(二):教学智慧从哪儿来?

教师的教学智慧从哪儿来?换言之,哪些因素对教师的教学智慧发展具有影响作用?只有弄清这一问题,教师教学智慧的发展才能得到真正实现。从教师的角度看,影响其教学智慧发展的因素可以分为内、外两个部分。内部因素是指教师自身的综合素养,包括知识、能力、经验、自我反思、师德修养、数学教学观。外部因素是指对教学智慧发展有影响作用的各种外部支持,包括学历进修、专家指导、师徒结对、同伴切磋、课题研究、互动研讨、集体备课和师生交流等。以上内、外因素的了解通过问卷调查和访谈两种方式进行,其设计与实施过程在第四章第一节已经说明,本章重点进行数据和资料的分析,并得出结论。

第一节　问卷调查研究

本章的问卷调查研究主要包含教学智慧产生的阶段、影响教学智慧发展的内部因素、影响教学智慧发展的外部因素三个部分。

一、教学智慧产生阶段

调查问卷中设计了如下的问题:

下面四个阶段中,你认为教学智慧主要产生在哪些阶段?请按照重要性程度,用数字4、3、2、1给它们排序(最重要因素就在括号中填写数字4,次之填写数字3,再次填写数字2,最不重要的填写数字1)。

课前教学设计(　　);课堂教学(　　);课后反思(　　);课外辅导活动(　　)。

接受问卷调查的91人中,88人回答了该问题,统计结果如表5-1和图5-1。

表5-1　教师关于教学阶段对教学智慧产生的重要性认识

	最重要	次重要	再次重要	最不重要
课前教学设计	24(27.3%)	38(43.2%)	18(20.5%)	8(9.1%)
课堂教学	50(56.8%)	26(29.5%)	7(8.0%)	5(5.7%)
课后反思	10(11.4%)	18(20.5%)	44(50.0%)	16(18.2%)
课外辅导活动	9(10.2%)	8(9.1%)	16(18.2%)	55(62.5%)

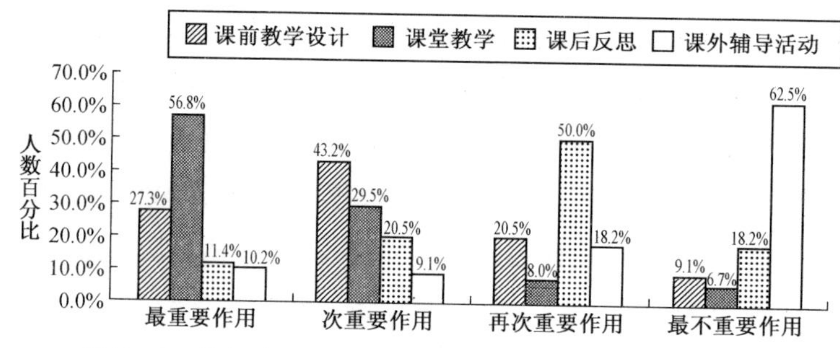

图5-1　教师关于教学阶段对教学智慧产生重要性的认识

数据显示,56.8%的受调查教师认为课堂教学是教学智慧产生的最重要阶段,27.3%的人认为课堂教学是教学智慧产生的最重要阶段;43.2%的人认为课前教学设计是教学智慧产生的次重要阶段,29.5%的人认为课堂教学是教学智慧产生的次重要阶段;将最重要作用和次重要作用两项加起来,课堂教学与课前设计的和分别为86.3%和70.5%。50.0%的人认为课后反思是教学智慧产生的再次重要阶段,62.5%的人认为课外辅导活动是最不重要阶段。可见,“课堂教学”、“教学设计”和“课后反思”是受调查教师公认的三个较为重要阶段。

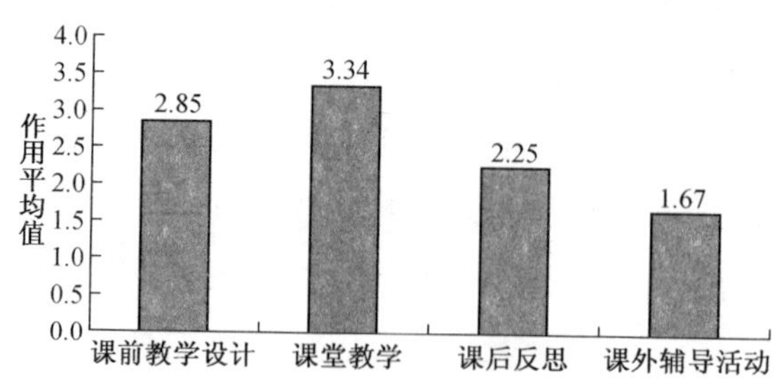

图5-2　教师关于各教学阶段对教学智慧发展作用的认识

图 5-2 显示,“课前教学设计”、“课堂教学”、“课后反思”、“课外辅导活动”的各阶段对教学智慧发展作用的作用均值分别是 2.85、3.34、2.25 和 1.67,可见“课前教学设计”和“课堂教学”是大多数教师认可的对于教学智慧发展作用较大的两个阶段。这一数据支持了第二章中将教学智慧划分为“课前的教学设计智谋”和“教学现场的调适机智”两种表现形式的观点。

表 5-2　教学活动阶段对教学智慧发展作用认识的方差分析

	平方和	自由度	均方	F	显著性
组间	138.920	3	46.307	53.220	.000
组内	302.795	348	.870		
总数	441.716	351			

表 5-3　教学活动阶段对教学智慧发展作用认识的多重比较

(I)教学阶段	(J)教学阶段	均值差 (I—J)	标准误	显著性
课前教学设计	课堂教学	—.48864*	.14062	.001
	课后反思	.60227*	.14062	.000
	课外辅导活动	1.18182*	.14062	.000
课堂教学	课后反思	1.09091*	.14062	.000
	课外辅导活动	1.67045*	.14062	.000
课后反思	课外辅导活动	.57955*	.14062	.000

* 均值差的显著性水平为 0.05。

从表 5-2 可以看出,P=0.000<0.01,这说明受调查教师关于教学活动四个阶段对教学智慧发展作用的认识存在显著性差异,即受调查教师认为“课前教学设计”、“课堂教学”、“课后反思”、“课外辅导活动”四个阶段对教学智慧发展的作用大小是不同的。表 5-3 的多重比较数据表明,“课前教学设计”、“课堂教学”、“课后反思”和“课外辅导活动”四个阶段对教学智慧发展作用相互之间均存在显著差异。

二、内部因素对教学智慧发展的作用

1. 各种知识对教学智慧发展的作用。

(1) 不同教龄教师关于知识对教学智慧发展作用认识的差异研究。

调查、分析结果分别见表 5-4、表 5-5。

表 5-4 教师关于知识对教学智慧发展作用的认识

		教龄			合计
		0～5 年	6～15 年	16 年以上	
作用	作用很大	26	54	73	153
	有些作用	37	72	65	174
	作用很小	12	10	10	32
	没有作用	1	0	4	5
合　计		76	136	136	364

表 5-5 不同教龄教师关于知识对教学智慧发展作用认识的卡方检验

	值	自由度	渐进 Sig.（双侧）
Pearson 卡方	13.173	6	.040
似然比	13.976	6	.030
线性和线性组合	.277	1	.599
有效案例中的 N	364		

从表 5-5 中可以看出，Pearson 卡方=13.173，P=0.04<0.05，说明“0～5 年教龄组”、“6～15 年教龄组”和“16 年以上教龄组”教师关于知识对教学智慧发展的作用值在 0.05 水平存在显著差异。即不同教龄的教师对各种知识影响教学智慧发展作用程度的看法是有差异的。由此，我们可以认为随着教学时间的增加，教师对于知识的作用认识在发生变化。

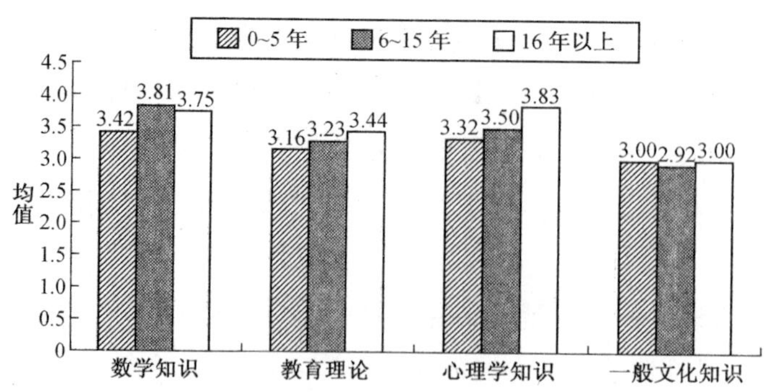

图 5-3 不同教龄教师关于知识对教学智慧发展作用的认识

图 5－3 形象地显示了不同教龄教师关于各种知识对教学智慧发展作用的认识情况。从中我们可以看到,随着教龄的增长,教师越来越看重教育理论和心理学知识。而且,老教师对数学知识的重视程度也高于年轻教师,这一方面与他们本体性知识的欠缺有关系①,另一方面也与他们重视数学知识的深度理解有关。较之于新手教师而言,老教师对“数学深度理解”在教学中作用的认识要深刻得多,他们从实践中深深体验到教师对所教学数学知识内容的掌握情况在很大程度上决定了其教学效果,而年轻教师则缺少这样的体验和认识。

(2) 不同职称教师关于知识对教学智慧发展作用的差异研究。

调查、分析结果分别见表 5－6、表 5－7。

表 5－6　教师关于知识对教学智慧发展作用认识

		职称			合计
		小学二级教师	小学一级教师	小学高级以上	
作用	作用很大	9	50	110	169
	有些作用	8	62	86	156
	作用很小	3	14	17	34
	没有作用	0	2	3	5
合计		20	128	216	364

表 5－7　不同职称教师关于知识对教学智慧发展作用认识的卡方检验

	值	自由度	渐进 Sig.(双侧)
Pearson 卡方	5.724[a]	6	.455
似然比	5.931	6	.431
线性和线性组合	3.836	1	.050
有效案例中的 N	364		

[a] 4 单元格(33.3%) 的期望计数少于 5。最小期望计数为.27。

从表 5.7 中可以看出,Pearson 卡方＝13.173,P＝0.455＞0.05,说明“小学二级教师组”、“小学一级教师组”和“小学高级教师以上组”关于知识对教学智慧发展的作用值在 0.05 水平不存在显著差异,即不同职称的教师对各种知识影响教学智慧的看法是没有差异的。

① 曹培英.新课程背景下小学数学教师本体性知识缺失及其对策研究[J].课程・教材・教法,2006(6)

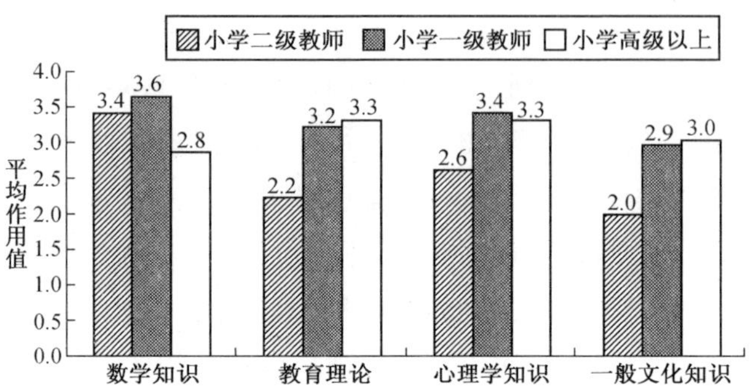

图 5-4　不同职称教师关于知识对教学智慧发展作用的认识

从图 5-4 可以看出，小学一级教师与小学高级以上(含高级)教师关于知识对于教学智慧发展作用的认识除在“数学知识”上分歧较大外，对其余知识的认识非常一致，都是随着职称升高对知识重要性的认识在增加。小学二级教师对于“教育理论”、“心理学知识”和“一般文化知识”作用的认识不够充分，赋予的作用值较低。

(3) 不同专业称号教师关于知识对教学智慧发展作用的差异研究。

调查、分析结果分别见表 5-8、表 5-9。

表 5-8　教师关于知识对教学智慧发展作用认识

		专业称号				合计
		普通教师	校级骨干教师	县级骨干教师	省市骨干教师	
作用	作用很大	87	31	38	14	170
	有些作用	94	16	37	7	154
	作用很小	21	4	5	3	33
	没有作用	2	1	2	0	5
合　计		204	52	82	24	362

表 5-9　不同专业称号教师关于知识对教学智慧发展作用认识的卡方检验

	值	自由度	渐进 Sig.(双侧)
Pearson 卡方	9.572[a]	9	.386
似然比	9.993	9	.351
线性和线性组合	2.230	1	.135
有效案例中的 N	362		

[a] 6 单元格(37.5%) 的期望计数少于 5。最小期望计数为.33。

从表 5－9 可以看出,P＝0.455＞0.05,说明“普通教师组”、“校级骨干教师组”、“县区骨干教师组”和“省市骨干教师组”对教学智慧发展作用的认识在0.05水平不存在显著差异。即不同专业称号的教师在各种知识影响教学智慧问题上的看法是一致的。

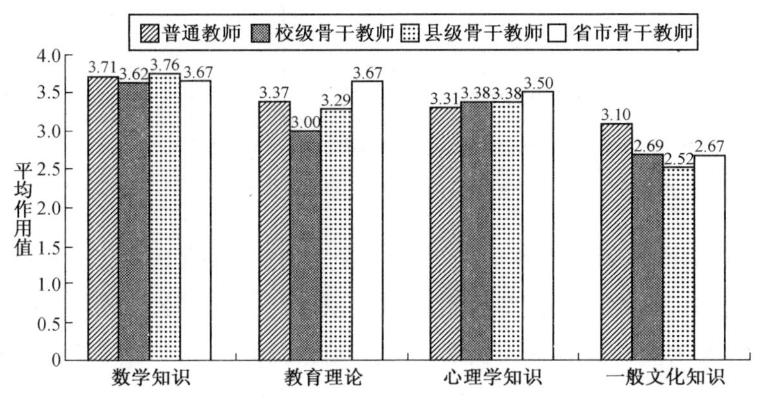

图 5－5　不同专业称号教师关于知识对教学智慧发展作用的认识

从图 5－5 可以看出,普通教师认为四种知识对于教学智慧发展的作用大小最为接近;县级骨干教师则认为它们的作用悬殊较大,其中,“数学知识”作用最大(3.76),“一般文化知识”作用最小(2.52);省市骨干教师认为“教育理论”和“心理学知识”的作用较大,两者作用值都超出其他教师。在“数学知识”和“心理学知识”的看法上,各种称号的教师观点较为一致,而在“教育理论”和“一般文化知识”上的分歧较大。就前者而言,与当前教育理论与实践之间关系的多元理解的局面较为契合。

(4) 教师关于各种知识对教学智慧发展作用认识的差异研究。

分析结果见表 5－10、表 5－11。

表 5－10　教师关于各种知识对教学智慧发展作用认识的方差分析

	平方和	自由度	均方	F	显著性
组间	22.668	3	7.556	16.057	.000
组内	169.407	360	.471		
总数	192.074	363			

表 5－11　教师关于各种知识对教学智慧发展作用认识的多重比较

知识类型		均值差（I—J）	标准误	显著性
数学知识	教育理论	.39560*	.09400	.000
	心理学知识	.34066*	.09246	.002
	一般文化知识	.70330*	.09696	.000
教育理论	心理学知识	—.05495	.10623	.996
	一般文化知识	.30769*	.11016	.034
心理学知识	一般文化知识	.36264*	.10885	.006

* 均值差的显著性水平为 0.05。

从总体上看，教师关于各种知识——数学知识、教育理论、心理学知识和一般文化知识——对教学智慧发展作用的认识之间呈显著性差异，各种知识对教学智慧发展作用的均值分别为 3.70、3.30、3.36 和 3.00。“数学知识”的作用最大，“一般文化知识”作用最小，“教育理论”和“心理学知识”的作用比较接近。教师关于“数学知识”与“教育理论”、“心理学知识”、“一般文化知识”对教学智慧发展作用的认识之间存在显著性差异，同时教师关于“一般文化知识”与“教育理论”、“心理学知识”对教学智慧发展作用的认识之间也存在显著性差异，“教育理论”与“心理学知识”之间不存在显著性差异，这可能与我们常常将教育学知识与心理学知识相提并论，并称为条件性知识的习惯有关。

2. 教学经验对教学智慧发展的作用。

(1) 不同教龄教师关于经验对教学智慧发展作用认识的差异比较。

调查、分析结果分别见表 5－12、表 5－13、表 5－14。

表 5－12　不同教龄教师关于教学经验对教学智慧发展作用的认识。

经验类型	作用值	0～5 年	6～15 年	16 年以上	合计
上课	作用很大	18	28	34	80
	有些作用	1	5	3	9
	作用很小	0	2	0	2
	没有作用	0	0	0	0

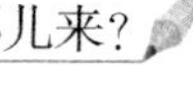

续表

经验类型	作用值	0～5 年	6～15 年	16 年以上	合计
听课	作用很大	9	15	17	41
	有些作用	9	18	18	45
	作用很小	1	2	2	5
	没有作用	0	0	0	0
合　计		38	70	74	182

表 5－13　不同教龄教师关于教学经验对教学智慧发展作用的认识

		教龄			合计
		0～5 年	6～15 年	16 年以上	
作用	作用很大	23	48	51	122
	有些作用	11	18	22	51
	作用很小	3	2	2	7
	没有作用	1	0	1	2
合计		68	38	68	182

表 5－14　不同教龄教师关于教学经验对教学智慧发展作用认识的卡方检验

	值	自由度	渐进 Sig.(双侧)
Pearson 卡方	4.109[a]	6	.662
似然比	4.299	6	.636
线性和线性组合	.274	1	.601
有效案例中的 N	182		

[a] 6 单元格(50.0%)的期望计数少于 5。最小期望计数为.42。

根据 Pearson 卡方＝4.109,P＝0.662＞0.05 可知:三个教龄段的教师关于上课和听课两种经验对教学智慧发展作用的认识上不存在显著性差异,即不同教龄的教师对上课和听课影响教学智慧作用的看法没有差异。从图 5－6 可以看出,“上课”的作用明显大于“听课”的作用,这也就说明课堂教学实践是教学智慧发展的主要而直接的途径,听课是一种间接获取经验的途径。三个教龄组在“上课”与“听课”对教学智慧发展作用大小的认识上呈现出一致性,都是 0～5 年教龄组排第一，16 年以上教龄组排第二，6～15 年教龄组排第三。

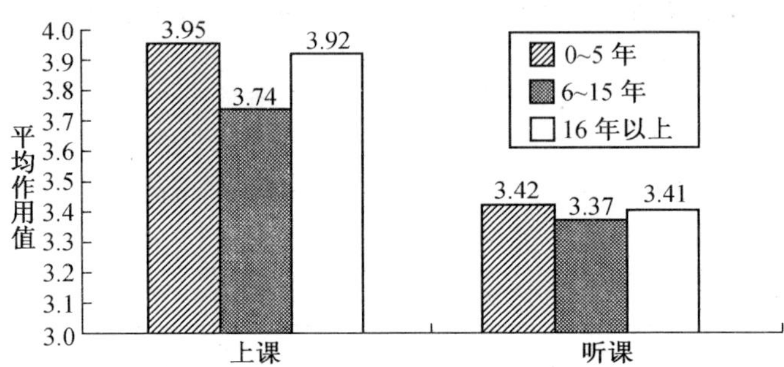

图 5－6　不同教龄教师关于教学经验对教学智慧发展作用的认识

(2) 不同职称教师关于教学经验对教学智慧发展作用认识的差异比较。调查、分析结果分别见表 5－15、表 5－16。

表 5－15　教师关于教学经验对教学智慧发展作用认识

		职称			合计
		小学二级教师	小学一级教师	小学高级以上	
作用	作用很大	7	43	63	113
	有些作用	3	21	38	62
	作用很小	0	0	5	5
	没有作用	0	0	2	2
合计		10	64	108	182

表 5－16　不同职称教师关于教学经验对教学智慧发展作用认识的卡方检验

	值	自由度	渐进 Sig.（双侧）
Pearson 卡方	5.528[a]	6	.478
似然比	8.034	6	.236
线性和线性组合	3.370	1	.066
有效案例中的 N	182		

[a] 7 单元格（58.3%）的期望计数少于 5。最小期望计数为.11。

表 5－16 显示，Pearson 卡方＝5.528，P＝0.478＞0.05，这说明各职称组教师在“上课”和“听课”对教学智慧发展作用的认识上不存在显著性差异，即不论

何种职称的教师在这一问题的看法上保持一致。现在的教师职称评定基本上是按照资历来进行的,一般情况下,小学教师的教龄到了规定的学历和教龄标准后就获得了晋升的资格,而参评教师基本都可以通过评审,获得相应的职称。就目前而言,只有破格晋升"小中高"职称(即小学教师评"中学高级教师")的专业条件才比较严格,但"小中高"职称的名额有限,一般教师很难评上。[①] 在此情况下,教师职称与教师的教龄具有一定的吻合性,这反映在教学经验对教学智慧发展作用的认识上,不同教龄教师与不同职称教师的观点都不存在显著性差异。

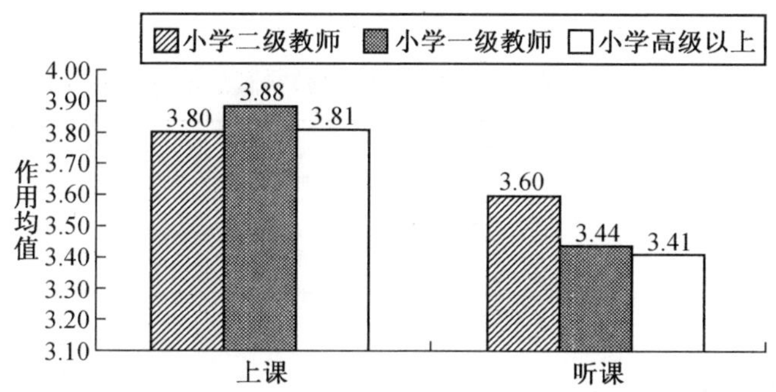

图 5-7　不同职称教师关于教学经验对教学智慧发展作用认识

从图 5-7 可以看出,不同职称教师与不同年龄教师一样,对"上课"和"听课"的作用的认识基本一致,都是"上课"作用大而"听课"作用小。而且,三种级别职称的教师对"上课"作用所赋值的差距更小,最大差值仅为 0.08,比不同教龄教师的最大差值 0.21 小得多。可见,职称对教师专业水平的区分并不显著。

(3) 不同专业称号教师教学经验对教学智慧发展作用认识的差异比较。

调查、分析结果分别见表 5-17、表 5-18。

① 例如,2009 年颁布的《江苏省中小学教师专业技术资格条件(试行)》规定:1. 获得大学专科学历后,从事教学工作满 3 年,可初定小学一级教师专业技术资格;2. 获得大学本科学历后,从事教学工作满 1 年,可初定小学一级教师专业技术资格;3. 获得研究生学历或硕士学位后,从事教学工作满 3 年,可初定小学高级教师专业技术资格;4. 获得大学专科以上学历后,取得小学一级教师专业技术资格并受聘小学一级教师职务 4 年以上;5. 获得研究生学历或硕士学位后,从事教学工作满 2 年;6. 从事小学教学工作的小学高级教师申报中学高级教师专业技术资格,应获得大学本科学历,取得小学高级教师专业技术资格并受聘小学高级教师职务 5 年以上

表 5－17　教师关于教学经验对教学智慧发展作用的认识

		称号				合计
		普通教师	校级骨干教师	县区骨干教师	省市骨干教师	
作用	作用很大	70	17	27	8	122
	有些作用	29	4	14	4	51
	作用很小	2	4	1	0	7
	没有作用	1	1	0	0	2
合计		102	26	42	12	182

表 5－18　不同专业称号教师关于教学经验对教学智慧发展作用认识的卡方检验

	值	自由度	渐进 Sig.（双侧）
Pearson 卡方	15.159[a]	9	.087
似然比	12.104	9	.208
线性和线性组合	1.816	1	.178
有效案例中的 N	182		

[a] 9 单元格（56.3%）的期望计数少于 5。最小期望计数为.13。

表 5－18 显示，Pearson 卡方＝15.159，P＝0.087＞0.05，表明“普通教师”、“校级骨干教师”、“县区骨干教师”和“省市骨干教师”关于教学经验对教学智慧发展作用的认识在 0.05 水平上不存在显著性差异。

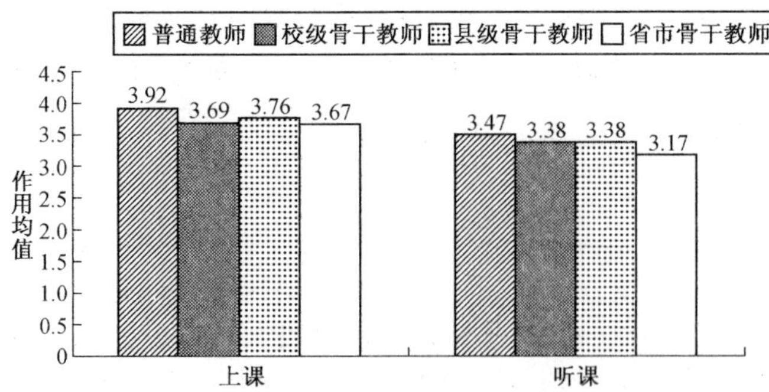

图 5－8　不同专业称号教师关于教学经验对教学智慧发展作用的认识

图 5－8 显示，各种专业称号教师关于“上课”和“听课”对教学智慧发展作用的认识比较一致，不仅都认为“上课”的作用值大于“听课”的作用值，而且在“上

课”作用值和“听课”作用值上也比较接近。从实际情况看,这已经是一种共识。

3. 教学能力对教学智慧发展的作用。

(1) 不同教龄教师关于教学能力对教学智慧发展作用认识的差异比较。

调查、分析结果分别见表 5-19、表 5-20、表 5-21。

三个教龄组的教师除了对“教学组织能力”作用大小的认识较为一致外,对其他三种能力作用的认识上都存在分歧。总体上看,随着教龄的增长,教师对“了解学生能力”、“随机应变能力”和“数学能力”的重视程度在增加,因为他们越发认识到这些能力对教学的重要性,而这些能力都需要通过不断地实践经验的积累来发展。0～5 年教龄组的教师对于“数学能力”对教学智慧的作用显著小于其他年龄组,这可能有两方面原因:一是职前教师教育数学课程开设较好,一是青年教师对数学知识在数学中的重要作用认识不深刻。

表 5-19　不同教龄教师关于教学能力对教学智慧发展作用认识

能力类型	作用值	0～5 年	6～15 年	16 年以上	合计
了解学生能力	作用很大	10	26	28	64
	有些作用	9	7	9	25
	作用很小	0	2	0	2
	没有作用	0	0	0	0
教学组织能力	作用很大	12	23	26	61
	有些作用	7	11	10	28
	作用很小	0	1	0	1
	没有作用	0	0	1	1
随机应变能力	作用很大	14	29	33	76
	有些作用	4	5	3	12
	作用很小	1	1	0	2
	没有作用	0	0	1	1
数学能力	作用很大	9	27	26	62
	有些作用	10	7	10	27
	作用很小	0	1	0	1
	没有作用	0	0	1	1
	合计	76	140	148	364

表 5－20　教师关于能力对教学智慧发展作用的认识

		教龄			合计
		0～5 年	6～15 年	16 年以上	
作用	作用很大	47	109	106	262
	有些作用	26	23	43	92
	作用很小	2	4	0	6
	没有作用	1	0	3	4
合计			76	136	152

表 5－21　不同教龄教师关于能力对教学智慧发展作用认识的卡方检验

	值	自由度	渐进 Sig.（双侧）
Pearson 卡方	16.078	6	.013
似然比	19.790	6	.003
线性和线性组合	2.777	1	.096
有效案例中的 N	364		

表 5－21 显示，Pearson 卡方＝16.078，$P=0.013<0.05$，说明不同教龄段的教师关于四种能力——“了解学生能力”、“教学组织能力”、“随机应变能力”和“数学能力”对于教学智慧发展作用的认识在 0.05 水平上存在显著性差异，即不同教龄的教师认为“了解学生能力”、“教学组织能力”、“随机应变能力”和“数学能力”对教学智慧发展的作用是不同的。

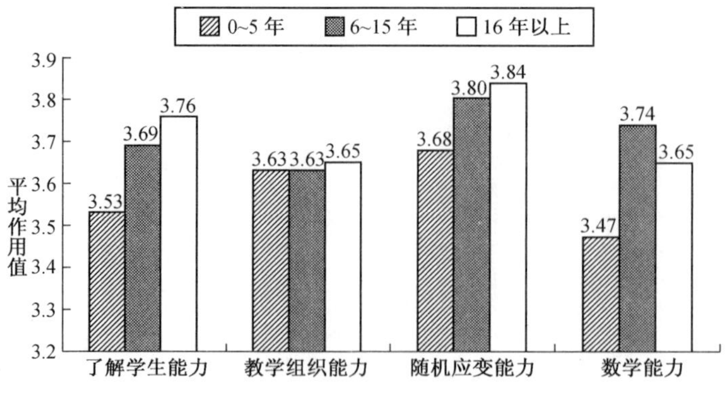

图 5－9　不同教龄教师关于教学能力对教学智慧发展作用认识

(2) 不同职称教师关于能力对教学智慧发展作用认识的差异比较。

调查、分析结果分别见表 5-22、表 5-23。

表 5-22　不同职称教师关于能力对教学智慧发展作用的认识

		职称			合计
		小学二级教师	小学一级教师	小学高级以上	
作用	作用很大	13	95	155	263
	有些作用	7	30	54	91
	作用很小	0	0	6	6
	没有作用	0	3	1	4
合计		20	128	216	364

表 5-23　不同职称教师关于能力对教学智慧发展作用认识的卡方检验

	值	自由度	渐进 Sig.(双侧)
Pearson 卡方	8.077[a]	6	.233
似然比	10.143	6	.119
线性和线性组合	.047	1	.828
有效案例中的 N	364		

[a] 6 单元格(50.0%)的期望计数少于 5。最小期望计数为.22。

据表 5-23,P=0.233>0.05,说明“小学二级教师组”、“小学一级教师组”和“小学高级以上组”在各种能力对教学智慧发展的作用值上不存在显著性差异,即不同职称的教师对四种能力——“了解学生能力”、“教学组织能力”、“随机应变能力”和“数学能力”对于教学智慧发展作用大小的认识上是基本相同的。从图 5-10 可以看出,小学二级教师全部选择了“组织教学能力”和“随机应变能力”,这与他们所处的职业生存期有关。因为在此时期,他们遭遇到来自课堂教学中学生的难以管理和生成事件难以处理等问题的挑战。因为二级教师一般工作在 3 年以内,处于“求生和发现期”。此时,课堂环境的复杂性和不稳定性、连续的试误等使其产生能否胜任教学的自我怀疑心理,因而他们特别关注对课堂的控制和别人对自己的评价。①

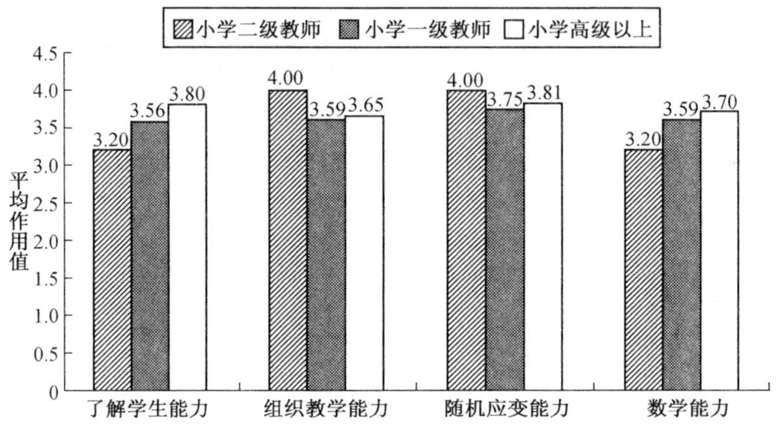

图 5-10 不同职称教师关于能力对教学智慧发展作用认识

（3）不同专业称号教师关于教学能力对教学智慧发展作用认识的差异比较。

调查、分析结果分别见表 5-24、表 5-25。

表 5-24 不同专业称号教师关于能力对教学智慧发展作用的认识

		专业称号				合计
		普通教师	校级骨干教师	县区骨干教师	省市骨干教师	
作用	作用很大	139	37	68	18	262
	有些作用	63	10	13	6	92
	作用很小	1	5	0	0	6
	没有作用	1	0	3	0	4
合计		204	52	84	24	364

① Huberman, M. , Crounauer, M. & Marti, J. , translated by Neufeld, J. The lives of teachers. London: Cassell villiers house; New York: Teachers college press. 1993. Sacks, S. & Harrington, G. N. Student to teachers: The process of role transition Paperresented at the meeting of the American educational research association, New York, March. 1982

表 5－25　不同专业称号教师关于能力对教学智慧发展作用认识的卡方检验

	值	自由度	渐进 Sig.(双侧)
Pearson 卡方	37.535[a]	9	.000
似然比	28.929	9	.001
线性和线性组合	.005	1	.943
有效案例中的 N	364		

[a] 8 单元格(50.0%)的期望计数少于 5。最小期望计数为.26。

据表 5－25,P=0.000<0.05,说明“普通教师组”、“校级骨干教师组”、“县区骨干教师组”和“省市骨干教师组”在各种能力对教学智慧发展的作用值上存在极其显著性差异,即不同专业称号的教师对四种能力——“了解学生能力”、“教学组织能力”、“随机应变能力”和“数学能力”对于教学智慧发展作用大小的认识上是很不相同的。

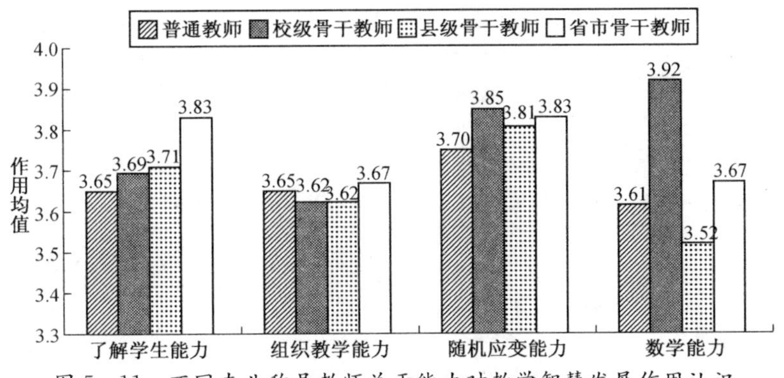

图 5－11　不同专业称号教师关于能力对教学智慧发展作用认识

图 5－11 直观形象地显示了不同专业称号教师在各种能力对教学智慧发展作用上的不同认识。总体上看,各种称号教师对“了解学生能力”和“随机应变”的赋值较大,且随着称号的上升一同上升。教师在“组织教学能力”上的分歧最小,在“数学能力”上的分歧最大。一直以来,大家对数学知识在教师专业发展中的地位看法就有分歧。林崇德先生认为,“具丰富的学科知识只是‘基本保证’,而不是唯一保证”,即光有本体性知识(此处的数学即是一种本体性知识)并不是个体成为一个好教师的决定性条件。我们的研究表明,教师的本体性知识与学生成绩之间几乎不存在统计上的‘高相关’关系。有几位颇有名的科学家,他们曾经是一些不合格的中学教

师,教哪个班,哪个班乱,甚至被学生轰下讲台,这不就是生动的实例吗?因此,我认为,教师的本体性知识一定要有,但达到某种水平即可,多了对教师的教学并不一定起作用"。[①] 对此,教师有不同程度的认同,而这也就可能是教师产生分歧的原因所在。

(4) 教师关于能力对教学智慧发展作用认识的差异比较。

调查、分析结果分别见表 5-26、表 5-27。

表 5-26 教师关于四种能力对教学智慧发展作用认识的方差分析

	平方和	自由度	均方	F	显著性
组间	1.736	3	.579	1.502	.214
组内	138.703	360	.385		
总数	140.440	363			

表 5-27 教师关于四种能力对教学智慧发展作用认识的多重比较

能力类型		均值差(I—J)	标准误	显著性
了解学生能力	教学组织能力	.07692	.09380	.959
	随机应变能力	—.10989	.08248	.706
	数学能力	.03297	.08498	.999
教学组织能力	随机应变能力	—.18681	.09856	.309
	数学能力	—.04396	.10066	.999
随机应变能力	数学能力	.14286	.09020	.520

* 均值差的显著性水平为 0.05。

表 5-26 显示,P=0.214>0.05,表明教师在四种能力——"了解学生能力"、"教学组织能力"、"随机应变能力"和"数学能力"对教学智慧发展作用的认识不存在显著性差异。表 5-27 的多重比较表明,四种能力彼此之间也都不存在显著性差异。

① 林崇德.教育的智慧——写给中小学教师[M].北京:北京师范大学出版社,2005

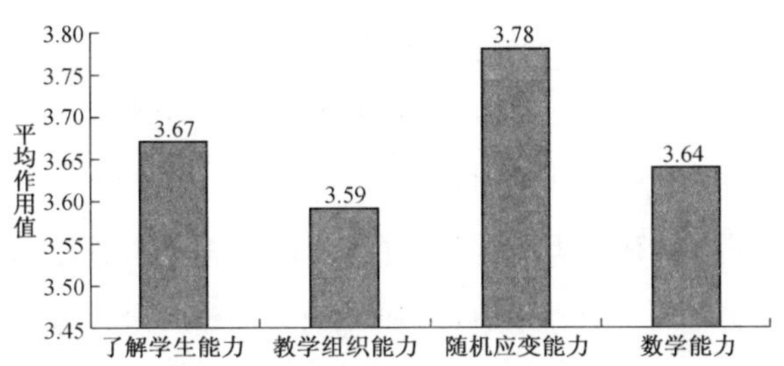

图 5-12　教师关于不同能力对教学智慧发展作用的认识

图 5-12 则支持了上述结论,四种能力对教学智慧发展作用的平均值都很大,分别为 3.67、3.59、3.78、3.64,其中,“随机应变能力”的平均作用值最大,“教学组织能力”平均作用值最小,两者相差 0.19。

4. 知识、经验和能力对教学智慧发展作用的差异。

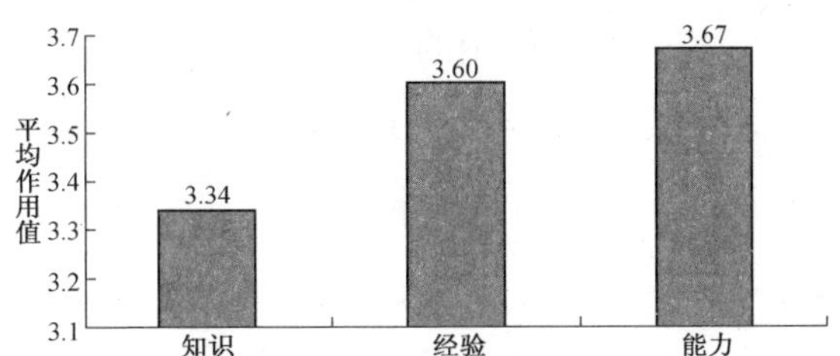

图 5-13　教师关于知识、经验和能力三种因素对教学智慧作用的认识

从图 5-13 可以看出,教师的知识、经验和能力对教学智慧的贡献均值分别为 3.34、3.60 和 3.67,呈逐步上升趋势。

表 5-28　知识、经验和能力三种因素对教学智慧作用的方差分析

	平方和	自由度	均方	F	显著性
组间	5.377	2	2.688	12.424	.000
组内	58.426	270	.216		
总数	63.803	272			

表 5-29　知识、经验和能力三种因素对教学智慧作用的多重比较

因素		均值差(I—J)	标准误	显著性
知识	经验	—.25549*	.06896	.000
	能力	—.32692*	.06896	.000
经验	能力	—.07143	.06896	.301

* 均值差的显著性水平为 0.05。

表 5－28 显示，P＝0.000＜0.05，说明教师关于知识、经验和能力三种因素对教学智慧作用的认识之间在 0.05 的水平上存在极其显著性差异。从表 5－29 的多重比较可以看出，教师关于三种因素对教学智慧作用的认识上，“知识”与“经验”、“知识”与“能力”在 0.05 水平上存在显著差异，“能力”与“经验”在 0.05 水平上不存在显著差异。由此可知，教师对于“知识”的看法与对“经验”和“能力”的看法是不同的，有知识的教师经验不一定丰富，能力也不一定强。而对“经验”和“能力”两者的看法则没有显著差异，经验丰富的教师通常能够胜任教学中的各种任务，能够较好地解决各种问题，显示出较强的能力。我们可以进一步地认为，教学工作是一项经验性非常强的工作，其间蕴藏着大量的隐性知识和经验，需要教师的不断积累才能逐渐胜任。

5. 内部因素对教学智慧发展作用的差异。

(1) 不同教龄、职称和专业称号教师关于知识、经验和能力对教学智慧发展作用认识的比较。

表 5－30　不同教龄、职称和称号教师关于知识、经验和能力对教学智慧发展作用认识的显著性差异

	教龄	职称	称号
知识	存在显著性差异	不存在显著性差异	不存在显著性差异
经验	不存在显著性差异	不存在显著性差异	不存在显著性差异
能力	存在显著性差异	不存在显著性差异	存在显著性差异

观察表 5－30 可以发现：第一，不论何种职称的教师在关于“知识”、“经验”和“能力”对教学智慧作用的认识上都不存在显著性差异。这与当前教师职称评审的制度有关，一般情况下，只要教师的资历（主要是学历和教龄）达到规定就能被评为相应的职称。第二，所有教师在课堂教学和听课对教学智慧发展作用的看法上也都保持一致，大家都认为课堂教学实践是教学智慧发展最重要的途径，听课是一种有效的获取间接经验的途径。第三，不同教龄教师关于“知识”和“能力”对于教学智慧发展作用的认识存在差异。就“知识”而言，老教师比青年教师更看重“数学知识”、“教育理论”和“心理学知识”。就能力而言，老教师更重视

“了解学生能力”、“随机应变能力”和“数学能力”。第四,不同称号教师关于能力对教学智慧发展作用的认识上存在显著性差异,这一点在“数学能力”的认识上尤为明显。

(2) 教师关于六种内部因素对教学智慧发展作用的认识。

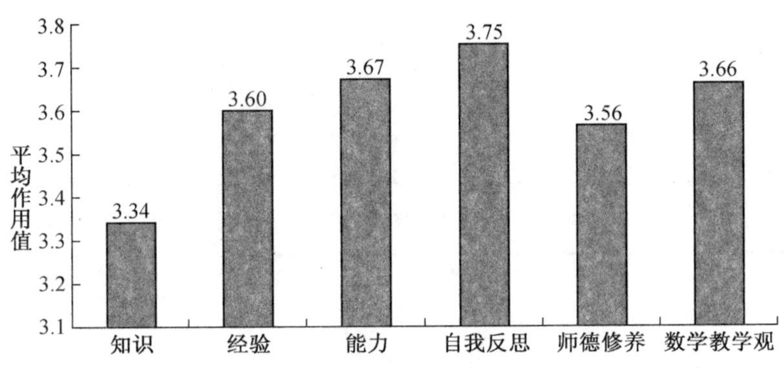

图 5-14　教师关于各种内部因素对教学智慧发展的认识

从图 5-14 可以看出,教师认为“知识”、“经验”、“能力”、“自我反思”、“师德修养”和“数学教学观”这六种教师的内部素养对教学智慧发展的作用都比较大,这点从他们赋予的作用均值上可以明显看出,所有因素的作用均值都在 3.34 以上。其中,“自我反思”对教学智慧发展的作用最大,“知识”的作用最小。这表明教师更倾向于将教学智慧看成是一种处理动态过程中矛盾和问题的经验和能力,而这种经验和能力受自己的数学教学观制约,受师德修养的价值引领。这种能力主要靠教学实践经验的积淀以及建立其上的自我反思而获得,不是靠既有的教育学和心理学以及数学学科知识就能拥有的。当然,这种认识是以他们对自己本体性知识能够胜任教学的自我肯定为前提的。

三、外部因素对教学智慧发展的作用

教师关于外部因素对教学智慧发展作用认识的研究从四个方面进行:不同教龄教师外部因素比较、不同职称教师外部因素比较、不同称号教师外部因素比较和所有外部因素对教学智慧发展作用的差异比较。

1. 不同教龄教师关于外部因素对教学智慧发展作用认识的比较。

调查、分析结果分别见表 5-31、表 5-32。

表 5－31　不同教龄教师关于外部因素对教学智慧发展作用的认识。

		教龄			合计
		0～5 年教龄	6～15 年教龄	16 年以上教龄	
作用	作用作用很大	135	59	127	321
	作用有些作用	106	69	138	313
	作用作用很小	24	15	31	70
	作用没有作用	7	9	8	24
合计		272	152	304	728

表 5－32　不同教龄教师关于外部因素对教学智慧发展认识作用的卡方检验

	值	自由度	渐进 Sig.（双侧）
Pearson 卡方	9.168[a]	6	.164
似然比	8.619	6	.196
线性和线性组合	1.976	1	.160
有效案例中的 N	728		

表 5－32 显示，Pearson 卡方＝9.168，P＝0.164＞0.05，这表明在 0.05 水平上不同教龄教师在 8 种影响教学智慧发展的外部因素——“学历进修”、“专家指导”、“师徒结对”、“同伴切磋”、“课题研究”、“互动研讨”、“集体备课”和“师生交流”上不存在显著性差异，即不同教龄的教师对这 8 种影响教学智慧的外部因素重要性的认识是一致的。

2. 不同职称教师外部因素对教学智慧发展作用的比较。

调查、分析结果分别见表 5－33、表 5－34。

表 5－33 不同职称教师关于外部因素对教学智慧发展作用的认识

		职称			合计
		小学二级教师	小学一级教师	小学高级以上	
作用	作用很大	19	115	184	318
	有些作用	18	112	186	316
	作用很小	1	27	42	70
	没有作用	2	2	20	24
合计		40	256	432	728

表 5 - 34　不同职称教师关于外部因素对教学智慧发展作用的卡方检验

	值	自由度	渐进 Sig.(双侧)
Pearson 卡方	10.320	6	.112
似然比	13.096	6	.042
线性和线性组合	2.418	1	.120
有效案例中的 N	728		

根据表 5 - 35 可知,Pearson 卡方＝10.320,P＝0.112＞0.05,所以,不同职称教师关于外部因素对于教师教学智慧发展作用的认识不存在显著性差异,可以认为,不论何职称教师关于“学历进修”、“专家指导”、“师徒结对”、“同伴切磋”、“课题研究”、“互动研讨”、“集体备课”和“师生交流”这 8 种教研活动方式对教学智慧发展作用的认识没有显著的差异。

3. 不同专业称号教师外部因素对教学智慧发展作用的比较。

调查、分析结果分别见表 5 - 35、表 5 - 36。

表 5 - 35　不同称号教师关于外部因素对教学智慧发展作用的认识

作用		称号				合计
		校普通教师	校骨干教师	县区骨干教师	省市骨干教师	
作用	作用很大	188	41	71	22	322
	有些作用	166	47	75	24	312
	作用很小	38	10	18	1	67
	没有作用	16	6	4	1	27
合计		408	104	168	48	728

表 5 - 36　不同称号教师关于外部因素对教学智慧发展作用的卡方检验

	值	自由度	渐进 Sig.(双侧)
Pearson 卡方	7.777	9	.557
似然比	8.976	9	.440
线性和线性组合	1.138	1	.286
有效案例中的 N	728		

表 5 - 36 显示 Pearson 卡方＝7.777,P＝0.557＞0.05,可知,不同称号教师

关于外部因素对教学智慧发展作用的认识不存在显著性差异。换言之，教师的专业称号不同没有造成教师对各种外部因素——“学历进修”、“专家指导”、“师徒结对”、“同伴切磋”、“课题研究”、“互动研讨”、“集体备课”和“师生交流”对教学智慧发展作用认识上的不同。

4. 各种外部因素对教学智慧发展作用的差异比较。

（1）不同教龄、职称和称号教师关于外部因素对教学智慧发展作用认识的显著性差异。

表 5－37　不同教龄、职称和称号教师关于外部因素对教学智慧发展作用认识的显著性差异

	教龄	职称	称号
外部因素	不存在显著性差异	不存在显著性差异	不存在显著性差异

从表 5－37 可知，不同教龄、职称和称号教师之间关于外部因素对教学智慧发展作用的认识都不存在显著性差异。由此我们可以认为，教师对所列出的 8 种外力在促进教学智慧发展作用的认识上基本上是一致的。

（2）教师关于各种外部因素对教学智慧发展作用认识的差异比较。

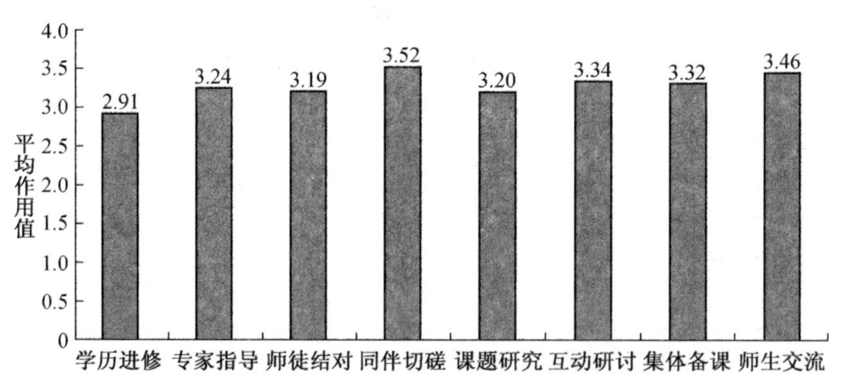

图 5－15　教师关于外部因素对教学智慧发展作用的认识

图 5－15 直观地显示出教师关于 8 种外部因素对教学智慧发展的作用值，“学历进修”与“专家指导”、“师徒结对”、“同伴切磋”、“课题研究”、“互动研讨”、“集体备课”、“师生交流”这 8 个外部因素对教学智慧发展作用的平均值分别是 2.91、3.24、3.19、3.52、3.20、3.34、3.32、3.46，其中，“同伴切磋”作用最大，“学历进修”作用最小。这一结论得到了访谈研究的支持——“同伴切磋”这种研究

方式形式多样,可以是正式的研究,也可以是轻松随意的交流,教师彼此之间没有压力,这是一种帮助教师获取经验的有效途径。而"师生交流"则是教师了解学生的一种有效途径,有利于教师学科教学知识(PCK)的发展。

表 5-38　教师关于外部因素对教学智慧发展作用认识的方差分析

	平方和	自由度	均方	F	显著性
组间	22.368	7	3.195	5.208	.000
组内	441.780	720	.614		
总数	464.148	727			

表 5-39　教师关于外部因素对教学智慧发展作用认识的多重比较

因素类型		均值差(I—J)	标准误	显著性
学历进修	专家指导	—.32967*	.11613	.005
	师徒结对	—.27473*	.11613	.018
	同伴切磋	—.60440*	.11613	.000
	课题研究	—.28571*	.11613	.014
	互动研讨	—.42857*	.11613	.000
	集体备课	—.40659*	.11613	.000
	师生交流	—.54945*	.11613	.000
专家指导	师徒结对	.05495	.11613	.636
	同伴切磋	—.27473*	.11613	.018
	课题研究	.04396	.11613	.705
	互动研讨	—.09890	.11613	.395
	集体备课	—.07692	.11613	.508
	师生交流	—.21978	.11613	.059
师徒结对	同伴切磋	—.32967*	.11613	.005
	课题研究	—.01099	.11613	.925
	互动研讨	—.15385	.11613	.186
	集体备课	—.13187	.11613	.257
	师生交流	—.27473*	.11613	.018

续表

因素类型		均值差（I—J）	标准误	显著性
同伴切磋	课题研究	.31868*	.11613	.006
	互动研讨	.17582	.11613	.130
	集体备课	.19780	.11613	.089
	师生交流	.05495	.11613	.636
课题研究	互动研讨	—.14286	.11613	.219
	集体备课	—.12088	.11613	.298
	师生交流	—.26374*	.11613	.023
互动研讨	集体备课	.02198	.11613	.850
	师生交流	—.12088	.11613	.298
集体备课	师生交流	—.14286	.11613	.219

* 均值差的显著性水平为 0.05。

从总体上看，在 0.05 水平上各因素之间存在显著性差异。具体来看，结果如下：

第一，“学历进修”与“专家指导”、“师徒结对”、“同伴切磋”、“课题研究”、“互动研讨”、“集体备课”、“师生交流”之间存在显著性差异。这说明，“学历进修”在教师眼中是一种全然有别于其他教研培训活动的培训方式，具有独特性。这种独特性既可能来自于学历进修对教学智慧独特的促进作用，如使教师的知识更丰富、更系统化、提升理论水平等，也可能来自于消极的方面，如学历提升是“政治需要”、走过场、混文凭等。

第二，“专家指导”与“同伴切磋”之间存在显著性差异，与“师徒结对”、“课题研究”、“互动研讨”、“集体备课”、“师生交流”之间不存在显著性差异。“专家指导”的独特价值在于专业引领，即引领者和教师分处于“高”、“低”两个水平。它与“师徒结对”、“师生交流”两种形式具有相同性质。而“同伴切磋”，则是“同级别”的交流。显然两者具有显著差异。“课题研究”、“互动研讨”、“集体备课”三种形式中也都能见到领导者和专家的身影，所以它们之间也不存在显著性差异。

第三，“师徒结对”与“同伴切磋”、“师生交流”之间存在显著性差异，与“课题研究”、“互动研讨”、“集体备课”之间不存在显著性差异。“师徒结对”是教师之间关系，而“师生交流”则是师生之间关系，两种关系对教师教学智慧发展的作用不同。

第四,"同伴切磋"与"课题研究"之间存在显著性差异,与"互动研讨"、"集体备课"、"师生交流"之间不存在显著性差异。"同伴切磋"是一种比较随意的交流研讨方式,没有制度的约束。而"课题研究"则是由计划、有组织、有明确任务和目的的正式研究,与"同伴切磋"的差异显而易见。"互动研讨"和"集体备课"、"师生交流"三种方式在互动、人际关系平等和随意性方面有相同之处。

第五,"课题研究"与"师生交流"之间存在显著性差异,与"互动研讨"、"集体备课"之间不存在显著性差异。"课题研究"与"师生交流"的差异主要体现在两个方面:一是人际关系的不同,前者主要是教师之间关系,后者是师生之间关系;二是正式化差异,前者是"三有"的正式研究,后者是随意交流,前者问题明确,后者则不一定。

第六,"互动研讨"与"集体备课"、"师生交流"之间不存在显著性差异;"集体备课"与"师生交流"之间不存在显著性差异。"集体备课"的任务是就教学内容、方式方法等进行研究,"课"是中心,而"互动研讨"和"师生交流"则不一定围绕"课"。

四、内、外部因素对教学智慧发展作用的比较

表 5－40　教师关于内、外部因素对教学智慧发展作用认识的比较

类型	N	均值	标准差
内部因素	91	3.5309	.33551
外部因素	91	3.2679	.50331

表 5－41　教师关于内、外部因素对教学智慧发展作用认识的 t 检验

	方差方程的 Levene 检验		均值方程的 t 检验			
	F	Sig.	t	自由度	Sig.(双侧)	均值差值
假设方差相等	13.852	.000	4.148	180	.000	.26300
假设方差不等			4.148	156.795	.000	.26300

表 5－41 的 t 检验表明,教师关于内、外部因素对教学智慧发展作用的认识存在极其显著性的差异。显然,内、外部因素对于教学智慧发展各有其独特的作用,这也就提醒我们在教学智慧研究上要兼顾多种因素,充分发挥不同方式的研修活动各自独特的作用,促进教学智慧的发展。

第二节　访谈研究

围绕教学智慧发展这一主题，访谈了9位教师，主要话题有：(1) 教师的教学智慧从哪来？(2) 师范院校的专业课程有助于教学智慧的发展吗？(3) 自己的数学学习经历对教学智慧有影响吗？(4) 学历补偿学习有助于教学智慧的发展吗？(5) 职后的集中培训对教学智慧发展有作用吗？(6) 什么样的教研活动有助于教学智慧的发展？(7) 教师的知识观和教学观会对教学智慧的发展有影响吗？(8) 教学智慧与教师的天赋有关吗？(9) 关于教学智慧及其发展有什么个人见解？

访谈之前将这些相关话题发至受访者，让其有所了解。访谈中进行录音，然后将其整理成文字材料，再发回受访者，请其审阅、调整和确认。

一、教师的教学智慧从哪来？

面谈者：您上面说过您的教学中具有教学智慧，那你觉得您的这种教学智慧是从哪儿来的呢？

T1：我觉得教师的教学智慧一是可以从学习中来，虽然学科知识、专业水平、教学经验不等于教学智慧，但它们是教学智慧生长与提升的前提，因此，作为一名教师，要使自己拥有丰富的教学智慧就应加强学习，要学习所教学科专业知识，增加自己的文化修养和内涵；学习教育教学理论，提高自己的理论素养；学习他人先进的教学经验，提升自己的教学水平与品位。二是可以从实践反思中来，反思是形成教学智慧的重要途径，教师通过对教学实践的“反思—总结—再反思—再总结”这样循环往复的行动，便能逐渐提升自己的专业品质，形成自己的教学智慧。三是从教学研究中来，因为教学研究能提高教师的专业水平视野与境界，自然而然就会孕育教学智慧、丰富教学智慧，进而提升教学智慧。

面谈者：你认为教师的教学智慧可以通过专门的传授而获取吗？

T1：我认为教学智慧不能通过单纯的传授而获得，而是通过有关知识、理论、经验等传授，再加上教师自己的实践、体验、感悟、反思和不断总结等多因素合力而获得。

以此话题与其他8位受访教师面谈,他们的回答要点见表5-42。

表5-42　教师关于教学智慧从哪儿来的观点摘要

受访者	来源	如何获得
T2	不断提高自身的素质;学习专业基础知识;丰富自己的课堂的教学实践	通过专门的授课只能是获得理论的知识基础,还要有大量的实践,只有将理论基础与实践结合起来才来丰富教学智慧,否则是纸上谈兵
T3	学习系统的理论;反思自身的个人经验	传授的是技巧与方法,智慧需要自身的领悟
G1	读书、实践、思考与总结	不能纯粹依靠,但是可以作为方式之一
G2	学习、借鉴、实践、反思	小智慧可以通过传授,大智慧还是要靠自我积累、生长
G3	教师的教学智慧在于积累,厚积薄发	教师的教学智慧还是在于自己,当然,一些学习、培训,也能提高自己的教学智慧
P1	不断地学习中来,从个人的感知中悟出来	通过专门的传授得到的只能是知识和方法,但智慧需要自己去领悟,去生成
P2	学习、交流、思考、实践	不太可能。因为教育对象是人,所以会有不同的情况出现,不可预测性
P3	吃透教学内容;灵活运用教学方法;自身修养,平时做一个有心人,熟能生巧	"师傅领进门、修行在个人",自己经历体验、反思、实践

从教学智慧的来源看,受访者的观点主要有:学习(包括读书,学习的内容有数学知识、专业知识理论、他人经验)、积累(知识、经验)、研究、教学实践、反思(感悟)、交流和提升自身素质。这些基本上是从教师个体内在素养提高的角度提出的,具有一般性,适用所有学科教师,数学教师的特点不太突出。

从如何获得的角度看,大家一致认为,教学智慧是不能通过直接的传授而获得的,能通过传授而获得的只是知识、技巧和方法。教学智慧发展的关键在于教师个人的领悟和修行,即对所学的知识、经历的教学实践等进行反思,学习和实践提供的"原材料"——知识和经验——越多,反思就越深刻,教学智慧生长就越快。这里受访者将教学智慧的发展描述成“生成”、“生长”，显然这隐喻了教学智慧是一种生命体，它不能像物品那样可以授受而得。

二、师范院校的专业课程有助于教学智慧的发展吗？

T1：有助于教学智慧的发展。

T2：有助于教学智慧的发展，它给教师的教学智慧提供了丰富的理论基础。

T3：在师范学习的主要内容是理论，这是智慧生成的基础。

G1：可以的，进行专业的学习比较有系统，与实践相结合，会有更好的发展。

G2：有作用，但很微弱。

G3：有助于，因为这些专业学习，不仅学习知识，也学习了教学艺术、教学经验，而这些都是教学智慧所需要的。

P1：有一定作用，没有这些专业知识，就不能生成出一定的教学智慧。

P2：不是太大。

P3：有助于教学智慧的发展，它为教学智慧的形成提供了一个知识基础和理论支撑。

师范院校专业课程学习的主要是系统的理论知识，包括教育教学一般理论、心理学基本原理、学科及其教学知识，这些都是教学智慧生长的基础。同时，这些知识要在实践中进一步理解、验证和丰富、完善。从这个角度，几位受访教师觉得其作用是基础性的，不是直接的，而且作用并不太大。这对于师范院校的教学改革来说具有一定的启示作用，事实上，国内外职前教师教育改革的一个方向就是加强实践性知识的教学，增加实习的课时数。

三、自己的数学学习经历对教学智慧有影响吗？

T1：对教学智慧是有影响的，它能为自己的教学智慧生长与发展提供有力支撑。

T2：有，数学学习经历一来可以提供理论的基础，还可以对学生的课堂生成有更多的了解。

T3：若不经过反思，自己的数学学习经历不会影响教学智慧的生成。

G2：很小。

G3：数学学习有助于教师掌握更多的知识，这样对于学生中一些生成的知识，处理起来会更加得心应手。

P1:有一定的影响,因为以前教师太注意模式教学,禁锢了学生的创造性、创新性、思维发散性等,所以我们也喜欢循规蹈矩。

P2:有一定的影响。

P3:有影响,学生会受教师影响,教师多用画图,学生也会多画图。还可以触类旁通。

面谈者:你认为某知识难易的时候不是依据自己学习数学时的理解吗?你觉得难,是不是学生也认为难呢?从而,你据此采取不同做法?

G2:实际上,在具体的教学中,我们认为某个知识难或者易,绝大多数时候不是根据我们自己学习数学时的理解,而是根据以往的教学经验,判断学生在学到这些内容时的普遍状况是难或易。因此,我们自己的学习经历对教学智慧的影响是很小的。

诚如G2所言,教师对学生的了解,如哪些知识已经掌握、哪些知识学习起来比较困难、哪些学生学习上有哪些特点、哪些知识采用哪些教学方法学生易于学习等信息主要是从学生的学习表现中获得的,是教师在以往教学经验和目前学生学习反馈信息的分析中获得的。但是,教师作为学习者的经历,可能或显或隐地对教学观念和行为产生影响。

9位受访教师对数学学习经历对教学智慧影响的看法有一定的分歧。每个人的数学学习经历是各不相同的,由此可能导致对当年数学学习的感受和体验也多种多样。尤其是当时并不知道自己将来会成为一名小学数学教师,可能就不会有意识地去体味这些感受和体验,更不会将它与如何教学联系起来。因此,自己学习数学的经历往往会潜在地存留记忆深处,如若不加以激活和有意识地进行反省,则很难会对自己的教学产生很大的积极作用。这也就是特级教师T3所说的"若不经过反思,自己的数学学习经历不会影响教学智慧的生成"。

但是,自己学习数学的经历——不论是自己的学习记忆和感受,还是老师留下的记忆和感受,都或多或少、或深或浅、或好或坏地存留于大脑之中,一旦被激活,它就会或多或少、或大或小、或好或坏地影响我们的教学思维和教学行为。因此,如能有意识地提取这种经历,将它与自己的教学工作勾连起来,反思总结、去粗存精、去劣存优,必然会促进教学智慧的发展。

波利亚说:"一个教师如果在他的一生中从未有过什么巧思敏想,那么当他碰到一个有这种敏思的学生时，大概就不会去鼓励他，反而会去申斥他。”[①]波利亚在《怎样解题——数学教学法的新面貌》的序言中专门叙述了自己学生时代学习数学和物理的经历，那时有一个问题一再困扰他：“是的，这个解答看来是行的，它似乎是正确的，但怎样才能想到这样一个解答呢？是的，这个实验看起来可行，这似乎是事实，但是人们怎么会发现这些事实的？而我自己如何才能想到或发现它们呢？”成为大学教授的他非常希望他的学生也能提出类似这些问题，而他会尽量满足他们的好奇心；不仅尽力去理解这道或那道题目的解答，而且去理解这个解答的动机和步骤，并尽力向别人解释这些动机和步骤。这最终促使他写出了《怎样解题——数学教学法的新面貌》一书，以向别的教师传达这一观点。[②]

四、学历补偿学习有助于教学智慧的发展吗？

P2：基本没有什么帮助。

面谈者：为什么？

P2：现在的学历补偿学习基本上是走过场，学不到什么东西。只要报名、缴费，有几个没拿到文凭？不要说本科了，就是教育硕士也是混混而已。

面谈者：你这说的是当前学历补偿和学历提升中的弊端。这种情况确实存在。但如果真正在学，有没有效果呢？

P2：如果真正地学还是有用的。

面谈者：有什么用呢？

P2：工作过以后再学习，可以将以前没弄通的理论理解通，再提升一下理论高度。

学历进修走过场这是不争的事实，以混文凭为目的的学历进修对教学智慧的发展确实没有什么价值。就比较规范的学历进修而言，受访者也仅将其价值定位于理论的学习提高。这与问卷调查中“学历进修”均值最低而且有别于其他

---

① 【美】乔治·波利亚. 数学的发现——对解题的理解、研究和讲授[M]. 刘景麟等译. 呼和浩特：内蒙古人民出版社，1981

② 【美】乔治·波利亚. 怎样解题——数学教学法的新面貌[M]. 涂泓，冯承天译. 上海：上海科技教育出版社，2003

形式的培训活动的结论是一致的。

五、职后的集中培训对教师教学智慧发展有作用吗?

T1:有助于。能厚实自己的专业知识基础。同时,在培训学习过程中,也可以领略、体验、感悟培训者和受训同伴的教学智慧,从而引发自己生成、发展教学智慧。

T2:理论集中培训能在理论上进行丰富,教学实践培训有助于教学智慧的实践借鉴。

T3:有一定的作用,至少会让教师对教学智慧的认识有所提升。

G1:很有帮助,因为无论是专业知识,还是非专业知识,在一定程度上都会扩充教师的视野,教师的综合素养都会得到提高。

G3:有助于,这些(学习内容)都是经验的结晶。

P1:有一定的帮助,尤其是一些观摩课、沙龙和讲座,总会有些思想上的碰撞。

P3:是一种充电、交流、碰撞。

G2:很有影响。但对每个人的影响显然不会相同,影响大小决定于每个人在培训与学历学习投入的精力的大小。

面谈者:将集体培训与别的方式相比较,谁的影响更大呢?

G2:个人以为集体培训与集体研修、个人反思、名家指导相比而言,影响还是后三者来得更大。

P2:基本没有什么作用。

面谈者:为什么没有作用呢?是不是因为流于形式?

P2:流于形式是一方面,即便不流于形式的效果也不见得好。空讲一些理念、大道理,或者贩卖一些新名词有什么用?不是早就听烦了,就是谁也听不懂。

面谈者:你讲的这种情况还真不少,不过这种情况也正在改变。

受访者对此问题的观点不太一致。多数教师(特别是特级教师)持肯定意见,认为当前职后的集中培训作用主要在于扩展视野、更新观念、丰富知识和相互交流,培训的效果取决于参训教师的主观投入程度。持否定意见的教师抨击了当前流行的那些针对性比较差,空讲通识理念、贩卖新名词的培训方式。

从实际情况看,对集中培训持否定意见的主要是一些普通教师,他们一方面将主要的精力投注到具体的教学工作中，另一方面也不太听得懂那些抽象、前沿的理论。

六、什么样的教研活动有助于教学智慧的发展?

T1：实践行动研究、教学案例研究、专家名师专业业务讲座。

T2：常态的课堂教研活动更有助于教学智慧的发展，“表演的”可借鉴的不多。

T3：是教师所需要的，能引起教师心理互动的，让教师有所感、有所悟的。

G1：2～3人去精心创设一份教学设计并能实施，或有机会去参与有代表性的数学活动，从中感受数学学科的重要思想。

G2：首先要引导大家关注教学智慧，带领大家学习、探讨教学智慧，在课堂教学实践中主动地追求教学智慧。要借助课堂教学的载体，反思教学智慧。有助于教学智慧发展的教研活动应该是既有个人思考也有集体探讨的教研，两者缺一不可。

G3：大家相互总结——总结自己的经验、自己的得与失，以及观摩课后的研讨、成功案例的分析。

P1：一定要有互动。另外还应是按需设题，应该针对当前的热点问题进行教研。

P2：沙龙的形式。可以出一些教学过程中遇到的一些问题，大家来思考这些问题，谈谈对此类事件的处理方法。

P3：讲座、沙龙、课堂教学后集体交流等教研形式有助于教学智慧的发展。

受访教师对“假、大、空”的教研活动不感兴趣。从受访者的回答可以看出，教师喜欢的教研活动方式主要有：行动研究、课例研究、常态课的研究、集体研讨、同伴切磋、具体问题解决研究、数学方面的活动、专家名师的专业讲座。概括起来，就是要满足以下三条基本要求：第一是满足教师的需要，能针对教师教学智慧发展中存在的具体问题进行。第二是能进行互动，包括教师与专家互动、教师与教师互动。第三是以教例为载体，针对具体的话题开展研讨。

七、教师的教学经验对教学智慧有影响吗?

9位受访教师一致认为，教师的教学经验对教学智慧是有影响的，这与问卷调查中教师关于教学经验对教学智慧发展作用的认识没有显著性差异的结果相

吻合。下面选择G2和P3两位教师的面谈片段,进一步了解她们的想法。

面谈者:你认为教师的教学经验对教学智慧有影响吗?

G2:教师的教学经验对教学智慧有一定的影响。我们要做的,是让教师意识到自己的一些经验是智慧,并帮助教师总结提升自己的经验,变成稳定的、有意识的教学智慧。

面谈者:能具体说说有何影响吗?到底如何从经验中获得智慧?或者说怎样将经验转化为智慧呢?

G2:比如,对某个知识点的教学,在长期的实践中可能会感觉到用某种方法处理的效果较好。那么今后只要教学到这个知识点,他就会选择这样的方法。尽管别人对这一点可能会有不同的想法,但他可能还会坚持自己的看法。你看,教学经验不是对智慧有影响吗?但他的这种经验还只能是经验,要想使它成为智慧,需要分析这种处理方法成功的必然性,然后将这种必然性进行推广,得出某一类问题的处理方式。或者在更大的层面上得出类似问题的不同处理方式。

P3:有影响。教学经验是个好东西,在备课的环节中,你可以事先估计学生会出现什么样的情况,提前想出应对的好方法。但教学经验也并不是每次都有效,因为学生不同,这些学生可能会出现这样的问题,另外一些学生却会出现那样的问题。所以要不断地积累。

两位受访教师认为教学经验对教学智慧的作用主要在于曾经经历过的"事实"能够让经历者了解学生的某些具体的认知特点,知道某些知识有效的教学方法,而这些成为他们今后教学中决策和行为的依据。两位受访教师还意识到经验的局限性——只是针对"这一个",因而需要对其进行合理性分析,探寻可以迁移到更大范围的"处理方式"。

八、教师的知识观和教学观对教学智慧的发展有影响吗?

在古汉语中,以"知"通"智"。由此也可以看出知识与智慧有着天然的关系,无知不可能有智慧,有"知"方能"转识成智"。受访的9位教师一致认为,教师的知识观和教学观会对教学智慧的发展有影响。下面摘录其中两位教师的观点。

面谈者:教师的知识观和教学观会对教学智慧的发展产生一定的影响,您能进一步说说它们是如何影响的吗?

T1:教师的知识观和教学观是教师价值取向与教学理念的具体体现。而教师的价值取向与教学理念，则是教学智慧生长与发展的重要因素之一。

面谈者：可不可以说，教师的知识观和教学观体现的是教师教育教学的价值取向，而这种价值取向决定了教师教学智慧的方向？

T1：是的，它不仅决定了教学智慧的内在价值取向，而且决定了外在行动的方向：判断、决策和行动等。

G2：教师的教学观对教学智慧的影响可能会更大一些，不同的教学观会带来不同的教学风格，其中自然会带来教师对不同的教学智慧的个性化取舍。

事实上，课堂上的教师行为大多没有通过深思熟虑，而是现场的"即兴之作"，而支配这"即兴之作"的，便是潜隐于教师大脑中的知识观和教学观。这是一种信念系统，它让教师相信这样的行为是正确的。

欧内斯特曾将教师的数学观分为三种：一是问题解决观，即认为数学是动态的、问题导向的、可由人类不断探讨扩大的知识；二是柏拉图观，即认为数学是静态的、完整的、由内部相互联系的结构与事实组成的知识；三是工具观，即认为数学是有用且互不关联的事实与规则、技巧累积而成的知识。①

教师的教学行为受其教学观念的制约，而数学教师的教学观则受其数学观念的支配。数学观是人对数学本质的认识。不论是否自觉地意识到，教师总有自己的数学观，而且这种数学观会不知不觉地渗透到数学教学中，在很大程度上影响着教学的方式。这正如英国数学教育家斯根普所言："我们并不是在谈及关于同一数学的较好和不那么好的教法。只是在经过很长一段时期以后，我才认识到并非这样的情况。我先前总以为数学教师都在教同样的科目，只是一些人比另一些人教得好而已。但我现在认为，在'数学'这同一名词下所教的，事实上是两个不同的学科。"②具体而言，一个教师如果把数学理解为是思维的科学，他就会在教学中偏重于对学生进行思维训练；如果把数学理解为工具学科，或许他就会在教学中渗透数学应用的思想。如果认为数学是一种文化，那他的教学就会把数学纳入到广阔的社会文化中去，让学生理解数学的理性精神、创新内涵和思想方法。

---

① Ernest，P. The knowledge，Belief and attitudes of the mathmatics teacher. A model. Journal of Education for Teaching，1989

② 郑毓信. 国际视角下的小学数学教育[M]. 北京：人民教育出版社，2004

一线教师的数学观念未必是自觉的、系统的理性认识,更多的是朴素的、零散的、朦胧的认识。但综合起来看,教师更倾向于把数学看成是一个与逻辑有关的、有严谨体系的、关于图形和数量的精确运算的一门学科。[①] 秉持这种科学主义数学观,教师就会注重数学的科学价值,将数学教学的目的理解为使学生系统地、准确无误地理解一大堆数学的真理,牢固掌握数学的各种技能;授受则成为主要的教学方式,即教师为学生提供一整套数学知识,学生全盘加以接受;在学习结果的评价上,就会以数学知识的数量、质量和技能掌握的熟练性作为衡量指标,而放逐数学文化在学生情感、意志和价值观方面的追求。

数学具有科学性是一种事实,而且这种认识已经根深蒂固地生长于人们的头脑中。但是,不可否认的是,数学在具有科学性的同时,也具有人文性。数学作为人类思维的产物,它离不开社会共同体的协商、交流与共识,离不开语言的传媒,离不开历史的传承,这又使数学作为一种文化为人们认同。

秉持人文主义数学观,就会高度重视数学的文化价值、社会价值和历史价值。体现在数学教学中,就会形成迥然有别于科学主义的数学教学目的观、数学教学过程观和数学教学评价观。具体而言,秉持人文主义数学观的教师,会把数学教学目标定位在凸显数学的文化和社会价值方面,偏重于对学生的思维训练、人文熏陶和个性发展;学生的学习方式更多的是探究、合作和交流,教师是学生学习的引导者和促进者;教学评价形式会更加多样化,介入质的评价而不仅仅是量的评价。[②] 在评价目标方面,会既关注学生知识与技能的掌握,又关注学生在数学学习活动中表现出来的发现问题、解决问题的能力,以及良好的情感态度和正确价值观的养成。

一名数学教师只有超越了科学主义数学观,逐步树立了人文主义数学观,才有可能企及数学教育的艺术境界。正如张奠宙先生所言:如果您的教学始终只是停留于知识与技能的层面,您就只能算是一个“教书匠”;如果您的教学能够很好地体现数学的思维,您就是一个“智者”,您给学生带来了真正的智慧;进而,如果您的数学教学能给学生无形的文化熏陶,那么,即使您只是一个小学教师,即

---

① 黄毅英.数学观研究综述[J].数学教育学报,2002(2)

② 喻平.如何评课:数学教育观念层面的透视[J].中学数学教学参考,2006(4)

使您身处偏僻的深山或边远地区，您也是一个真正的大师，您的生命也因此而充满了真正的价值！①

九、教学智慧与教师的天赋有关吗？

T1：教学智慧与教师的天赋有关系，一般而言，天赋好的教师易生成和发展教学智慧，而天赋一般的或较差的则次之。

T2：教师的教学智慧与天赋有关。教师的临场发挥能力是教学智慧的体现，里面有着许多的天赋成分。

G1：没有关系，最好的天赋不能得到开发与发展，最终还是一个普通的教育工作者。

G2：有一定的关系。如教师的语言智慧、教师的临场应变、教师的心理素质等，都会影响教师的教学智慧。但这样说，并不是指教师的教学智慧是天生的，不可改变的。其实，影响教学智慧的，更多的是来自后天的学习与努力。

G3：好的天赋加上后天的努力，教师就会越智慧。

P1：有一定关系，它需要个人的领悟和揣摩。

P2：有一些，主要是努力。就像勤奋出天才一样，勤奋出智慧。

P3：我觉得教学智慧多是后天学习、实践、反思形成的，但教师的一些良好的品质更有利于教学智慧的形成。有些人比较适合从事这样的工作。

面谈者：你是一位活跃在当前小学数学课堂教学第一线的著名特级教师，曾获全国小学数学教学观摩课评比一等奖，在教育报刊上发表数百篇文章，大家都说你天赋好，对此你有何看法？

T3：教师的天赋是什么呢？

面谈者：指那些先天遗传的素质，如有些人天生就很聪明，有些人天生就适合做教师。

T3：那我的天赋并不好，我相信后天的努力。优秀与平庸，最根本的差别，不在于天赋，也不在于机遇，而在于有无目标。有了目标，才有积累；有了积累，才有优势；有了优势，才有突破。

面谈者：大家都觉得你“厉害”，上课从容自如，驾驭课堂能力强，即便有时学

① 郑毓信．漫谈数学文化[J]．湖北教育（教育教学），2008(2)

生的发言让课堂几乎陷入窘境,你也总能巧妙处置、绝处逢生。对此,你怎么看?

T3:其实,我内心非常明白,这都源于平时的课堂积累。"十年讲台无人问,一课成名天下知"。台前四十分钟,需要幕后n个四十分钟的修炼。机遇垂青有准备的头脑。正是在一节一节的课堂实践中,我撰写了数百篇文稿,继而发表在全国的各家教育报刊上。这样的机遇,不是他人赐予的,而是自己争取的。

面谈者:你确实是我见到的少有的非常勤奋的人,仅就发表的数百篇文章而言,就需要多么大的精力投入,这确实是勤奋的汗水结晶啊!

显然,受访教师对此问题的回答各不相同,但没有人否定后天的努力起着决定性作用。确实,勤奋出天才,"一课成名天下知",须有十年无人问的讲台生涯做基础。

十、关于教学智慧及其发展有什么个人见解?

面谈者:关于教学智慧及其发展,您还有什么个人见解?

T3:教学智慧,本身应是多义的理解,这才是智慧的。

T2:教师要不断地积累、反思、领悟,这是一个经年的积累过程,不是一朝一夕就能够形成的。教师还要不断更新教育理念。教育理念落后的教师不可能拥有教育智慧。

T1:关于教学智慧及其发展,我以为要注重以下几点:一是要加强理论学习,提升教学理念;二是要立足教学实践,加强自我反思;三是要乐于教学研究,拓宽专业视野。

G2:要努力促使教师由无意识的教学智慧向有意识的教学智慧的过渡,由灵光一闪的教学智慧向常态化的教学智慧的过渡;要区分有智慧与有思想的异同,有智慧与有内涵的异同——有智慧的必有思想,有思想的未必有智慧,区别在于有智慧的可以有好的行为,且取得好的效果;要注意不同教师的教学智慧有哪些共性,又有哪些个性。

关于教学智慧,受访教师的三个观点值得深思。一是教学智慧本身应是多义的,二是智慧与思想有异同——智慧需要好的结果来显现,三是不同教师的教学智慧具有不同个性。

第六章　教学智慧表现(一)：课前的设计智课

凡事预则立，不预则废。课前设计的重要性就在于它是教学智慧的有机构成，为现场教学机智的发挥创设契机和空间。

第一节　教学设计基本理论

一、教学设计概念

对于教学设计的理解存在不同意见，在我们看来，教学设计就是指教师为达成一定教学目的，对教学活动进行的系统规划、安排与决策。李定仁、徐继承的研究认为①，教学设计可作如下具体理解：

1. 是把教学原理转换成教学材料和教学活动的计划。要遵循教学过程的基本规律，确立教学目标，以解决教什么的问题。

2. 是实现教学目标的计划性和决策性活动。以计划和布局安排的形式，对怎样才能达到教学目标进行创造性的决策，以解决怎样教的问题。

3. 以系统方法为指导。它把教学过程各要素看成一个系统，分析教学问题和需求，确立解决的程序纲要，使教学效果最优化。

4. 是提高学习者获得知识、技能的效率和兴趣的技术过程。教学设计与教育技术密切相关，其功能在于运用系统方法设计教学过程，使之成为一种具有操作性的程序。

---

① 李定仁，徐继存. 教学论研究二十年[M]. 北京：人民教育出版社，2001

二、教学设计的基本特征

尽管教学设计理论各异、教学设计实践丰富多彩,但教学设计活动还是具有自己固有的特征。

1. 指导性。教学设计是教师有关下一步教学活动的一切设想,是教师为组织和指导教学活动精心绘制的施教蓝图,是教师施教的基本依据。即使是那些生成性教学设计,其生成性也是在既定的框架内进行的,预设得越充分,生成得才越从容。

2. 系统性。教学是由多种教学要素组成的一个复杂系统,教学设计则是对这诸多要素的系统安排与组合。以系统科学方法指导教学设计,这是科学的教学设计与经验性教学编排的重大区别。经验性教学编排往往只注重教学的某个或某些因素,而缺少统筹的考虑,因而具有很大的局限性。

3. 操作性。教学设计是依据一定的教学理论、系统理论、传播理论和信息技术理论等进行的指导教学行为的方案,可操作性是其固有的属性。一个合理的教学设计方案应对教学目标、教学内容、教学方法、时间分配、媒体运用和教学评价等作出具体明确的规定和安排,能够落实在教学行为中。

4. 创造性。教学设计不是按部就班的工艺流程安排,而是一种创造性的统筹工作。不同的教学内容,充满个性的学生、教师,在不同的教学设计理念支配下,要达成不同的教学目标,对不同方法、技术手段的运用,这些都决定了教学设计活动的丰富性和不确定性,也为教学设计活动提供了广阔的创造空间。

三、小学数学教学设计的主要内容

一个完整的教学设计包含的内容非常多,涉及学生、教学内容、教学目标、教学方法、教学媒体、教学流程、教学效果和教学评价等方面,现就以下三方面作简略论述。

1. 教学目标设计。

教学目标设计的实质,是教学系统所期待的理想目标向学习者所能达到的实际目标之间的转化。教学目标适当与否,直接影响到教学内容、教学方法、教学媒体、教学评价、教学效果等各方面。设计教学目标,需要对学习背景、学习需要和学习任务等进行系统的分析。

学习背景即教学环境,主要指是由人、财、物、事、时、空等要素构成的一个完整系统，是按照一定的目的和需要专门设计和组织起来的一种特殊环境。其中的各个因素属于不同的层次，具有相对独立的一面，同时又相互作用、相互影响。学习背景不是外界附加给教学系统的，是自然、社会和教学交互作用、融合共生的产物。

学习需要是指学习者目前的状况与教学目标所要求达到状况之间的距离。学习需要分析是教学设计的基点，而教学中实际存在的问题则是它的起点。因为学习者目前的学习状况和达成目标程度受诸多因素的影响，只有对这些因素进行分析，学习需要的分析才具有实际意义。

学习任务不仅指认知领域的任务，应包括知识与技能、过程与方法、情感态度与价值观三方面的任务。任务分析的重点是要将任务进行分解，充分预测完成任务所需要的条件，使之成为可操作的项目，落实到具体的教学环节和教学行为中。

2. 教学策略设计。

教学目标解决的是教师要"教什么"的问题，教学策略解决的则是"如何教"的问题。目前关于教学策略的概念界定众说纷纭。李树光认为，小学数学教学策略是指在小学数学教学过程中为实现某一特定的教学目标，以一定的教学理论为指导而采用的一系列相对系统的教学方法体系或教学行为程序。它是小学数学学科教学规律、原理、原则等基本理论在教学实践中的具体体现，是各种教学方法和措施综合而成的，能切实解决教学中的实际问题并提高教学效率的教学方法系统，它不仅具有明确的目标指向性，而且还具有比较具体的可操作性。①

小学数学教学策略设计应注意以下几点：第一，由于教学策略具有综合性特征，因而必须对教学方法、步骤、组织形式和媒体加以综合考虑，考虑各因素之间的相互补偿作用。第二，教学策略具有目标指向性，教学策略的运用必须尽力满足教学提出的要求，其活动的程序、细节都必须指向教学目标。教学目标把一切相关的教学策略导向自身，最终让它来"消除"自身。第三，学生的起始状态决定着教学的起点，是制订教学策略的基础。学生的起始状态，主要指学生现有的知

① 李树光主编. 小学数学教学论[M]. 北京：人民教育出版社，2003

识技能水平、学习情况、心理发展水平和学习心理准备水平等。第四,由于教学策略具有灵活性的特征,因而同一策略可以解决不同的问题,不同的策略也可以解决相同的问题。教学策略的应用要随问题情境的变化而变化。教师的教学思想、教学风格、知识经验、心理素质等,是影响教学策略运用的主观因素。简言之,我们应从整体把握教学策略,融会贯通地理解和运用多元化的教学策略,根据学生的实际状态,创造性地组织教学,设计出具有特色、符合教师特征及实际教学背景的教学策略。①

3. 教学评价设计。

教学评价是根据一定的目标和标准,采取科学的态度和方法,对教学活动的过程、结果和受教育者的发展变化的质和量的价值判断。由于教学是一个复杂的系统,因此,应采取系统性评价的模式,即用系统的观点考察特定的评价项目与其环境条件之间的关系,确定影响项目的背景因素和变量。

就小学数学教学评价而言,不仅要关注学生的学习成绩,还要关注情感、态度和价值观的发展;不仅要关注学生的所得,还要关注学生的付出,好的教学追求的是"高效、轻负"。评价标准要多样化,评价要有利于学生的发展,有利于学生个性化的发展。评价方式也要多样化,定量与定性相结合,形成性评价与总结性评价相结合,课内学习评价与考试成绩评价相结合。

第二节　基于"转化"的教学设计

课前设计是教学智慧的一种表现,其目的是帮助教师更好地将教材形态的数学知识转化为学生易于接受的数学知识形态即教学计划形态的数学知识,通过师生在课堂教学现场的互动,促进学生数学素养的提高。

一、基于"转化"的教学设计内涵

作为教学智慧表现方式之一的教学设计的内涵,不同于一般意义上的教学设计的理解,其实质是一种"转化"的方式,即教师对教材形态的数学知识进行统

① 李定仁,徐继存. 教学论研究二十年[M]. 北京:人民教育出版社,2001

筹、重组、切分、变式和编排，使之成为学生易于理解的知识形态——教学计划形态的数学知识。

二、基于“转化”的教学设计的具体理解

1. 教材形态的数学知识是一种初步教育化的数学知识。

教材编写时，除了要考虑数学知识本身的逻辑体系外，还要考虑一定年龄段学生的学习需要、心理特征和学习方式等因素，即要对纯学术形态的数学知识进行一定程度的心理学和教育学的“改造”。这种初级化的教育形态数学知识，不仅弱化了数学的抽象性、逻辑性和形式性，而且在很大程度上滤去了原始形态数学知识的生动性、丰富性和背景性，隐匿了数学知识的形成和发展脉络，这就给教师利用教材来全面而又深刻地理解所教知识的数学本质活动带来了障碍。同时，教材编写者将学术形态的数学教育化的依据是某个时期的大多数学生的普遍特点，难以顾及特定时期和区域的特定学生的实际需要。这就要求教师在教学时对教材内容进行深入解读，理解其本质，探明其蕴藏的对于学生数学素养提高的有益因素，进而结合具体学生的学业状况和认知特点，确立具体的教学目标。

2. 数学知识的形态转化是数学教学设计的核心。

应该说，无论在国内还是在国外的教学理论与教学实践中，绝大多数教学策略都涉及如何提炼或转化课程内容的问题。转化知识内容形态，使学生易于学习和理解，是教学设计考虑的主要内容。

从宏观上看，教师要将整个教材的数学知识根据教学时间进行划分，设定教学的进程。一般的，教学研究和管理部门会在学期初印发一个教学进度表，要求全体教师遵照执行。但是，对于教师个体而言，则要根据自己所教学生的情况进行调整。现行的数学教材一般都是按知识类型将教学内容分为不同的单元，然后单元交互进行编排的。对此，教师也可以根据具体情况进行合并、拆分和重组。这些行为我们可以称之为教学的宏观设计，其产品是学期教学计划和单元教学计划。

就某一课时的教学内容教学设计（即微观教学设计）而言，教师要根据学生的学习需要进行铺垫或转化。如果新学的内容难度较大，学生难以“够得着”，那么教

师就要围绕它进行铺垫,即从学生的生活经验或既有知识中寻找到一种“支撑物”,这就是人们常说的“学习脚手架”。例如,在教学“梯形面积计算”时,我们可以提醒学生回忆三角形面积计算方法的推导方法。有时我们还可以对难度较大的新知识进行分解,使它变成若干难度较小的知识形态,便于学生学习和理解。例如,教学“方程”概念时,我们可以将“含有未知数的等式”,拆分为“含有未知数的式子”和“等式”两个概念,在学生分别理解了它们之后再进行组装以理解“方程”概念。

铺垫的实质也是一种分解,教师首先要对新知识进行理解和分析,抽取出其中的某些属性,然后据此从生活、学习的经验或已有的知识中选择相对应的“铺垫物”。

这样的铺垫和分解除了要求教师了解学生的认知状况外,还特别需要教师对数学知识的本质有着深刻的理解。现在有许多人认为小学教师的数学知识对于教学来说是足够的,并认为教师的数学知识对教学的作用不成正比例。教师知识对学生学习的影响确实存在一个“阈限问题”,即教师的学科知识达到某种水平后,学科知识的提升与课堂教学的关系不大。但是,我们还是要说,为了更有效地教数学,教师应该对数学知识有深入的理解。①

3. 不同类型的数学知识的转化方式与结果不同。

安德森等人将知识分为两大类,一类为陈述性知识,另一类为程序性知识。② 这种分类对数学知识来说是合适的,但需做一定的延伸和拓展。数学知识可分为陈述性知识、程序性知识和过程性知识三类。③

陈述性知识是关于事实的知识,是有关事物状况的知识,如“三角形的内角和等于180°”。数学中的概念、命题均可视为陈述性知识。

程序性知识是关于人怎样做事的知识,即由完成一件事所规定的程序、步骤及策略等组成的知识。简言之,陈述性知识是关于“是什么”的知识,程序性知识

---

① Ma. Liping Knowing and Teaching Elementary Mathematics: Teachers' Understanding of Fundamental Mathematics in China and the United States. Lawrence Erlbaum Associate, 1999

② J. R. Anderson. Cognitive Psychology and it's Implications[M]. New York: Freeman, 1980

③ 喻平. 数学教育心理学[M]. 南宁:广西教育出版社,2004

是关于"怎么办"的知识。

过程性知识是伴随数学活动过程的体验性知识，体验分四个阶段：第一阶段，对知识产生的体验。体会知识产生的缘由，明晰新旧知识之间的关联和因果关系。第二阶段，对知识发展的体验。体悟知识发展的动因，包括数学学科的内部因素和促进知识发展的外部因素，习得探究数学问题的方法（逻辑的和非逻辑的）和策略；第三阶段，对知识结果的体验。领会蕴涵在知识中的数学思想方法，感受数学结构的美。第四阶段，对知识应用的体验。体会数学应用的广泛性，积累解决问题的认知策略和元认知知识，形成自我监控的意识和习惯。过程性知识是一种内隐的、动态的知识。它没有明确地呈现在教学材料中，而是隐性地依附于学习材料中，在学习的过程中潜性地融会贯通，因而表现为内隐性。同时，过程性知识始终伴随知识的发生和发展过程，学习者只能在学习的过程中去体悟和习得，体现出过程性知识的动态性。

依据数学知识的不同类型，我们将教师转化数学知识的方式分为两类——陈述性数学知识的转化和程序性数学知识的转化。

数学概念是一种典型的陈述性数学知识，对其属性进行分解，从多个方面予以刻画，从而帮助学生对这一概念进行多角度的认识和理解。例如，"方程"概念的转化，其结果是将概念各个"侧面"的属性先后安排在教学计划中。由于各"侧面"属性是并列关系，其先后要求不很严格。

程序性数学知识（如问题解决）的特点就是过程性，即知识是按一定的先后顺序排列起来的一系列问题或方法的组合体。对其进行转化，就是根据学生的需要将已知问题和所求问题之间的若干中间问题，从低到高地在课时教学计划中依次呈现出来。这种呈现顺序一般不能随意颠倒，通常是难度小的问题在前，难度大的问题在后。

4．"转化"为核心的教学设计是一种系统的教学设计。

应该说，系统性是教学设计的本质属性，对教学内容进行转化也是所有教学设计都具有的任务。基于"转化"的教学设计也不例外，只是更加凸显了"转化"在整个教学设计中的核心地位，即由数学知识的形态转化来统领其他各要素。而这种转化的主要依据，是顾泠沅先生基于我国变式教学经验而创立的变式教学理论。

第三节　“转化”的智慧:变式教学理论的启示

变式教学在我国由来已久,并被广大教师自觉或不自觉地应用着。顾泠沅对其进行系统的研究,提出了独具特色的变式教学理论。

变式教学是在教学中使学生确切掌握概念的重要方法之一,即在教学中用不同形式的直观材料或事例说明事物的本质属性,或变换同类事物的非本质特征以突出事物的本质特征。目的在于使学生理解哪些是事物的本质特征,哪些是事物的非本质特征,从而对一事物形成科学概念。[①]

顾泠沅认为,教学变式包含两种情况,即“概念性变式”和“过程性变式”。[②]

一、概念性变式:对概念的多角度理解

概念性变式主要是针对陈述性知识(即概念)教学而言的,包括以下两类变式:一类是改变概念的外延,称为概念变式;另一类是改变一些能混淆概念外延的属性(如举反例)称为非概念变式。概念性变式教学的目的是让学生获得对概念的多角度理解。

概念变式教学具有两种情形:一是通过直观或具体的变式引入概念。数学概念的一个基本特征是抽象性,但许多概念来源于现实世界的物理背景。因此,引入概念的关键是利用学生具有的直观经验,使他们能够建立起抽象概念和感性经验之间的联系。而对于一些具有不同抽象水平的概念来说,可以通过相对具体的变式进行教学。例如,教学“方程”概念时,可以使用以下的概念变式:$2x=1$,$\frac{x}{3}+1=2$,$4x-3=5$,$3x+4y=12$,$x^2-1=0$,$x^2+y^2=1$。尽管这些变式是抽象的代数符号表达式,但相对于方程概念来说是具体的。二是通过非标准形式突出概念的本质属性。概念的标准形式虽然有利于学生对概念的准确把握,

① 顾明远.教育大辞典(增订合编本)[M].上海:上海教育出版社,1997

② 范良火,黄毅英,蔡金法,李士錡.华人如何学数学[M].南京:江苏教育出版社,2005

但也很容易限制思维的灵活性，甚至不恰当地缩小概念的外延。通过变换概念的非本质属性，可以突出其本质属性。

非概念变式就是将要教学的概念与相关的非概念进行比较，以帮助学生理解的方式。例如，在平面几何中，通过比较概念图形和非概念图形，可以帮助学生直观地理解概念的本质属性。其中，反例变式是非概念变式的一种常用形式（如图 6－1）。

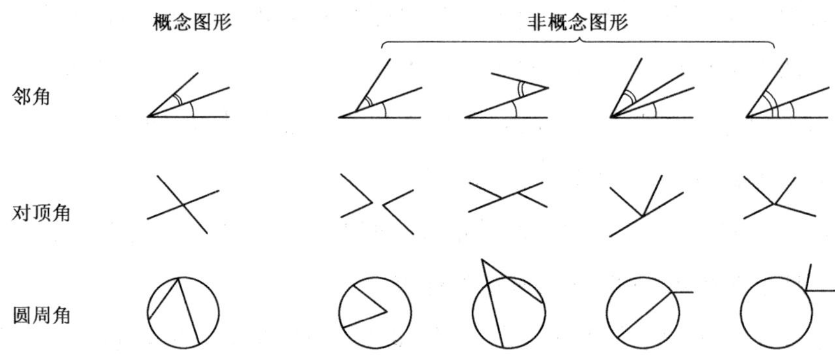

图 6－1　用于概念辨析的非概念变式

二、过程性变式：数学活动的有层次推进

过程性变式主要是针对程序性知识（即过程）教学而言的。由于程序性知识（问题解决和元认知策略）是动态的，采用静止的概念性变式不能促进其学习过程，因此，顾泠沅提出了"过程性变式"，推广了变式的概念，来解决程序性知识的教学。数学活动过程的基本特征是层次性，它包含为解决问题而采用的一系列不同步骤和策略。采用过程性变式，学生能够解决问题，并形成不同概念之间的层次关系或获得多种方法。过程性变式有以下三个作用：

1. 促进概念的形成。

当概念被认为是静止对象时，概念性变式是卓有成效的教学方法。然而，如果概念是通过一系列过程的发展而形成的，那么对过程的理解也是掌握概念的重要方面。为了掌握概念，有必要让学生体验概念的形成过程。例如"方程"概念的教学，主要有两大困难：一是"平衡"的思想，二是未知数的含义。如果我们只是让学生记住方程的定义"含有未知数的等式称为方程"，并给出一些具体的

概念性变式让学生鉴别的话，学生通常能够鉴别哪些是方程、哪些不是，但这时候学生对方程的理解是形式的、外延的，并没有真正领会到方程的本质属性。有经验的教师会采用过程性变式来帮助学生逐步地建立方程的概念——

铺垫一：用具体的事物表示未知量。

比如，小明花了两元钱买了三块橡皮，结果找给他两角钱，每块橡皮多少钱？这个问题可以形象地表示如下：

2 元－ 　　　＝2 角(或 2 元－3 　＝2 角)　　(1)

铺垫二：用简记符号表示未知量。

2 元$-3x=$2 角　　(2)

或者　$20-3x=2$　　(3)

这三种表达式在某种意义上反映了代数符号系统发展的三个阶段：象形代数，简写代数和符号代数，此过程不仅可以帮助学生体验到用符号代替具体数字的简洁性，同时也建立了“方程”概念的具体模型。但是在这个阶段，对未知量的理解仍然停留在具体对象上。比如，学生会把上述(2)、(3)两式中的 x 与橡皮的具体价格联系起来，而不是看做一般化的符号，为了发展关于 x 的抽象概念，还要继续设置铺垫三。

铺垫三：用符号“□”替换 x

$20-3\square=2$　　(4)

尽管从形式上看，从(3)到(4)离“方程式”的写法似乎远了，但实际上(4)式中的“□”更具有一般意义。它可以被想象成一个可在其中填写数字的方框，进而让学生在框内填数，使等号两边相同。用这种方法使学生理解这个数字就是未知数的值。因此，(3)是(4)的一个特例。而且，用这种方法可以帮助学生理解(3)式中的 x 不是代表某个特定的对象，而是像(4)式中的“□”一样可以代表任何数字。通过这个替换，学生不仅理解了“未知数”的本质，还体会了平衡的基本思想。

可见，过程性变式和概念性变式有本质的区别。前者是提供逐步形成概念的过程，而后者是为了从多种角度来理解某一概念。

2. 为问题解决做铺垫。

数学问题解决的一个基本思路是把没有解决的问题化归为已经解决的问题，把复杂的问题化归为简单的问题。[①] 运用变式为化归做铺垫是教师常用的引导学生解决问题的关键环节(如图 6 - 2)。学生的数学活动经验在一定程度上就体现在变式问题的丰富性以及化归策略的多样性上。

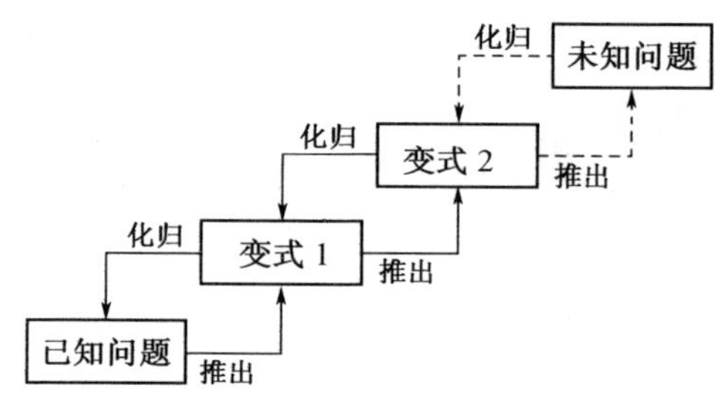

图 6 - 2　解决问题的变式过程

3. 构建数学经验体系。

设计过程性变式的目的是增加活动途径的多样性和活动过程的层次性。每个数学活动都包含一个或一系列过程性变式，这些变式包括化归或探索的步骤和策略。所有这些变式构成一个有层次策略的经验系统，并可以内化为认知结构的一个重要部分。

知识体系(概念体系)反映、蕴涵概念(命题)的逻辑结构，而经验系统(即过程)则反映学习者主观的问题解决的特定经验。两者合起来就构成了认知结构，经验系统的丰富性和有效性对于完善认知结构极为重要。

构建特定经验系统的变式(即过程能力)来自问题解决的三个维度：(1) 改变某一问题：改变初始问题成为一个铺垫，或者通过改变条件、改变结论和推广结论来拓展初始问题；(2) 同一个问题的不同解决过程作为变式，形成一个问题的多种解决方法，从而联结各种不同的解决方法；(3) 同一方法解决多种问题，将某种特定的方法用于解决一类相似的问题。

简而言之，在概念形成的过程中，过程性变式反映了概念形成的逻辑过程、历史过程和心理过程，从而使学生的学习能够循序渐进地进行。在问题解决的

① 【美】G. 波利亚. 怎样解题[M]. 涂泓，冯承天译. 上海：上海科技教育出版社，2002

过程中,过程性变式既可表现为一系列用于铺垫的命题或概念,也可以表现为某种活动的策略和经验,从而使学生的问题解决活动具有多个层次或者多种途径。在形成认知结构的过程中,过程性变式创造了一个多层的经验和策略系统。这样,片段的、零散的经验活动就构成一个有机整体。也就是说,过程性变式的目的是通过概念形成或问题解决的层次构建一个有层次的活动经验系统。

三、变式教学理论的启示:"潜在距离"决定教学方式

在过程性变式中,一个关键的问题是:如何设计作为教学铺垫的变式,使其与前后知识之间有一个恰当的距离?这个距离,顾泠沅称之为"潜在距离"。已有知识和新问题之间的"潜在距离"越大,则任务越困难。较短的"潜在距离"可以帮助学生理解和掌握新知识,而较长的"潜在距离"则有助于发展学生的探究能力。成功的教师擅长在学习者已有知识和经验的适当的"潜在距离"内工作,并能够作出合理的安排来促进学生的学习,这是有效教学的灵魂。"潜在距离"概念有助于对过程性变式的理解。它可以归结为在依次组织的过程性变式教学中,通过设计恰当的铺垫,使已有知识和新知识之间的"潜在距离"得到调整,以便决定教学是探究式的还是接受式的。这一点对改革传统的教学方法至关重要。

第四节 探究式教学:一种智慧的小学数学教学方式

由美国学者施瓦布(J. J. Schwab)提出的探究式教学理论几近走过半个世纪的历程,我国的新课程改革对其予以大力地倡导。但是,探究式教学走向实践的步履却仍显得蹒跚不前。[①] 在当下的课堂教学实践中,教师很少甚至不愿意去运用探究式教学,甚至认为探究式教学是"花哨"的东西,只适合公开课、观摩课。[②] 为什么会出现这种现象呢?原因是多方面的,理论的实践化和一般原理的具体学科化程度不够,可能是其中重要的因素。

---

① 钟志华、涂荣豹. 探究教学三要诀[J]. 中国教育学刊,2006(5)

② 杨承印,马艳芝. "探究式教学"缘何步履维艰,http://www.edu.cn. 2006-05-24

一、小学数学教学的定位：教师指导下的探究式教学

有效的小学数学教学方式和方法必须建立在对小学生认知心理和学习内容深刻认识和把握的基础之上。小学生的身心发展规律及其学习的数学知识的特点，决定了小学数学教学的探究性特征——教师指导下的探究式教学。

1. 探究性——数学知识及学习建构的要求。

问题不在于教学的最好方式是什么，而在于数学到底是什么，如果不正视数学的本质问题，便解决不了教学上的争议。① 数学学科的性质、数学知识的性质规定着教学的方式、方法。

对数学本质的认识存在着绝对主义和可误主义两种观点。绝对主义认为，数学数学是一个静态的、永恒不变的真理系统，将数学教学理解为一种传承真理的过程，学生的学习就是无条件地接受这些真理。反映在现实中，就是：师生将数学知识看成是数学概念、公理、定理、法则等的堆砌，学数学就是机械、枯燥地接受、记忆和练习。

出于对绝对主义数学观的批判和超越，可误主义数学观则认为，数学知识不是绝对真理，它是可纠正且永远要接受更正的。数学概念、公理、定理、法则等都是一种社会的建构。因为，数学知识的基础是语言知识、约定和规则，而语言本身是社会建构的产物；个人的主观数学知识经发表后转化成使人们接受的客观数学知识，还需要人际交往的社会过程；客观性本身应理解为社会的认同。② 在这种数学观之下，将数学教学理解为一种师生合作、共同构建数学意义的过程，观察、操作、猜想、归纳、推理等探究活动就成为学习活动的主要环节。在这样的过程中，学生成为数学知识的建构主体，他们自主建构具有自己独特个性和风格的数学知识，而教师则成为促进学生知识建构的主体。正是基于这种认识，数学菲尔兹奖得主、对基础数学教育关爱至深的法国数学家托姆（Rene Thom）才一再强调：数学学习应该是一个自发探究的过程，如果认为只需要通过大量的死记硬背就会容易地学到数学，那无论如何是一个可悲的错误。

---

① 转引自谢明初. 数学教育中的建构主义：一个哲学的审视[M]. 上海：华东师范大学出版社，2007

② 【英】P. Ernest. 数学教育哲学[M]. 齐建华，张松枝译. 上海：上海教育出版社，1998

2. 教师指导——小学生认知特点的制约。

石中英认为,教学是一种理性的探险,是师生双方借助于理性进行的一次次“探险”,亦即师生双方不断借助于理性将思想的的触角伸向远方,超越自我,探索种种“未知世界”的过程,并在这个过程中获得亚里士多德所说的那种“理智的喜悦”。[①] 理性不仅是教学“探险”的基础,更是其目的之所在。

就数学教学而言,其对学生发展的促进作用体现在两个方面:一是能帮助学生获得现代生活和学习所必须的数学知识与技能,二是在培养学生逻辑推理和创新思维方面具有独特的作用。而这一目的的实现,特别是其中逻辑推理和创新思维能力的获得,必须让学生亲身经历自主探究的学习过程。

但是,小学生的探究式学习在具体方式和方法上必须充分考虑到他们的身心发展规律。根据皮亚杰的发生认识论原理,小学生的认知发展水平处于前运演阶段后期(6～7 岁)和具体运演阶段(7～12 岁)。从前运演到具体运演,是从表象性思维向概念性思维过渡,在这个过程中,外部的行为活动逐步转化为内部的心理运演,即在心理上进行内部的组合、对应、分类等思维活动。这就要求教师一方面要为学生提供足够的活动以支撑学习,另一方面又要为学生的思维加工活动提供充分的时间和空间——创设富有趣味的问题情境,激发学生探究的热情;组织、开展融操作活动与思维加工于一体的观察、实验、猜想、证明等数学活动,促进学生合情推理能力和初步的演绎推理能力的发展,是教师教学职责和教学智慧所在。

二、自主与合作:探究方式的辩证统一

从教师指导学生“探险”的意义上说,教师教学的全部智慧可以归结为教师教学生“探究什么数学”和“怎样探究数学”。前者是探究内容问题,后者是探究方式、方法问题。

1. 自主——探究式教学的灵魂。

从理论上讲,探究式学习可以分为接受式探究(自主接受式学习)和发现式探究(自主发现式学习)两种类型,而自主性则是它们共同的本质特征。[②] 小学

---

① 石中英. 教育哲学导论[M]. 北京:北京师范大学出版社,2002

② 任长松. 探究式学习——学生知识的自主建构[M]. 北京:教育科学出版社,2005

数学探究式教学可能因具体的学习内容和学习对象的不同具有多种模式，但其中的引入问题、提出猜想、实施验证则是三个主要的环节。这三个环节必须充分体现学生的自主性，否则探究性教学就会名存实亡。

(1) 自主地引入问题。

学生探究的问题应是有来龙去脉的数学知识，它是师生互动过程中自然而然地“生长”出来的，必须与既有的知识具有某种联系和相似性。唯其如此，学生才能感觉到它是与自己有联系的，是自己“想”出来的，否则终究是被迫接受。既然问题与已有关，研究它也就理所应当。

教师要创设一种情境，让学生探究的问题从无到有地生成出来。例如，教学“乘法交换律和结合律”，可通过要求学生解答旧问题——两道加法式题 86＋177＋14、82＋41＋59，开始探究的引入历程。因为是旧知，学生解决得很轻松。当学生沉浸于解题成功的喜悦之中时，教师再适时地抛出一个新问题：“你能又对又快地解答两道连乘式题 125×17×8、32×25×4 吗?”这虽是新问题，但学生并不拒绝，因为它与刚才解答的问题很相似——形式上都是三数连加(乘)，要求上都是“算得对又快”，解答起来似乎很容易。这样的问题是“似曾相识不相识，看似不难却有难”，使学生处于“明知是新不怕新，纵使有难想克难”的心理状态。

(2) 自主地提出猜想。

事实上，在数学家的工作中，猜测几乎总是走在证明的前头。[①] 数学探究式教学中最关键的环节是猜想，教师创设各种情境，为学生提供观察、操作等机会的目的也在于帮助学生提出合理的猜想。提出猜想的基本路径有两条——归纳和类比，不论学生走哪一条路径，教师都要为其提供充分的操作和实验机会和足够的观测材料。在学生自主地进行猜想时，教师可以适当暗示，由远及近地启发，但决不能直接指出——猜想只能是学生自己的“事”，别人无法替代。

仍以“乘法交换律和结合律”教学为例：教学中，教师为学生设计了一条类比猜想路径，并为此作了精心的铺垫和引导。首先是充分的铺垫。通过加法算式的简算，回顾了加法运算律相关知识。其次是精心的引导。通过提出一个看似

---

① 【美】G. 波利亚. 数学的发现(第二卷)[M]. 刘景麟译. 呼和浩特：内蒙古人民出版社，1981

与先前成功解答的问题十分相似的问题——乘法算式的简算,引导学生进行类比猜想。既然问题的形式相似、要求相同,那么解决的方法想来也应差不多——都是利用“凑整”的方法进行简算。但两者也有不同:一个是加法运算,一个是乘法运算。这时,学生就会意识到:既然加法运算有交换律和结合律,那么乘法运算是不是也有交换律和结合律呢?

(3) 自主地实施验证。

小学数学探究式学习是一种融合情推理与逻辑推理于一体的学习方式。其中,合情推理是学生提出猜想的主要依据。合情推理的结果只是一种可能性,必须通过严格的逻辑推理来论证。但囿于小学生的知识水平,严格的逻辑推理只能让位于合情推理。就“乘法交换律和结合律”的教学而言,只能用简单枚举法——举例说明来论证。不过,这里必须强调所举例子应该具有足够的数量和代表性。

学生自主实施验证,首先体现在具有寻找验证方法的自觉意识上。许多教师在学生提出了合理的猜想之后,往往会不由自主地说:“那我们就开始用××方法进行验证吧。”其实让学生自己想到去验证,自己去主动选择合适的验证方法,比验证的具体过程更重要。因为前者是一种创造性活动,而后者是一种技术性工作。

学生自主实施验证,还体现在自主进行验证活动上。学生自己提出验证的需要,选择合适的验证方法,再通过操作、试验、观察、合作、讨论等环节,证明自己提出的假设正确与否。

2. 合作——构造学习共同体。

尽管自主建构在探究式学习中具有决定性的作用,但是我们也不能因此而忽视合作在探究式学习中的重要地位。社会建构主义认为,意义的形成是一个持续协商的过程,学生在课堂上获得的数学知识是师生双方“协商”的产物。没有各成员间的充分交流、对话、协商与合作,学生仅靠个人的力量是难以承担起知识建构的责任。数学课程标准明确指出,有效的数学学习活动不能单纯地依赖模仿与记忆,动手实践、自主探索与合作交流是学生学习数学的重要方式。教师应激发学生的学习积极性,向学生提供充分从事数学活动的机会,帮助他们在自主探索和合作交流的过程中真正理解和掌握基本的数学知识与技能、数学思想和方法,获得广泛的数学活动经验。学生是数学学习的主人,教师是数学学习的组织者、引导者与合作者。

但是,从小学数学教学的现实看,合作学习并没有得到真正的实施。虽然在公开课上我们常可以见到合作讨论的"身影",但这种合作往往出于公开课的"观赏需要",追求表面上的热闹,缺乏真正意义上的协作、协商和意义建构。执教教师的惯常做法是:问题一抛出,接着就说"请同学们开始合作讨论"。合作讨论既没有产生于需要,又没有基于学生个体的独立思考,过程中更缺乏有针对性的指导。合作中往往是少数优秀学生主宰学习的主动权,而其他学生则处于听命状态。而在众多的平常课中,教师往往又很少采用这一方式,原因是浪费时间,难以管理。①

对合作学习的理论研究的情形又怎样呢?从国内外的一些研究看,迄今为止,并没有科学实验数据表明合作学习比独立学习优越。②

合作学习在实践和理论两方面遭遇的困境迫使我们更深入地进行思考,数学家陈省生的意见或许能够给我们提供借鉴。他在回答张奠宙关于合作讨论的提问时说:"数学是自己思考的产物。首先要能思考起来,用自己的见解和别人的见解交换,会有很好的效果。但是,思考数学问题需要很长的时间。我不知道中小学数学课堂是否能提供很多的思考时间。"③显然,独立思考并形成自己的意见是合作讨论的前提和基础,而独立的思考需要充分的时间,离开时间的保障,合作讨论就不能得到真正的实施。

探究式教学中合作的意义不仅在于解决具体的问题,更在于建立起学习的共同体。作为学习共同体,强调的是在探究活动中不同个体之间真正发生实质性的交往、对话、交流和合作,通过社会协商形成共同的探究目标,分享共同的探究计划,并协同行动、共同反思(包括相互质疑),最终使知识得到社会建构。④

三、围绕"大观点":探究内容的选择和组织

正如前文所述,探究式教学的全部智慧就在于教学生"探究什么数学"和"怎样探究数学"。探究什么数学,应围绕"大观点"来选择和组织小学数学探究式教

---

① 王九红.小学课堂提问的调查及研究[J].江苏教育学院学报,2007(2)

② 谢明初.数学教育中的建构主义:一个哲学的审视[M].上海:华东师范大学出版社,2007

③ 张孝达.数学大师论数学教育[M].杭州:浙江教育出版社,2007

④ 任长松.探究式学习——学生知识的自主建构[M].北京:教育科学出版社,2005

学的内容。当今的学习理论认为,专家的知识不仅仅是相关领域的事实和公式的罗列,相反它是围绕核心概念或“大观点”组织的,这些概念和观点引导他们去思考自己的领域。[①] “大观点”其实是数学知识的系统化,是数学知识的精华——数学的思想和方法,它具有广泛的迁移性。

数学知识领域有许多“大观点”,如代数的观点、函数的观点等,它们可以用来统整许多相关的知识,并纳入自己的统一观点之中。例如,解方程在初中数学里学习了很长时间,而到函数里则可以看成是函数零点问题,只是函数的一个小方面,变成了简单的问题。[②]

小学阶段的数学知识相对较少,然而也可以从中梳理出一些相对的“大观点”。例如,在学习了长方形、正方形、平行四边形、三角形和梯形的面积公式之后,可以将梯形的面积公式 $S=(a+b)h\div 2$ 看成一个“大观点”,它可以用来计算所有这五种图形的面积。长方形和平行四边形可以看成是 a=b 的情形,正方形可以看成是 a=b=h 的情形,三角形可以看成是 a=0 的情形。可见,梯形面积公式可以将其他的几个公式包容其中,当成是自己的一种特殊情形,这样就可以以简驭繁、以少统多。

应该说,“大观点”是小学数学所有教学模式都应重视的,但对于探究式教学模式来说有特别的意义。因为,探究式教学的弱点之一就是效率问题——学生自主的探究、发现往往会占用大量的时间。因此,如何让探究、发现具有以简驭繁、事半功倍之效,就成为必须考虑的问题。对此,布鲁纳和施瓦布提出了知识结构的观点,瓦根舍因提出了“范例”的概念。他们的目的都是要让学生学习、掌握最基本的概念、原理及其结构。可以说,布鲁纳的结构课程是其发现教学法的必然要求。

可见,“大观点”与结构课程、范例是一脉相承的,是探究式学习的必然要求。就具体教学而言,“大观点”可以成为引领学生开展探究活动的向导,成为学生类比猜想的依据。例如,既然加法和乘法都有交换律和结合律,那么学生自然会去推想减法、除法是不是也有交换律和结合律,加法和乘法是否还有别的运算律。

---

① 【美】约翰·D. 布兰思特. 人是如何学习的——大脑、心理、经验及学校[M]. 程可拉等译. 上海:华东师范大学出版社,2006

② 涂荣豹,王光明,宁连华. 新编数学教学论[M]. 上海:华东师范大学出版社,2006

第五节 “三段式”教学：一种小学数学探究式教学模式

小学数学“三段式”教学模式①是对探究式教学进行的一种实践尝试与探索，其中的许多理念很好地契合了智慧教学的精神。

一、小学数学“三段式”教学模式操作流程及要领

1. 小学数学“三段式”教学模式流程。

所谓“三段式”，是指将一节课分为“铺引—探究—练习”三个阶段，每个阶段又分为若干小环节。其教学流程如图 6－3。

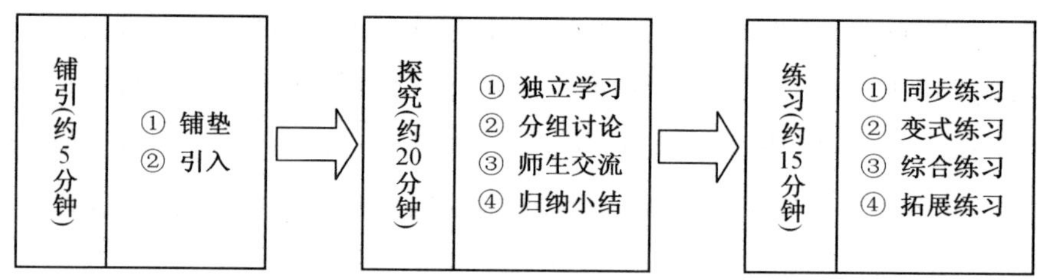

图 6－3 小学数学“三段式”教学模式流程

2. 小学数学“三段式”教学模式操作要领。

(1) 铺引。

铺引即铺垫和引入。它是为即将进行的学生的独立自主的探究活动作认知铺垫和动机激发。铺垫要围绕将要学习的新知来进行，可以是学生的生活经验，也可以是学生已有的旧知。铺垫的要点在于选择好新旧知识之间恰当的“潜在距离”，即要让学生的学习活动进行于“最近发展区”。同时，旧知的选取还要是新知学习的最佳切入点，要有助于新知学习的高效进行。引入可以在铺垫的基础上进行，也可以先行引入再进行铺垫。引入与铺垫应有机地融为一体，要巧妙地把学生置于新旧知识的矛盾冲突之中，以激发学生学习的内在动机。引入的

① 《小学数学“三段式”课堂教学模式研究》是盱眙县教研室承担，本人主持的江苏省第二期教研立项课题，1997 年立项，2001 年 6 月结题，研究成果曾获淮阴市教育科研三等奖，在盱眙县范围进行推广

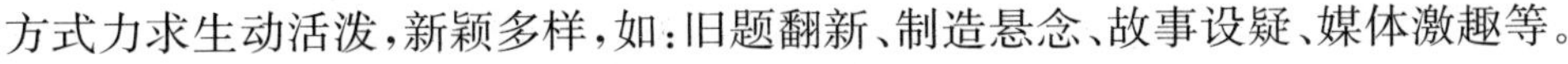

方式力求生动活泼,新颖多样,如:旧题翻新、制造悬念、故事设疑、媒体激趣等。

(2) 探究。

探究即探索和研究,是"三段式"教学模式的中心环节,由一系列的教学活动构成。

第一步是学生独立进行学习活动。可以是问题的尝试解答,也可以是学具的操作实验。不管是哪一种方式,都要给学独立的观察、操作、思考留有足够的时间与空间。第二步是学生的分组讨论。要充分发挥学生之间的相互作用,让学生在讨论、辩论中激活思维,点燃创新的火花。讨论的问题应是问题解决的关键所在,问题应具有深入思考的价值,切忌过于"细、小、碎、浅"。第三步是师生交流。仍以学生活动为主,教师的作用仅在于启发、引导,为学生营造一种宽松和谐的氛围,让学生畅所欲言。教师要耐心地倾听每位学生的发言,要对每一位学生的发言作出认真的处理,态度应真诚热情,教师千万不要过早表明自己的态度,更不能直接说出正确的答案,最终的结论应由学生自己得出。第四步是归纳小结。这是对已进行的各项活动进行整理,使之条理化、清晰化,目的是帮助学生将所学的新知识系统化,从而扩展学生的认知结构,发展学生的数学表达能力。教师要耐心倾听,尽量让学生自己归纳、概括、表达,帮助要适时、简明、有启发性。

(3) 练习。

这是探究环节的延续,是对探究活动及其结果的深化和巩固。目的是巩固和深化学生在探究中所获得的知识,使知识转化为技能和能力,同时也使教师能够获取反馈信息,及时调整教学。练习要讲究层次性,由浅入深,由单一走向综合,由封闭走向开放。

第一层次是同步练习。习题内容的难度、表现的形式都应与所探究的新知同步,主要目的是帮助学生熟练地掌握新知,形成能力。第二层次是变式练习。主要是对所学的知识进行变式,帮助学生理解概念的本质属性,建立新旧知识之间的联系。第三层次是综合练习。以新知为中心,适当地与旧知进行联系,使学生在新旧知识的比较中掌握知识的本质,扩展认知结构。在这三层次的练习时,教师应认真巡视,扎实地进行个别指导,对普遍存在的问题要及时指出,启发学生加以解决。第四层次是拓展练习。主要针对学有余力的学生进行,兼顾全体学生，利用学生完成综合练习的时间差来进行的。习题的选取主要是对所学新内容作纵向上的深入、横向上的拓宽以及形式上的变化，力求具有发散性、开放性、多样性。重在学生参与思考，而不在乎学生是否解出。对于解出问题的学生应给予表扬和鼓励，但不急于公布其解答方法，给其他学生以继续思考的机会。

每个练习之后，教师都应及时地获取反馈信息，并进行评价。评价应注意调动学生积极性，要从学生的角度出发，用发展的眼光来评价学生的解答。要兼顾思维方法、思维过程、思维结果等多方面。评价形式应多样化，要把学生自评、学生互评、教师参评三者结合起来，要使评价成为学生又一次的思维活动，尽量避免因教师评价过多造成学生依赖心理等情况的出现。

二、小学数学“三段式”教学模式的理论基础

小学数学“三段式”教学模式的实质是教师指导下的学生自主探究学习，即总体上遵循有意义接受学习理论，局部遵循探究式学习理论。这是基于对中国传统的启发式教学理论和国外认知主义教学理论的理解，在吸纳了尝试教学法等国内教学改革经验基础上进行的探索。这一模式可以从多方面进行理论解释，下面主要从变式教学理论角度加以简述。

“三段式”教学模式的各环节都具有变式教学的因素，这些变式因素在课堂的不同阶段服务于不同的目的，形成了不同的特征。三个阶段的变式可以简单称为铺垫型变式、点拨型变式和练习型变式。

首先，铺引环节围绕新知进行铺垫型变式。铺垫型变式有两种方式，一种是根据要学习的新知所具有的属性去寻找生活中相应的直观材料或学生已有的感性经验，从而帮助学生建立起抽象概念与感性经验之间的联系。例如，由生活中各种物质材料中的角抽象出数学知识中的角，由天平称重归纳出等式的性质等。这种铺垫型变式的实质是一种弱抽象过程。另一种是根据所学新知的属性，去寻找学生已有的旧知。从难度上看，旧知低于新知；从关系上，旧知是新知的一种类型或一个部分。就陈述性知识而言，旧知是新知的局部性质。例如，学习数位顺序表，可用整数数位顺序作为铺垫。就程序性知识而言，旧知是新知的低级形式。例如，学习小数乘法前铺垫整数乘法。

其次，探究环节通过指导进行点拨型变式。探究环节的教学行为具有现场性和生成性特点,其变式体现于教师的即时点拨之中。教师要能敏锐地捕捉到学生学习中出现的困难,迅速分析出其中的症结所在,然后据此寻找到适宜的相关知识给学生以帮助。启发的原则是由远及近,给学生思考的空间。这关系到教学机智的问题。

再次,练习环节利用"重复"进行练习型变式。练习型变式的特征是"重复"中的发展。张奠宙先生认为"'重复'通过变式得以发展",这为当前练习问题的改进指明了方向。就练习型变式而言,主要涉及水平变式和垂直变式两种类型。前者是指表面特征的变化,后者指问题结构的变化。水平变式的目的是使学生熟练掌握所学的知识,形成解题的技能,对于学生认知发展来说是一种量的积累。垂直变式大大提高了学生的认知负荷,它关注的是学生认知结构质的变化。在练习中这两种变式应该有机结合。水平变式虽然只是解题技能的简单重复,但是量变是质变的基础,学生通过表面特征的重复,才能慢慢形成问题的图式,进而成为问题解决的基础。但是,只停留于水平变式而没有上升到垂直变式是不行的,否则,数学学习不能到达内化和浓缩化阶段,难以生成概念性理解,以及抽象化和高层数学理解。①

第六节　一则"三段式"教学案例:"图形的对称"教学及评析

"图形的对称"是苏教版小学数学四年级下册第62～63页的内容,之前学生已经学过了"轴对称图形"的内容。该课的教学目标设为:(1) 通过具体操作,使学生发现并学会用折纸、测量等方法确定轴对称图形的对称轴,发现有些图形的对称轴不只一条的数学事实,探究并总结出一些轴对称图形对称轴的确定方法。(2) 通过尝试、探索,使学生发现并学会根据所给对称轴画出轴对称图形的另一半的方法,会在方格纸上设计轴对称图形。(3) 通过观察、操作、想象、发现等活动,初步培养学生主动探究的意识和能力。

① 张奠宙.中国数学双基教学[M].上海:上海教育出版社,2006

一、教学过程

1. 铺引——探究的“热身”。

师:这是一个图形的一部分,同学们猜猜它是什么?

生:一个笑脸的一半。

师:谁能将它补完整?(一生上黑板画)大家觉得她画得怎么样?(很好。)为什么这样说呢?

生:因为右边的眼睛、鼻子和嘴巴画得和左边的很像。

师:确实是这样,要是我啊可能画不了这么像。

生:老师我觉得她画得不太好,你看右边的脸画得太瘦了,没有左边的圆。

师:你的观察真仔细,确实是一边胖一边瘦,要是我长成这样可就麻烦了。(教师用笑脸图遮住自己的脸,学生大笑起来)看来还要画得再像些,最好是两边对折后能够——

生:完全重合。

师:同学们,像这样对折后左、右两边能完全重合的图形叫什么图形?

生:(齐)轴对称图形。

师:(指着中间的折痕)这条折痕叫什么?

生:(齐)对称轴。

师:看来同学们三年级的轴对称图形知识学得很扎实,我们这节课要对轴对称知识进行更深入的研究。我想,学完这节课,你们就可以将右边脸画得和左边完全对称了。

(教师板书课题:图形的对称。)

【设计意图】利用画脸的方式,巧妙地将本节课的学习内容引出。同时利用笑脸图对所学旧知进行复习,为后面的深入研究作认知方面的铺垫。铺得自然,引得有趣,营造了宽松和谐的课堂氛围。最后一句“学完这节课,你们就可以将右边脸画得和左边完全对称了”,目的在于设置悬念、催人探究。

2. 探究——探究的“主场”。

(1) 折出长方形的对称轴。

师:(手拿长方形纸)这个图形是不是轴对称图形?为什么?

生:是轴对称图形,因为对折后它的两边可以完全重合。

(学生呈现对折情况,如图 6－4。)

师:还有别的对折方式吗?

(学生呈现其它对折方式,如图 6－5、图 6－6。)

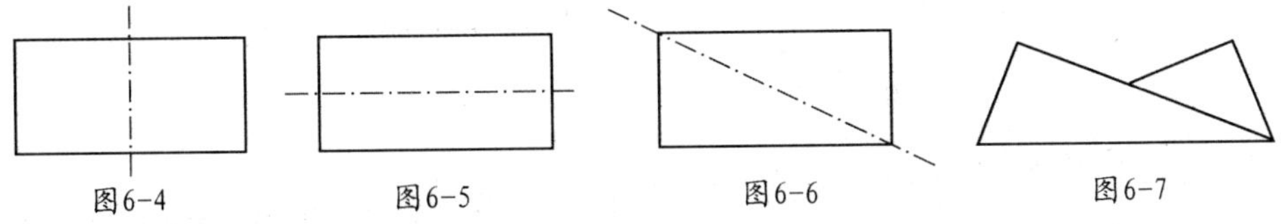

图6-4　图6-5　图6-6　图6-7

师:(指图 6－6)这条对角的折痕是对称轴吗? 怎样验证?

生:不是,对折一下,我们发现它的两边不能完全重合。

师:怎样不能重合?

生:(拿纸比划)这两个角的边和顶点不能完全重叠在一起(如图 6－7)。

师:(指着两条折痕)这两条折痕都是长方形的对称轴,我们可以用点划线画出来。

(教师将纸贴在黑板上画对称轴,边画边突出点划线的特征。)

师:现在我们知道这个长方形共有几条对称轴?

生:(齐)两条。

师:这两条对称轴我们是用什么方法得到的呢? (对折)是啊,我们用对折的方法确定了长方形的对称轴,而且发现它的对称轴不止一条。

【设计意图】对折是学生已学过的确定轴对称图形对称轴的方法,本环节由此引出了不同的折法,从而帮助学生发现"一个图形的对称轴不止一条"的结论,培养学生思维的发散性品质。

(2) 探寻确定对称轴的其它方法。

师:屏幕上有一个正方形,它是轴对称图形吗? (是)它有几条对称轴? (四条)哪四条? 你能画出来吗?

(学生在课本"试一试"的正方形上尝试画。教师巡视,然后请学生说自己的画法。)

师:(指图 6－8 中的中点连线)这条是对称轴吗? 你为什么能确定?

生:它是一条对称轴,因为沿着它对折,左、右两边能完全重合。

师:你真的对折了吗?

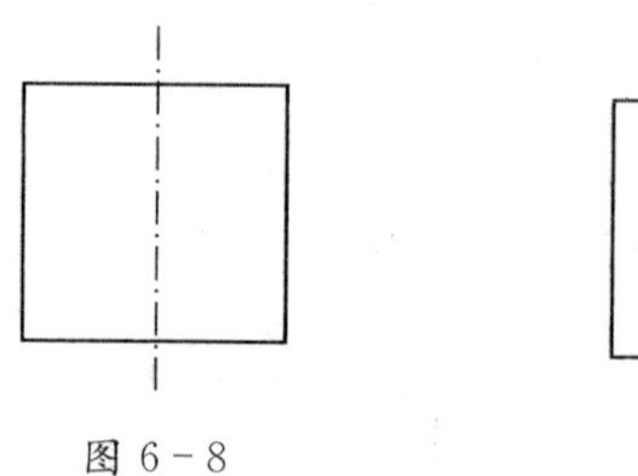

图 6－8

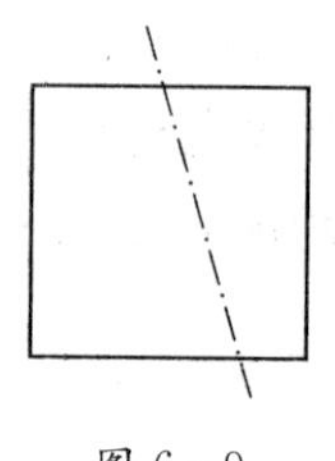

图 6－9

生：没有对折，因为图形在书上，不好对折。

师：是啊，书上的图形不好对折。但你没有对折，怎么就能确定它是一条对称轴了呢？

生：因为我先量出一条边的长度，确定它的中点，然后通过这个中点画的。

师：通过这个中点画的线就是它的对称轴吗？（故意画了一条斜线，见图 6－9）我画的这条线是对称轴吗？

生：你画的这条不是对称轴，要经过上、下两条边的中点画出的线才是一条对称轴。

师：通过相对两边上的中点画出的才是对称轴，这下严密多了。如果只通过一条边上的中点，是不是就不能画出一条对称轴呢？

生：可以，要用三角板画。

（该生用三角板演示，见图 6－10。）

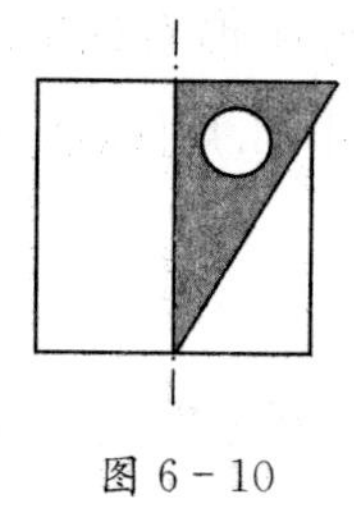

图 6－10

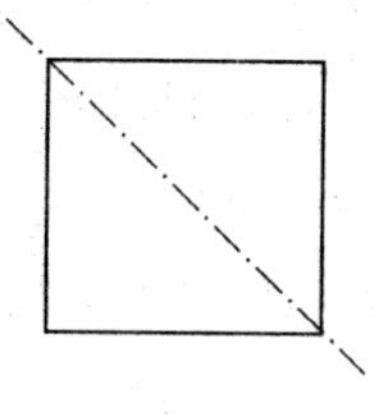

图 6－11

师：对呀！我们还可以通过一个中点画这条边的垂线，这条垂线就是一条对称轴。看来只要我们可动脑筋就可以想出许多画对称轴的办法。

师：（指着图 6－11 中的对角线）这条线是不是一条对称轴呢？你怎么验证它？

生：它是对称轴，我们想象一下，它对折后两边是能完全重合的。

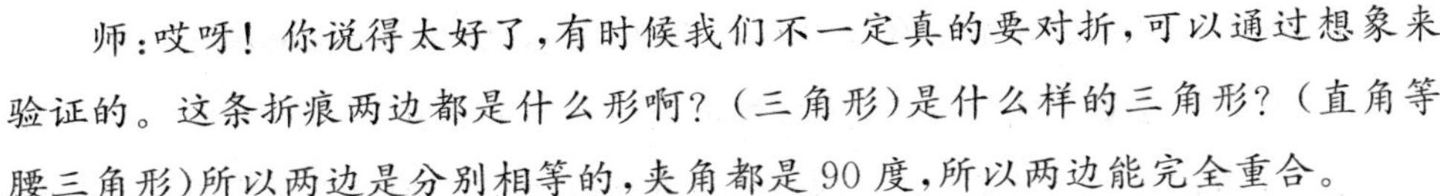

师：哎呀！你说得太好了，有时候我们不一定真的要对折，可以通过想象来验证的。这条折痕两边都是什么形啊？(三角形)是什么样的三角形？(直角等腰三角形)所以两边是分别相等的，夹角都是90度，所以两边能完全重合。

师：现在请大家想象一下，沿着这四条对称轴对折，看看两边能不能完全重合。

(学生想象操作。)

师：同学们，我们可以用对折的方法确定一个图形的对称轴，也可以用测量中点的方法来确定，有时还可以根据图形的特征直接确定。

【设计意图】对折是最基本的方法，本环节的目的主要在于发现折纸法之外的“等”方法。凭借既有的经验和学习，学生是能够确定正方形的四条对称轴的。但是“在课本上”这个特定的要求却使学生无法使用业已掌握的“对折法”，而不得不去寻求新的方法。通过对对边中点连线和对角线两种情况的研究，可以帮助学生逐步得出测量中点和根据图形的特征直接确定这两种方法。这两种方法要求学生以既有的图形知识为材料进行思维分析，利用想象进行验证，这较之于“对折”这种直观的操作要求要高，但它是培养学生思维能力和空间观念的好办法。此阶段的设计环节紧凑、层层递进，具有“产婆术”的韵味，能极大地激发和启发学生的思维。

3. 练习——探究的“延伸”。

(1) 先判断下面图形是不是轴对称图形，然后画出轴对称图形的对称轴。

(学生独立作业，教师巡视指导，收集资源。然后师生交流。)

师：(指图6-12)你是怎样确定这条对称轴的？

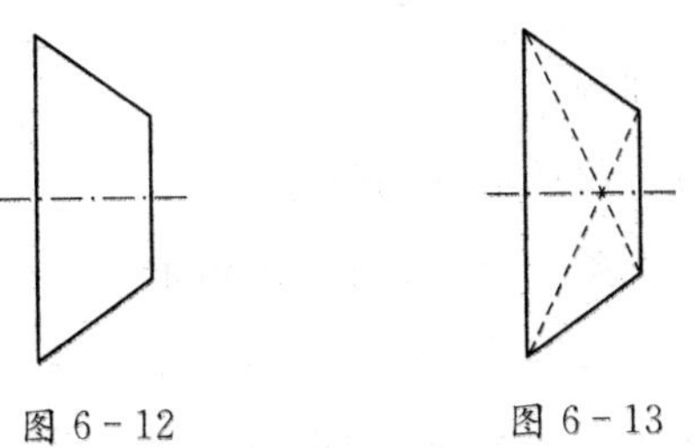

图6-12　　图6-13

生：我是先测量出梯形上底和下底的中点，然后通过它们画出对称轴的。

生：我是先确定上底的中点，然后过中点作底边的垂线。

生：(指着图 6－13)我是先画出两条对角线，然后经过它们的交点作底边的垂线。

师：还有别的方法吗？

【设计意图】练习题中图形的选择充分考虑到多种情况，有利于巩固和深化学生对所学知识的理解。交流时，教师不满足于简单的判断正误，而把主要精力放在如何确定上，让学生寻求多种方法的环节，充分体现教师为培养学生探究能力所作的努力。

(2) 下面图形各有几条对称轴？(课本"想想做做"第 4 题)

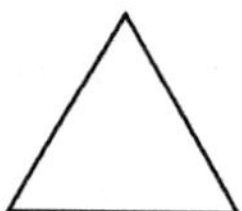
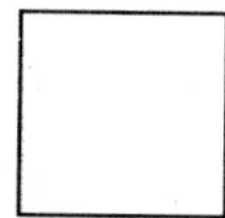
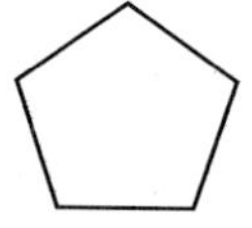
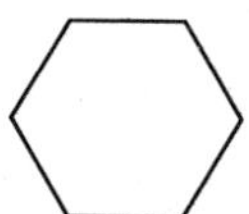

(学生独立完成后，师生交流，明确正误。)

师：仔细观察这些图形和它们的对称轴，你有什么发现？

生：我发现三角形的对称轴是 3 条，正方形的对称轴是 4 条，五边形的对称轴是 5 条，六边形的对称轴是 6 条。有几条边就有几条对称轴。

师：大家同意他的说法吗？

生：我觉得这些图形的边必须是分别相等的。

师：嗯，有道理。你们看每个图形的边都是分别相等的。只要边分别相等的图形，它的对称轴条数就和边数一样多，你们同意吗？

生：(齐)同意。

师：(指着前面的菱形)老师这有一个四边形，它的四条边都相等，你看看它的对称轴有几条？

生：(齐)只有两条对称轴。

师：看来刚才发现的结论还有些问题。

生：我认为除了边相等之外，还必须角也相等。

师：你的补充太好了！大家看，这些图形除了边分别相等外，它们的角也是分别相等的。像这样，每条边都相等，每个角也都相等，而且有几条边就有几个角和几个定点的图形,在数学上叫做正多边形。这些分别是正三边形、正四边形、正五边形、正六边形。大家想一想,正八边形的对称轴有多少条?正n边形的对称轴又有多少条?

生:正八边形的对称轴有8条,正n边形的对称轴有n条。

师:想象一下,如果正多边形的边无限地多下去,这个图形就会越来越接近什么图形?

生:越来越像个圆。

师:那你知道圆的对称轴有多少条吗?

生:(齐)有无数条。

师:你们真了不起,这可是六年级学习的内容,你们现在就掌握了。

【设计意图】本处练习在学生正确指出各图形对称轴条数的基础上,将探究和发现正多边形的特征及其对称轴条数之间的关系作为重点。在教师的引导下,学生会不断修正和完善自己的发现,最终得出较为严密、科学的结论——正n边形的对称轴有n条。探究活动由具体的图形、有限的边数,逐渐向不确定的图形、无限的边数变化,将学生的思维由具体引向抽象。

(3) 如果给出一个轴对称图形的一半,你能根据所给的对称轴画出它的另一半吗?

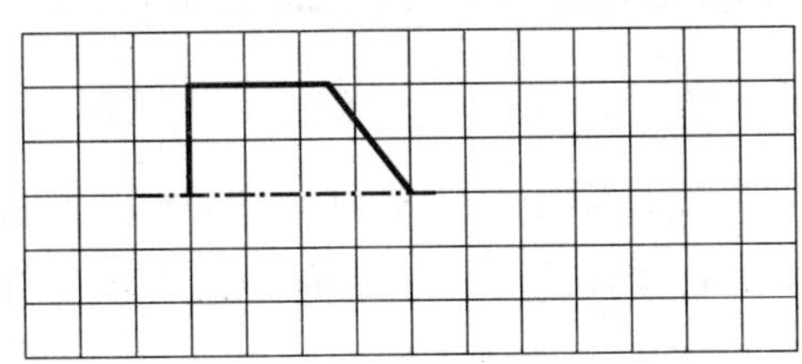

师:你是怎么画的?

生:我是一条线段、一条线段画的,上面的线段几格长,下面的线段就几格长。

师:你的方法完全正确。

生:我先描交点,然后找出它的对称点,最后把点连起来。

师:你的方法也很好,先找对称点,再连线,方法简便。

(4) 根据下图中所给的对称轴画出图形的另一半。

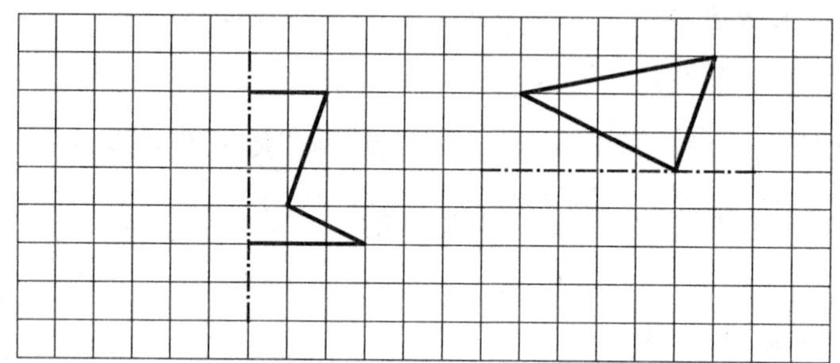

(5) 在方格纸上设计一个轴对称图形,并画出它的对称轴。(课本"想想做做"第 5 题)

(6) 思考题:如下图,古时候有一位将军想骑马到河边饮水,然后再到军营,怎样走路程才最短呢?

【设计意图】第 4 题,先让学生自主尝试画图,然后让他们讲述自己画法,最后才进行归纳,为学生的自主探究提供了空间。第 5 题是自主设计题,具有一定的开放性,有利于培养学生的创造能力。第 6 题为课后思考题,题材有趣,紧扣本节课所学的轴对称知识。

二、教学评析

"图形的对称"这一内容在很多教师眼里被视为陈述性知识,教学目标往往被简单地确定为:学会用折纸的方法确定轴对称图形的对称轴;认识轴对称图形的特征;能画出一些简单轴对称图形的对称轴。与之相应的教学方法,则是静态的陈述——将确定对称轴的方法和轴对称图形的特征呈现给学生,和动作技能

的操练——大量地画轴对称图形的对称轴。课堂上充满合作、操作和美丽的图片切换,气氛热热闹闹,但是学生的思维仅停留在识记、再认等层面,缺乏想象、猜想、验证、归纳等深层次的思维活动。

本节课一改以上流弊,以探究取代陈述。首先,将目标定位为"通过具体操作,使学生发现并学会用折纸、测量等方法确定轴对称图形的对称轴,发现有些图形的对称轴不只一条的数学事实,探究并总结出一些轴对称图形对称轴的确定方法;通过尝试、探索,使学生发现并学会根据所给对称轴画出轴对称图形的另一半的方法,会在方格纸上设计轴对称图形;通过观察、操作、想象、发现等活动,初步培养学生主动探究的意识和能力"。其次,在程序设计上将整节课分为三大环节——铺引、探究和练习,其中铺引环节是为探究活动的"热身",探究环节是探究活动的"主场",练习环节是探究活动的巩固和延展,探究贯穿该节课的始终。该节课的许多具体环节都体现了设计者化静为动、凸显探究的意图,如,铺引环节"学完这节课,你们就可以将右边脸画得和左边完全对称了"的悬念设置,探究环节中的"探寻确定对称轴的其它方法",练习环节中发现"正 n 边形有 n 条对称轴"的规律,等等。再次,努力为学生的探究活动创造契机、拓展空间。例如,当学生历经千辛万苦地认识到必须找到正方形相对两边上的两个中点才能确定一条对称轴的规律以后,教师又故意问:"如果只通过一条边上的中点,是不是就不能画出一条对称轴呢?"让刚想"喘口气"的学生又再次行动起来。

数学课程标准指出:"教师应激发学生的学习积极性,向学生提供充分从事数学活动的机会,帮助他们在自主探索和合作交流的过程中真正理解和掌握基本的数学知识与技能、数学思想和方法,获得广泛的数学活动经验。""有效的数学学习活动不能单纯地依赖模仿与记忆,动手实践、自主探索与合作交流是学生学习数学的重要方式。"该节课努力践行这一要求,尽量让学生进行观察、操作、猜想、想象、验证等活动,师生之间的互动生成多,时有"出彩"之处。学生的作业正确率高,对称轴的点划线画得标准,设计的轴对称图形丰富多样。

第七章 教学智慧表现(二)：教学现场的调适机智

教学设计的目的在于课堂教学目标的达成，课堂教学才是教学智慧发展和发挥的最主要场所，尽管课前进行了充分、周密、巧妙的谋划设计，教学活动的“车轮”还是难免会“越轨”而出。面对教学现场始料未及的危机，需要教师机智地调适自己的预设。日复一日、习以为常的课堂却始终让人难以驾驭，令人惊异的新情况不断出现，教师必须伺机而动，“借力使力”、“见招拆招”。教学机智凸显了教学智慧作为一种实践智慧的情境性特点。

第一节 教学机智的理论探讨

教学机智是什么？有什么特征？有哪些类型？这些都是教学机智研究要解决的基本问题，也是进一步理解小学数学教师的教学机智的前提。

一、教学机智的一般理解

1. 教学机智的概念内涵。

对于教学机智这一概念内涵的界定，目前学界还没有取得共识，主要的观点如下：

顾明远主编的《教育大辞典》认为，教学机智是指教师面临复杂教学情况时所表现的一种敏感、迅速、准确的判断能力。如，在处理事前难以预料、必须特殊对待的问题时，以及对待处于一时激情状态的学生，教师所表现的能力。[①] 这是

① 顾明远.教育大辞典(增订合编本)[S].上海：上海教育出版社，1997

一种基于心理学视角的界定,其实质是认为教学机智是教师的一种内在的综合素养,核心是能力。所以,这一界定进而认为"此种机智源于教师敏锐的观察力、灵活思维力和果断的意志力等心理品质;还源于教育学、心理学论水平和教学经验技巧的丰富与积累,对学生了解的深度和诚恳、爱护的态度等"。[①] 这一界定从一定程度上揭示了教学机智的内涵,但将其定位于一种判断的能力,而没有揭示出其特殊性,未免有失空泛。因为,能力只是一种"顺利完成某种活动所需的个性心理特征"[②],是一种潜隐于人"主观条件"。是不是教师具有了这些心理特征,拥有了这个主观条件,就能够随时随地地发挥出这种能力呢?如果这种潜在的能力没有在教学现场得到实现,我们还能称其具有教学机智吗?

亚里斯多德在论及人的交流和行动品质时说:"有品味地开玩笑的人被称作机智的,意思就是善于灵活地转向。""这种适度的品质(机智)的另一个特点是得体。"所以,他认为机智是指在交谈中善于灵活而有品味地转换话题和谈话方式[③]。

与此观点相近,马克斯·范梅南将机智说成是瞬间知道该怎样做,一种与他人相处的临场智慧和才艺。展现机智的人似乎都具有在复杂而微妙的情境中迅速地、十分有把握地和恰当地行动的能力。进一步地,机智是具有"他者性"的实践[④],通过为"他者"采取行动的良好效果显示出来,也通过这良好的行动结果来证明主体具有机智。

综合以上观点,我们可以认为,教学机智是教学现场活动中教师灵活而恰当地采取行动,取得良好教学效果的能力。

这一界定可以从以下几方面理解:

第一,教学机智是教师的一种行动能力,但这种能力必须通过良好的行动结果予以证明和显现。没有行动及其良好结果的能力只是教师一种潜在的教学素养,而不能被称为教学机智。

---

①② 顾明远.教育大辞典(增订合编本)[M].上海:上海教育出版社,1997

③ 【古希腊】亚里斯多德.尼各马可伦理学[M].寥申白译.北京:商务印书馆,2003

④ 【加】马克斯·范梅南.教学机智——教育智慧的意蕴[M].李树英译.北京:教育科学出版社,2001

第二，教师的机智行动必须是灵活而恰当的。灵活的行动基于教师的知识、经验，受制于教师的教学观念，但它是随机而动的、即兴的、创造性的。任何既有的经验、科学的规律都只能是作为一种潜在的影响因素，而不能直接发生作用。

恰当的行动表现为合规律性和合目的性。教学的机智行动必须遵循教学的规律，如学生认知规律、教学理论等，必须为学生的身心发展而服务。合规律性是教学机智的理智之美，合目的性是教学机智的德性之美。

第三，教学机智发生于教学的现场。预设的计划和想象的场景中的行为无论怎样美好，都称不上教学机智。

2. 教学机智的特征。

情境性。机智是瞬间知道该怎么做的一种与他人相处的临场智慧和才艺。现场是机智发生的地方，机智离不开具体的情境。教学机智具有情境性特征。也就是说，教学机智的情境性是指教学机智的行为都是在一定的情境中发生的，都是针对于某一具体的教学现场而言的，离开了具体的教学事件，不存在抽象的教学机智。

创造性。教学机智行为不是任何既有的经验做法的重复，也不是某一个教学规律的照搬照套。它是教师依据自己的教育教学理论、经验，在一定的教学观念支配下，审时度势而采取的一种创造性的行为。

个人性。教学机智是个人行为，我们一般不会说某个群体教师具有某种教学机智，因为教学机智只属于教师个人，是个人学识、修养和价值观等多种素养的综合体现。世上既然没有两个完全一样的教师，而同一个教师又不可能两次面对同样的教学情境。所以，每一个教学机智行为都是独一无二的，都是属于某一位具体的教师的。

偶发性。教学机智是临场的即兴之作，如羚羊挂角，不着形迹。它是教师独特的个人素养与教学现场独特的情境契合、共振的产物，差之毫厘则可能失之交臂。

有效性。教学机智是一种显在的行动，对它的评判就是实际的效果，如果没有良好的效果，不论教师设想得如何巧妙，出发点如何正确，我们都不会认可他有教学机智。

3. 教学机智与教学智慧的关系。

教学机智与教学智慧之间存在着非常复杂的关系。从总体上看，两者之间是从属关系。教学智慧包含着教学机智,教学机智是教学智慧的一种形式。我们可以说具有教学机智的教师是具有教学智慧的,但具有教学智慧的教师则未必都表现出教学机智。两者具有很强的相互依存关系,教学智慧是教学机智的基础,教学智慧积淀的程度决定着教学机智的发挥。教学机智表现着教学智慧,丰富了教学智慧的内容和形式。

作为教学智慧的一种特殊形式,教学机智突出了以下几方面的特性:

第一,教学机智比教学智慧更加显性地存在。教学机智表现着教学智慧,我们可以由教学机智的表现推测教师教学智慧的存在。

第二,教学机智比教学智慧更具有现场性。教学机智只存在于实践的现场情境之中,通过教师的现场行动以及行动的良好效果体现出来,它具有即时性,是一种临场的良好表现。

第三,教学机智比教学智慧更具有偶发性。教学智慧可以通过历时性的行为和延时性的结果表现出来,而教学机智却是当场的表现。教学智慧可以通过多次行为的结果累积地显示出来,从而具有某种可重复性和稳定性。而教学机智则是教师独特的个人素养与教学现场独特情境契合、共振的产物,是"这一位"、"这一次"的行为表现,具有偶发性、难以预测性。

二、学科教学论语境中的教学机智

如亚里斯多德所论,机智是指在交谈中善于灵活而有品味地转换话题和谈话方式。那么,"转换"应该是机智行为的教学机智的核心要素,具体来说,教学机智的要义也在于"转换"。富于教学机智的教师善于"将一个没有成效的、没有希望的、甚至有危害的情境转换成一个从教育意义上说是积极的事件"[①],善于抓住教学事件某个刚刚显现出的一丝良好的征兆加以利用、放大,使之成为一个有助于教学活动开展的助推力。

从学科教学论的角度看,教学机智就是在教学活动中教师根据学生的学习状况灵活、恰当地转换学科知识的表征形式,以适应学生学习的能力。

学生的学习状况是教师教学机智调适的主要依据,它丰富多彩、瞬息万变,

---

① 【加】马克斯·范梅南.教学机智——教育智慧的意蕴[M].李树英译.北京:教育科学出版社,2001

从不同的视角可以“拍摄”到不同的“照片”。如果我们从学生学习水平与所学知识的难度关系上来研究，可以简单地分为三种情况：容易、合适和困难。对于容易和过难两种情况而言，提高和降低知识难度就成为必然的行为。改变学习难度的具体方式很多，但实质上就是转换知识的表征形式。

三、教学机智的分类

教学机智的分类可以从机智一词的“机”上着眼。在中国古汉语中，“机”字的意义主要有以下五个方面：

① 弓弩上发射箭的机关。《韩非子·说林下》：“操弓关机”。《战国策·宋策》：“公输班为楚设机。”

② 关键，要点。王符《潜夫论·政》：“国家存亡之本，治乱之机，在于明选而已矣。”

③ 时机，机会。《三国志·蜀书·诸葛亮传》：“成败之机，在于今日。”

④ 机灵。《三国志，魏书·武帝纪》：“太祖少机警。”

⑤ 通“几”。事情的苗头或预兆。《三国志·蜀书·先帝传》：“睹其机兆。”

作为“教学机智”之“机”，我们可以理解为教学现场中出现的“灵活变动的、关键性的事件。这一事件预示着某些事情的发生，可能是事情转向好或坏的方面的机会”。据此理解，可以区分出教师对待“机”的态度和行为的四种情况：设机、寻机、待机和随机。“设机”和“寻机”表达了教师主动的态度和行为，“待机”和“随机”显示了教师消极被动的态度和行为。由此，我们可以将教学机智分为两种类型：一种是洞察先机，主动求变；另一种是有机可趁，被动应变。前者是一种主动的教学机智，后者是一种被动的教学机智。

在传统教学观念中，教学机智一般是用来处理课堂上的意外事件，而这些意外事件大多被认为是消极事件，它们破坏了教学的正常程序。教学机智主要就是用来疏导冲突、消弭矛盾，使教学恢复到常态。这样的教学机智更多地表现为一种“救场”和“应急”①，我们可以称之为被动的教学机智。

主动的教学机智是指教师在没有碰到什么意外问题或遭遇尴尬处境的情况下，因为一定情境的触发，突然之间对一个习以为常的问题有了新的认识，产生

---

① 黄伟，谢利民. 教学机智：跳荡在教学情景中的燧火[J]. 北京大学教育评论，2005(1)

顿悟,并立即采取了相应行动。这种机智类似于我们平常所说的“平凡中的创造”。①

事实上,不论是主动的教学机智还是被动的教学机智,教师“变”的行为结果都还可以分为两种类型:一种是“挽狂澜于既倒,化腐朽为神奇”;另一种是“好风借力,锦上添花”。前者是转化危机,后者是善用良机;前者是救失,后者是长善。

将教师对“机”的态度和“变”的行为结果综合起来,可以将教学机智分为四种类型,即主动“长善”型、主动“救失”型、被动“长善”型和被动“救失”型(详见表7-1)。

表7-1　教学机智的类型

教学机智类型 / “变”的结果 / 对“机”的态度	“长善”	“救失”
主动	主动“长善”	主动“救失”
被动	被动“长善”	被动“救失”

教学机智的分类对教师专业发展提出了更高要求——课堂教学不仅是按照教学计划的蓝图进行施工,而且是一项极富创造性的工作。教师不能拘泥于执行教学预定的方案,以将教学过程中随机生成的事件通过被动的教学机智“拉回”既定轨道为能事。同时也不能满足于既有的教学经验,按部就班,因循承袭老的一套做法。面对丰富多彩的教学现场,教师不能被动地等待,做“救火员”,而应该在教学现场保持机警的状态,主动寻求师生互动过程中种种潜在、有价值的因素,创设各种有利因素推动教学活动向更好的方向发展。教学机智不仅追求能“救失”,还要追求能“长善”,“长善”的教学机智比“救失”的教学机智境界更高。

设机而作、寻机出击、待机而动、见机行事、随机应变,从教师对“机”的处理上看,上述几种情况下教师的主动性依次降低。但在留给教师的思考和应变的时间上却是越来越少,行动的难度越来越大,显然,对教师素养的要求也越来越高。随机应变,而能“救失”、“长善”,是教学机智的高级境界。

---

①　王卫华.论教学机智的判别条件及分类[J].江西教育科研,2007(4)

第二节 教学现场调适机智表现之一：会“接话”

如果把课堂理解为师生间的互动，进而生成意义的过程，那么，师生之间的对话就构成了教学活动的主要方式。于教师而言，如何“接”学生的话集中体现了教师课堂调适的智慧，恰当的“接话”是教学机智的主要体现。

一、“接话”的类型

1. 广义“接话”与狭义“接话”。

广义上说，课堂上师生的对话可以表现为相互之间口头语言方式的问答和承接，也可以表现为文字语言和肢体语言形态的交流，还可以表现为师生之间行为活动之间的相互影响、相互作用。因此，从这个意义上说，教师的“接话”行为也可以具有四种形态：口头语言、文字语言、肢体语言和行为活动。狭义地看，课堂上师生之间的对话媒介主要是口头语言，因此，教师的“接话”方式主要是口头语言。这是本研究主要关注的方式。

2. 理问与理答。

毫无疑问，课堂提问是实现师生互动的重要手段，是实现师生之间沟通和理解、培养学生独立人格和创新精神的重要途径。有资料表明，多达80%的课堂时间被用于提问和回答。[①] 从某种角度上说，课堂教学就是教师提出问题，学生受问回应，教师再对回应做出反应和处理的过程。

教师回应和处理学生的“话”主要有两种类型，一种是回应和处理学生的主动询问，这可简称为理问；另一种是回应和处理学生对教师自己提问的回答，这可简称为理答。

第一，关于理问。爱因斯坦认为，提出一个问题比解决一个问题更为重要，因为解决问题也许是一个数学上或实验上的技能而已，而提出新的问题、新的可能性，从新的角度去看旧的问题，却需要创造性的想象力，而且标志着科学的真正进步。要让学生有问题意识，爱问、敢问和会问，是一个系统工程，需要多方面

① 【美】加里·D.鲍里奇.有效教学方法[M].易东平译.南京：江苏教育出版社，2002

的努力,其中理问就是一个重要的方面。

尽管课堂上学生提问的情况较少出现,但学生的提问中往往会出现我们没有意料到的问题,这些问题有时候还是些“疑难杂症”,并不是教师能够轻易应付得了的。

【案例 1】　平行线①

老师离开黑板,抖了抖手上的粉笔灰说:“现在请大家作笔记:平行的两条直线,任意加以延长,永不相交。”

学生低下头在本子上写着。

“平行的两条直线……永不……相交……西多罗夫,你为什么不记呢?”

“我在想。”

“想什么呢?”

“为什么它们不会相交呢?”

“为什么? 我不是已经讲过,因为它们是平行的呀。”

“那么,要是把它们延长到 1km,也不会相交吗?”

“当然啦。”

“要是延长到 2 km 呢?”

“也不会相交的。”

“要是延长到 5000 km,它们就会相交了吧?”

“不会的。”

“有人试验过吗?”

“这道理本来就很清楚,用不着试验,因为这是一条公理……是不需要证明的真理呀。”

“那么,不论什么定理都可以叫做公理,也就用不着证明了吗?”

“不是任何一条定理都可以叫做公理。”

“那么为什么这一条定理就可以叫做公理呢? ……”

“因为这是欧几里德说的。”

---

① 这是苏联的一篇小品文,转引自郑毓信《数学思维与小学数学》,江苏教育出版社,2008 年版

“要是他说错了呢?”

“……你瞧,我在黑板上画给你看……怎么样,相交了没有?”

“暂时没有。”

“好,你再看,我在墙上接着画……相交了没有?”

“没有。”

“你还要怎样呢?”

“要是再延长,延长到墙的背面上去呢?”

“现在我全明白了,你简直是个无赖,你心里很明白,但就是存心要跟我扯皮。”

……

“出去!”老师喊了起来,“收拾起你的书包见你的父母去吧。”

西多罗夫收拾起书包,抽泣着走出教室。

显然,西多罗夫事实上没有错,真正有问题的是他的老师,因为他缺乏足够的教学机智去应对充满可贵的探究精神的学生。

应对学生提出的“疑难杂症”,往往需要教师对数学知识的本质有较为深刻的认识。例如:为什么以前规定“0”不是自然数,现在又规定“0”是自然数?24时记时法中如何确定一天的起点和终点?小数乘除法为什么要转化为整数乘除法?为什么有些分数能化为有限小数,有些分数不能化为有限小数?为什么各个数位上的数之和是3的倍数,这个数就是3的倍数?……

第二,关于理答。在学生回答教师的问题以后,教师对学生回答的处理方式非常重要,它不仅直接关系到认知问题的解决,还关乎学生的人格发展。

美国心理学家布罗菲(J. E. Brophy)和古德(T. L. Good)观察发现,在学生回答教师的问题以后,教师对学习成绩好的学生加以称赞的比率,要高于学习成绩差的学生。但是,当学生回答错误时,差生受到教师责骂的机会却又显著地大于“优生”。有趣的是,当学生不回答或说不知道时,教师往往对“优生”重述问题、提供暗示,或再问其他的问题,而对差生则往往很快就放弃,或直接告诉他答案。教师与“优生”接触的时间约为“差生”的两倍。[①]这在我们的课堂教学中也

① 李秉德.教学论[M].北京:人民教育出版社,2001

是一种普遍的现象,它不仅体现为一种方式、方法上的倾向性,同时也是一种教育机会实际不平等的表现。

教师对学生回答的反应从总体上可分为积极的和消极的两种。积极的反应主要是指接受学生观点、肯定、表扬、采用“代币制”(所谓“代币制”就是教师以五角星、小卡片、小红花等奖励物作为代币符号,当积累到一定数量时可以“购买”或“兑换”其他奖励,这些奖励可以是自己想要的)等。研究表明,积极的反应比消极的反应更有利于提高教学的绩效。罗伯特·斯腾伯格和路易斯·斯皮尔—史渥林在《思维教学》中,把教师对学生提问的反应划分为七个水平:(1) 回绝问题。(2) 重复问题。(3) 承认自己无知或简单呈现信息。(4) 鼓励发问者寻找资料。(5) 提供可能的解答。(6) 鼓励学生对可能的答案进行评估。(7) 鼓励学生评估答案,最后一一验证。从教师这七个水平的反应来看,它的等级是从一个极点——拒绝学生的问题,逐渐变化到另一个极点——鼓励学生评估并验证答案。与此同时,学生则发生了如下的变化:从不学习,到消极地重复学习,到分析地和创造性地学习。由此可见,教师对学生提问的处理直接影响着学生学习活动的性质和成效。①

理答最能体现一名教师课堂教学的智慧水平,因为它较之于发问、候答和叫答具有更大的不可预设性。学生回应的可能性是多样的,而留给教师思考和应对的时间却是极为短暂的。在这样的条件下作出恰当的处理既需要教师对教学内容和所教学生有深刻和全面的理解和了解,具有丰富的经验积累,还需要教师现场注意力高度集中,具有敏锐的感受和敏捷的反应能力,否则局面会难以控制。

【案例 2】 问题到底出在哪儿?②

(教师要求学生求解这样一个问题:52 型拖拉机,一天耕地 150 亩,问:12 天耕地多少亩?一位学生是这样列式的:52×150×12。)

师:告诉我,你为什么这么列式?

生:老师,我错了。

---

① 【美】Robert. J. Sternberg,Louise Spear-Swerling. 思维教学——培养聪明的学习者[M]. 赵海燕译. 北京:中国轻工业出版社,2001

② 俞正强. 不让一个学生落后[J]. 人民教育,2007(7)

生：好的，告诉我，你认为正确的该怎么列式？

生：除。

师：怎么除？

生：大的除以小的。

师：为什么是除呢？

生：老师，我又错了。

师：你说，对的该是怎样呢？

生：应该把它们加起来。

（显然，这位学生是在瞎猜。也正因为此，为了帮助学生找到正确的解答，教师开始进行启发。）

师：我们换一个题目，比如你每天吃 2 个大饼，5 天吃几个大饼？

生：老师，我早上不吃大饼的。

师：那你吃什么？

生：我经常吃粽子。

师：好，那你每天吃 2 个粽子，5 天吃几个粽子？

生：老师，我一天根本吃不了 2 个粽子。

生：那你能吃几个粽子？

生：吃半个就可以了。

师：好，那你每天吃半个（小数乘法没学）粽子，5 天吃几个粽子？

生：两个半。

师：怎么算出来的？

生：2 天一个，5 天两个半。

对话进行到这里，就很有点“搞笑”的味道了！但是，我们不禁要问：“这个学生的问题到底在哪儿？”显然，能演绎出如此“精彩”对话的原因应该“归功”于师生双方，具体的原因可以从多方面进行分析。但是，从根本上说，问题是出在教师方面。当学生出现“52×150×12”的列式时，教师就应该察觉出学生对于问题并没有真正地理解。这是一道有“多余条件”的问题，就是对于“中等生”来说，都可能将“52”这个“条件”用上去。而提问的显然是一名成绩不太好的学生，这类问题原本不太适合他回答，从这点来说，教师提问的对象没选择好。当学生回答说"除"时,教师就应该明确该生确实没有理解这题的数量关系,而应该就此向学生点明问题所在。教师可以通过画示意图等方式来帮助学生理解,或请其他学生回答,然后再由其说明道理。然而,这位教师可能拘泥于一定要让学生理解的教学理念,所以还是继续进行"启发",结果是一错再错。最终尽管学生得出了正确结果,但是这种小数乘法计算还没有学到,所以它并不能促进本题所需要的算理理解。如此费时的启发,效率何在?其他学生的学习又被置于何处?可见,恰当的理答需要教师的教学机智。

二、会"接话"的表现

1. 善于借力。

不论是学生的回答还是提问,也不论学生的话语是正确还是错误,善于接话的教师往往能抽取其中的有利因素,因势利导、借力使力,达到"四两拨千斤"的效果。

【案例3】 猜谜语

教学《线段、射线和直线的认识》[①]时,为了巧妙地引入"线段"、"射线"和""直线"这三个概念,小于老师精心设计了一个谜语导入环节,她想出三个谜面——"有始有终"、"有始无终"和"无始无终",来猜"线段"、"射线"和""直线"这三个概念。

师:小朋友们,你们喜欢猜谜语吗?

生:(齐)喜欢。

师:那你们猜一猜"有始有终"是什么呀?

(教师内心期盼学生猜中"线段"。)

生:有始有终是个圆。

师:(愕然)圆?(指着另外一位学生)你来猜。

生:老师,有始有终是线段。

师:(释然)对呀,有始有终是条线段。(回望第一位学生)怎么能是圆呢?

小于老师的做法是一种典型的"钓鱼式"提问,这种提问的目的是为了"钓"到合适自己需要的答案。如果"钓"到所需答案,就立即收钩;如果"钓"不到所需

---

① 这不是独立的一课时内容,而是苏教版小学数学二年级下册《认识角》内容的前半部分,"线段"、"射线"和"直线"这三个概念此前已有初步认识

要的答案，就依次问下去；而对非需要的回答全部置之不理，直到“钓”到了所需答案。从“接话”的角度看，进行“钓鱼式”提问的教师本意是想借学生回答之力的，但这是一种较为低级的借力方式。因为只能借心中预想好了的回答之力，而缺乏洞察新生成的资源之力的能力，因而无法借力、使力于新的情境。同时这种“接话”方式是以教师为本位的，教师行为的中心是既定的教学流程。就此问题，听课的王校长在课后喊来了听课的几位学生，为小于老师“演绎”了一下他的教法。请看王校长的“接话”技巧——

（接着第一位学生的回答。）

师：小朋友们，这位同学猜“有始有终”是个圆，你们有没有不同意见啊？（等待片刻，面向第二位学生）你是怎么猜的？

生：我猜是一条线段。

师：还有没有别的猜法啊？（目光扫视全班，等待片刻）哎？同样是“有始有终”怎么一个猜是圆，一个猜是线段呢？你说说是怎么想的？

生：我是这样想的。

（该生说着用粉笔现在黑板上用力描了个点，然后画了一个圆，结束时又用力描了一个点。）

师：你又是怎么想的？

（该生也用粉笔先在黑板上描一个点，然后画一条直线，结束时也是描了一个点。）

师：大家看看这两种猜法有什么相同之处啊？

生：都有两个点。

师：对，一个是起点，一个是终点，两个端点。有什么不同呢？

生：我的是直的，他的是弯曲的。

师：对啊！圆的这条线是弯曲的，线段的这条线是直的。你们说线段是什么样的啊？

生：线段有两个点，中间是直的线。

师：对啊！线段有两个端点，中间是直的。

2. 指点迷津。

善于“接话”的教师会在适当的时机，以适当的方式来“点”出学习中的主要疑难之处,从而让学生自己悟出正确的出路。

【案例 4】 谁错了?[①]

在笔算 913—248 时,学生的答案出现了分歧,有的得 665,而有的则得出了 675。到底谁对,怎么办? 大家商量后决定开场辩论会。我故意站在出错的甲方参加辩论。

甲方代表说:“个位 3 减 8 不够减,就向前面的十位借 1,13 减 8 等于 5;十位的 1 减 4 不够减就向百位借 1,用 11 减 4 得 7;百位为 6,所以结果是 675。”

乙方学生不约而同地站起来反驳:“请问,个位 3 减去 8 不够减,向哪里借的 1?”“十位的 1 借走 1 还剩几?”“现在用几减 4? 到底十位应当得多少?”……

一连串的质问使甲方底气不足,大部分学生纷纷改看法。就在甲方剩下一人之际,我故意“胡搅蛮缠”:“明明是 11 减 4,为什么看成是 10 减 4?”

剩下的那位学生也跟着我附和,但不久他也变了,还给我讲了道理。我问他:“感觉怎么样?”他脸上流露出羞愧,低下头说:“还是我错了……”我立刻握着他的手大声说:“你错得有价值! 谢谢你,孩子! 今天的数学课上你的功劳最大,正是你的错误的出现,提醒了大家,使我们避免再犯同样的错误。”

可见,指点迷津的关键有三点:一是“点”的时机,即要在“迷”得最厉害的时候“点”。上例中,教师没有在分歧刚出现的时候就点拨,而是参与学生的争辩之中适时点拨。二是“点”的方位,即要点拨在学生最难以明白之处。上例中学生分歧的关键之处就是连续退位,因为这是学生最难理解的地方。教师抓准这一点,果然就击中了要害,问题迎刃而解。三是“点”的方式,即不能直接告诉学生答案,而要让学生自己悟出错误所在,进而找到正确的解题办法。上例中,教师采用了苏格拉底的产婆术,佯装自己无知,让学生发现破绽。

3. 巧妙调控。

【案例 5】 变号与变好[②]

那节课,我讲的是七年级数学(华东师大版)中的“去绝对值号”。在讲到去

---

① 原题为“错得有价值”,参见于振华,徐斌主编的《推敲新课程课堂(数学卷)》,广西教育出版社 2006 年版

② 原题为“巧妙调控”,参见郑立平,徐斌主编的《推敲新课程课堂(数学卷)》,广西教育出版社 2006 年版

掉绝对值符号后原来绝对值里面数的变化特点时，刚说完“绝对值里面是负号时，如果把绝对值符号去掉，则里面的数要变号”，突然有个学生怪声怪调地说：“变好？”紧接着另有学生嘟囔：“变好，还变坏呢！”顿时，全班大笑。我当时被激得有点气愤，但他们的插嘴却使我灵感顿生，我高声说：“太对了！就是要变好，大家要记住：绝对值就像监狱，如果坏人（也就是负数）要想从里面出来，就必须要变好（变号的谐音）。老师希望刚才那个同学变得更好！”于是，大家又一阵欢笑。

课堂的调控是一项非常复杂的工程，需要教师多方面的素养，尤其是现场的应变机智。这里，在面临学生突然的发难时，教师既没有暴跳如雷，也没有惊慌失措。而是灵机一动，敏锐地捕捉到学生发难之语中的可利用因素，及时出击，不仅维持了正常的教学秩序，还较好地完成了教学任务。于学生而言，既没有耽误大多数学生的学习时间，又对两名表现不好的学生进行了严肃的思想和纪律教育。于教师而言，机智的应变，不仅让教师的举止得当，而且使其获得了心理的满足，增强了自信，享受了教学的乐趣。

特别值得一提的是，教师通过比喻、谐音产生了较好的幽默效果。幽默的教学能让学生在轻松、快乐中学得知识、受到教育，增强审美能力，这是一种学生特别乐于接受的教学方式。美国的保罗韦地曾根据他收集到的 9 万封学生来信，概括出好教师的 12 种品质，其中有一条就是要具有幽默感，因为这样“每天她会带来少许的欢乐，使课堂不致单调”。J·道格拉斯·吉布比较了幽默和不幽默的授课，发现幽默的授课显然使学生记得更牢靠。苏联著名教育家维特洛夫甚至认为，“教育家最主要的，也是第一位的助手是幽默”。①

第三节　教学现场调适机智表现之二：善启发

有智慧的教师是善于启发的教师，启发集中体现了教师的教学智慧。“愤悱术”和“产婆术”是两种最具代表性的启发方法，它们分别发轫于东、西方古代的

① 李如密. 教学艺术论[M]. 济南：山东教育出版社，1995

文明,几乎在相同的历史时期,由东、西方文明杰出的两位圣哲——孔子和苏格拉底不约而同地提出。[①] 其博大精深的教学思想至今仍彰显出旺盛的生命力。

一、孔子的"愤悱术"

1. "愤悱术"的理解。

"启发"一词源于孔子《论语·述而》中"不愤不启,不悱不发。举一隅不以三隅反,则不复也"一句。宋代朱熹将其解释为:"愤者,心求通而未得之意;悱者,口欲言而未能之貌。启谓开其意,发谓达其辞。物之有四隅者,举一可知其三。反者,还以相证之义。复,再告也。""启"、"发"两字连成一词,《古汉语常用字字典》将其解释为"阐明事例,引起对方联想而有所领悟"。

《礼记·学记》进一步指出:"君子之教,喻也。道而弗牵,强而弗抑,开而弗达。道而弗牵则和,强而弗抑则易,开而弗达则思。和易以思,可谓善喻矣。"意思是说君子的教化善于晓喻,让人明白道理——引导学生而不去牵着他走,鼓励学生学习但并不抑制其个性的发展,启发学生而不将结论和盘托出。可见,启发式教学是我国历史悠久的教学传统,其中蕴藏的教学思想具有经久不衰的力量,深深契合今天的教学理念。首先,不仅重视学生认知的发展,还重视学生学习情感、态度的培养;其次,非常尊重学习者的主体地位,重视学习的过程,给学生自主思考的机会。

2. "愤悱"状态:启发的时机。

启发学生的最佳时机就是学生的"愤"、"悱"状态。此时,学生在学习情感上具有强烈的求知欲望,特别想把没有弄通的道理弄通,把讲不清楚的道理讲明白;在学习的认知方面,学生已经对学习的对象进行了全面的了解和深入的思考,思维已被激活,但是还没有打通。在这种主动的学习状态下,教师的任何一点指导都有助于问题的突破;在课堂氛围上,师生之间彼此悦纳,其乐融融,学生敢于沿着自己认为有道理的思路进行思考,敢于表达自己独特的见解;在教学方法上,教师根据学生的状况积极主动地采取不同的指导方式,因材施教,但又具有一个共同的特点——"喻",即不直接给予答案,保留问题与结果之间的适当距

① 孔子生于公元前551年,卒于公元前479年;苏格拉底生于公元前469年,卒于公元前399年——孔子早于苏格拉底82年出生

离，让学生"填空"。在"跳一跳，够得着"的情况下，学生是乐学、想学的。

3. 提供变式：启发的实质。

从中国传统的变式教学的角度来分析愤悱术，可以发现，"愤悱术"的实质是一种教师对学生进行恰当帮助的行为——提供事例，引起学生思考使其有所领悟。这既是"启发"一词的含义，也是"君子之教，喻也"之"喻"的意义所在。《古汉语常用字字典》对"喻"的解释有四条：① 晓喻，开导。《后汉书，隗嚣传》："今略举大端，以喻吏民。"② 明白，知道。《论语・里仁》："君子喻于义，小人喻于利。"③ 表达，说明。《荀子・正名》："单足以喻以一则单，单不足以喻则兼。"④ 比喻。《孟子・梁惠王上》："王好战，请以战喻。"这其中，"表达、说明"，"明白、知道"，是直接告诉学生答案，与"启发"的意义有些相左；"晓喻、开导"则可能是直接告诉，也可能是间接告诉——暗示；而"比喻"——打比方以说明，则是完全的暗示了。因此，我们可以说，启发式的主要方式在于提供事例以引起学生思考使其有所领悟。

教师对学生暗示和打比方所提供的事例，与要解决的问题之间必然存在某种相似性，但又不完全相同，两者之间存在一定的"缝隙"，由此我们可以认为教师提供的打比方的事例是要解决问题的一种变式。这种变式利用的可能是学生的生活经验，可能更为直观形象，也可能是在思维难度上较为小一点的问题。这种多样化为教师教学机智的展现提供了空间。

4. 由远及近：启发的原则。

既然启发的要旨在于为学生提供变式，那么变式与原对象之间就应存在一定的"缝隙"(即顾泠沅所说的"潜在距离")，教师的启发机智就在于根据学生的现场状况，及时地选择一个恰当的变式，使这种"潜在距离"恰好适合学生的思维"跳跃"到的高度。这对于某一个学生而言，恰当地选择一个变式可能困难不算太大，但对于一个班的全体学生而言，要满足大多数人的需要则是一个有一定难度的事情。为了解决这一问题，涂荣豹教授提出了一个策略——由远及近地进行启发。即在启发行为刚开始的时候，选取的变式要离研究的对象远一些，这样就为学业水平较高、思维反应较快的学生提供了思考的空间。当这种预想的变式遭遇学生的学习后，发现并不能适合他们或者大多数学生，这时教师就要调整变式，使"缝隙"变小一些。可见，教师选择的变式应是从学习对象的最远端(适合极少数学生)到最近端(适合所有学生)之间的连续体。而教师的教学智慧与机智就体现在灵活恰当的调整、选择之中。

例如,在前文提及的教学案例2《问题到底出在哪儿?》中,当教师发现学生根本难以解答所要解决的问题时,便及时地调整变式:“我们换一个题目,比如你每天吃2个大饼,5天吃几个大饼?”这个问题与原问题“一天耕地150亩,12天耕地多少亩”是同构的,属于一种水平变式,但数字变小了,生活的场景更加贴近学生,从而有利于学生思考解答。但是没想到学生的回答竟然是:“老师,我早上不吃大饼的。”这真是匪夷所思!教师只好顺下去,结果出现了更“搞笑”的一幕。“那你吃什么?”“我经常吃粽子。”“好,那你每天吃2个粽子,5天吃几个粽子?”“老师,我一天根本吃不了2个粽子。”至此,教师还没有发现学生“陷在”生活经验里,缺乏抽象能力的问题实质,还是一味地去寻找一个适合学生理解的变式。“那你能吃几个粽子?”“吃半个就可以了。”“好,那你每天吃半个粽子,5天吃几个粽子?”

终于寻找到适合学生的变式,但是这个变式又不完全契合原来的问题,因为新增了小数(半个),而学生还没有学习小数乘法,所以,这一变式问题的解决并不能够对原问题的解决构成帮助——学生对教师提供的这个变式问题的解决,并不是基于乘法运算的结果,而是依据生活的经验[①],或是利用累加的方式而得到的,而这显然偏离了原问题整数乘法的主题。可见,教师要想恰当地选择一个变式,需要对学生及其数学学习的深入了解,而这又是发生在课堂的现场,容不得教师长时间的思考。启发这一有效的教学方法的实施需要教师的教学机智,或者说,善于启发就是教学机智的体现。

二、苏格拉底的“产婆术”

1. “产婆术”的理解。

苏格拉底对教学的论述集中体现在其学生柏拉图的《柏拉图对话集》中,其中有一段是苏格拉底与小厮的对话(如表7-2),通过这个对话,我们可以理解苏格拉底“产婆术”的要旨和真谛:教师要像一位“产婆”那样,耐心地、一步一步

---

① 生活经验对数学问题的解决,往往与具体的情境联系在一起,其运用的数学知识与技能往往难以进行较大范围的迁移,即缺乏一定的普遍性

地帮助学生自己“生产”出知识。教师自己应是一个“一无所知”的人，他的作用就是不断地询问学生，请学生来说出他所知道的知识。

表 7-2 苏格拉底与小斯的对话

苏格拉底	小斯
你试着告诉我，前一个正方形的四条边是 2 尺长，面积是它的 2 倍的正方形，四条边是几尺长呢？	很明显，苏格拉底，是 2 倍长
你是说由 2 倍长的边构成了面积是 2 倍的大正方形吗？	我认为是这样
那我们就给你画一个这样的正方形。这是不是你所谓的 8 平方尺面积的正方形？	就是
这个正方形里不是有四个与原正方形相等的面积吗？	是的
那它有多大？不是 4 倍大吗？	怎么不是
这 4 倍和 2 倍一样大吗？	绝不是，宙斯在上
那么，那 8 平方尺大的正方形的边就该大于 2 尺，小于 4 尺	是啊
那你就试着说，你认为它有多长	3 尺长
3 尺乘 3 尺是几平方尺呢？	9 平方尺
那么，用三尺长的边也不能构成那八平方尺的正方形了	当然不能
那你给我们确切地说出是由哪样的边构成的。如果你不愿意说出数据，只要指出由什么边构成就行	宙斯在上，苏格拉底啊，这个我并不知道
你告诉我，这不是我们那个四平方尺的正方形吗？你懂吗？	我懂
我们就不能给他加一个与它相等的面积吗？	能
能再加上第三个与那两个一样大的正方形吗？	能
我们不能填上欠缺的那个角使它成为一个大的正方形吗？（见图 7-1）	是啊
整个面积是原来正方形的几倍？	4 倍
我们要得到的却是 2 倍的面积，你不记得吗？	正是
从一个角到另一个角的那条线（即正方形的对角线），不是将这 4 个正方形的每一个分成两个相等的部分吗？（见图 7-2）	是啊
这 4 条相等的线不是围成一个正方形了吗？	是这样
你看这个正方形的面积有多大？	我不了解

续表

苏格拉底	小厮
在这四个面积相等的正方形中,每一条线不是把每个面积分成两半吗?对不对?	是啊
在围成的那个正方形里,一共有几个相等的面积?	4个
在原来的正方形里有几个?	2个
4与2的比是什么?	是2倍
这样看来,围成的正方形面积是几平方尺?	8平方尺
由什么线构成的?	由这些线构成的
这些线智者们称之为对角线。枚农的小厮啊,你就由这原来正方形的对角线画出了一个2倍大的正方形。	那当然了,苏格拉底

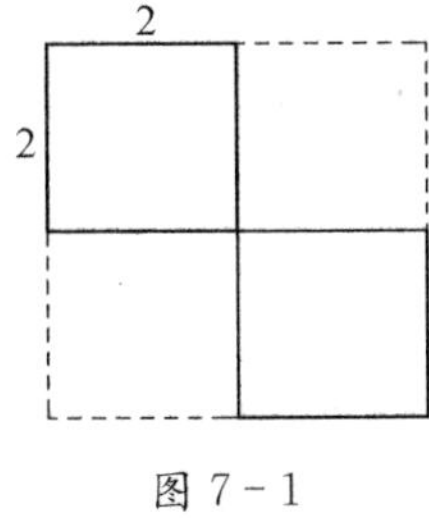

图7-1

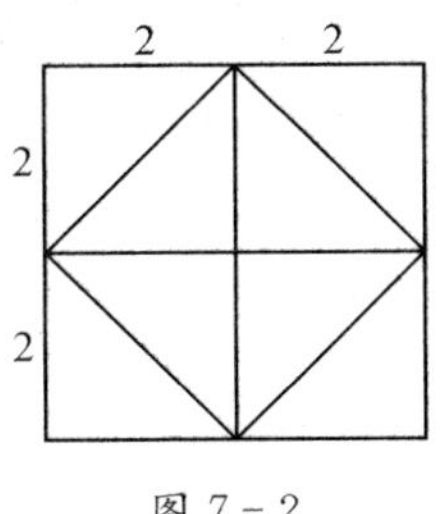

图7-2

2. 佯装无知:启发的策略。

“产婆术”能够成功实施的前提,就在于教师佯装无知。因为教师“无知”,所以学生才“勉为其难”地帮助教师一下,这出于学生同情弱者的善良天性;因为教师“无知”,学生才觉得应该去挑战一下教师都难以解决的困难,这是学生好胜天性的自然流露;因为教师“无知”,学生才有施展才能的空间——你直接告诉了我,我还有什么事做?因为教师“无知”,学生才有了探求的勇气——谁敢班门弄斧啊?

成功地佯装无知的前提则是教师对学生认知状况的深刻洞悉。诚如奥苏贝尔所言:假如我把全部教育心理学仅仅归结为一条原理的话,那么我将一言以蔽之曰:影响学习的唯一最重要的因素,就是学习者已经知道了什么。要探明这一点，并据此进行教学。如果不知道学生已经达到的认知水平，已具有了哪些知识，其困难在何处，教师的“无知”标准就难以确定，佯装就可能越位或者不到位，那“表演”就会露馅，学生就会不想行动、不敢行动、不会行动。

佯装无知的困难还在于教师要有真正民主的意识，能够真正放下身架俯就学生。没有坚定的民主教学信念，缺乏深厚的师德修养和坚毅的品质，在“蹲行”的长途中是难以坚持到底的。只有经过长期的修炼，达到大智若愚的境界，才能将“产婆术”运用自如。

3. 提供铺垫：启发的实质。

如果说佯装无知是“产婆术”的一种实施策略，那么为学生提供认知的铺垫则是其实质所在。教师佯装无知，是暂时“悬置”自己的知识，以学生的眼光来寻找和确定学习的关键和困难之处，以便提供恰当的帮助——铺垫恰当的台阶，让学生自己攀上去，摘取学习的果实。因此，启发的智慧不仅在于了解学生真正的认知水平，确定教师自己的“无知程度”，还在于教师能够寻找到学生乐于接受的“台阶”高度和样式。这不仅取决于教师对学生的了解，还与教师的经验、对数学知识的理解程度以及临场应变能力有关。丰富的经验可以帮助教师直接寻找到恰当的铺垫方式，这是基于长期积淀形成的直觉。对数学知识的深刻理解能够让教师根据学生所达到的认知水平，迅速、准确地确定与此相关的、具有不同“潜在距离”的“台阶”，并能够凭借临场的应变能力及时和恰当地推出。在苏格拉底与小厮的对话中，当小厮陷于困境——边长是3尺和4尺的正方形面积都不是8平方尺的时候，苏格拉底适时地推出了一个台阶：“我们能加上一个与它面积相等的正方形，再加上一个与这两个正方形一样大的面积，然后填上欠缺的那个角，这不是四个一样大的正方形吗?”这对整个问题的解决来说是最关键的一步，以下的对话都是建立在这个基础之上。显然，这个方法具有一定的创造性，小厮难以想到，但苏格拉底却已经深入研究过了。苏格拉底对这一问题解决的办法可能不止这一个办法，因此他要对自己已经具有的许多相关知识进行筛选，只有他认为这种知识较之于别的知识能更有利于小厮的理解，他才推出。而这一系列思维活动过程都发生在小厮陷入困境之后短暂的时间里，需要苏格拉底对知识转化的灵活性、敏捷性做保障。

4. 逐渐逼近:启发的原则。

“产婆术”实施中,教师的行为不能过急或过慢,他应顺着学生知识“生产”的程序和速度进行,“助产”过快和过慢都有伤知识的“产出”。逐渐逼近是“产婆术”的实施原则。

从苏格拉底与小斯的对话中可以看出,苏格拉底的“助产”是经过几个大的步骤实施的。一开始,小斯自以为知道问题的解决办法。如果此时苏格拉底就说他不对,然后直接将正确的办法托出,那小斯既不会承认自己的错误,也不会耐心接受苏格拉底的讲解。因此,此时首要的事情是让小斯认识到自己的错误。苏格拉底耐心地与小斯对话,让小斯逐渐陷入自相矛盾的窘境:边长是 2 尺 2 倍的正方形的面积却不是边长是 2 尺的正方形面积的 2 倍。面对这种情况,小斯必然会认为面积是 8 平方尺的正方形边长介于 2 尺和 4 尺之间。在一般人看来,2 和 4 之间的数是 3,这是再正常不过的事了。所以,苏格拉底再一次通过耐心的对话让小斯认识到这仍然是错误的。小斯再次陷入窘境,也就更加激发起他探求问题真相的兴趣。在这种情况下,苏格拉底才呈现出那非常具有创造性、一般人想不到的方法——再借 3 个边长是 2 的正方形来拼成一个大正方形。凭借着激发起来的兴趣,小斯耐心地接受了一系列可称得上冗长的对话,打通了思维的一个个关口,最终获得了真知。

从认知角度看,其“助产”的过程分成了七个步骤,如图 7-3 所示。

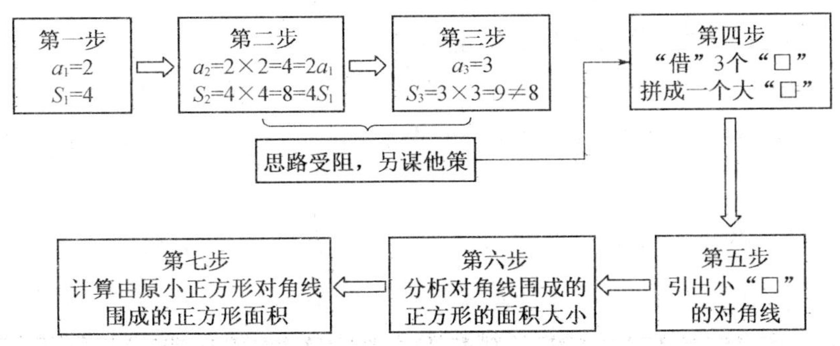

图 7-3 苏格拉底与小斯对话中的问题解决思维图

第四节　教学现场调适机智表现之三：妙应变

变化是绝对的，是世界存在的方式，静止是变化的一种相对状态。如前所述，课堂是由多因素构成的复杂系统，其变化的丰富性令人惊异。在课堂教学的旅途中，变化会导致紧张和恐慌，也会带来惊喜和激情。它能将课堂的车轮引向危途，也可将师生带向诗意的居所。而这全然取决于我们的心态和应变的机智。

一、课堂意外变化的类型

要巧妙应变，就要对课堂的变化进行了解。从本质上看，教学活动就是由一个一个的变化构成的，教学过程就是人的因素、物的因素、信息因素、时空因素等要素的变化过程。这其中，有预料之中的变化，更有意外的变化。

意外变化可以分为两种情况，一种是由教学行为引发的意外变化，另一种是非教学行为引发的意外变化。前者我们可称之为教学生成性事件，后者可称之为课堂突发事件。例如，学生突然大哭，如果是因为老师对他提问了一个问题引发的，就是一个教学生成性事件；如果是由于他身体的原因引起的，就是一个与教学行为无关的突发事件。教学生成性事件与先前的教学行为有关，它对于教师来说具有分析价值和警示作用，通过分析，教师从中可以获得很多收益，在今后教学中遭遇相似情况时能予以特别关注。与教学无关的突发事件往往事先毫无任何征兆，非教师所能防范。尽管两类意外事件的起因不同，但对于教师来说都属于应变处理的对象，需要教师即时的判断、决策和行动。

二、“救失”与“长善”：两种应变境界

应变从根本上说是一种被动行为，即根据已发生的情况采取行动，巧妙的应变属于被动机智。根据行动的结果，机智应变可以分为两类：“救失应变”和“长善应变”。

“救失”应变是指教师对发生于课堂中的偏离既定教学轨道的事件进行处理，其目标是消弭问题，使课堂回复既有轨道。“长善”应变是指教师在处理意外事件时，不仅能消弭问题，而且能借题发挥，大胆创新，取得超出预设计划的好效果，这就是我们常常所说的课堂“出彩”。

【案例6】 忘带小棒

李老师准备开设一节《三角形的认识》的公开课。课前特意要求学生自带一些不同长度的小棒,以便课堂上操作使用。没想到张民忘记带了,而同座王亮只带了一包牙签。

上课了,李老师请学生拿出其中的三根小棒自由地摆一摆,看一看能围成三角形的三根小棒的长度之间有什么规律。学生都立即行动起来,可是张民和王亮两人却弄出了很大的声响。李老师走过去,了解情况。原来张民因为没带小棒就想向王亮要几根牙签来摆一摆,不知怎么的,王亮就只给他两根牙签。张民没办法,就只好用自己的铅笔充当一根小棒。但是,由于铅笔太长,而牙签过短,张民怎么也围不成一个三角形。于是他非常着急,就嚷着要王亮再给他几根牙签,而王亮偏偏不肯给。李老师弄明白后很生气,先批评了张民没带小棒,然后命令王亮再给张民几根小棒,看到两人安静地摆起来,李老师就离开了他们。

【案例7】 当尺子模糊不清时

教学《认识厘米》时,学生认识了直尺上的刻度数、刻度线、刻度"0",查老师开始教学用厘米作单位进行测量的方法:"请用直尺尝试测量书上小棒的长度。"学生自主测量,然后全班交流测量结果,并用实物投影演示正确量法与错误量法,进行辨析比较。查老师对学生的测量方法进行小结:"测量一个物体时,可以把尺子'0'刻度对准物体的一端,再看这个物体的另一端对着刻度几,这个物体的长度就是几厘米。下面请同学们……"

话还没说完,有一个学生举起了手:"查老师,我尺子上的'0'已给被磨得看不清了,怎么办呢?"他边说还边高举着尺子,全班哄堂大笑。

一瞬间,查老师头脑中闪过许多念头:是批评?还是不予理睬?还是……对了,这么办!

"当尺子上的刻度'0'看不清或断了,没法再用'0'刻度去对准物体的一端了,你们还有办法帮他量出物体的长度吗?小组可以开展讨论、尝试。"

问题抛出,学生立刻投入了合作和探究中,热情高涨。有的说:"用笔把磨得不清楚的刻度描清楚。"有的说:"把清楚的刻度当做'0'刻度,几厘米自己再数一数。"有的说:"用后面大的刻度数减去前面小的刻度数,得几就是几厘米。"还有的不由自主拿着断尺边比划边说。查老师也受到了学生的感染,灵机一动,就随手在黑板上画了一把刻度不全的尺子，然后问："如果直尺上只看清1、2、5等几个刻度，你能用这把尺子测量出哪些长度？"

学生又投入激烈的讨论中……

可以看出《忘带小棒》中李老师的应变属于"救失"应变，而《当尺子模糊不清时》中查老师的行为就是一种"长善"应变。显然，这两种不同的应变，区分出了教师的不同业务水平。李老师可能心中想到这是一节公开课，有许多专家、领导和同行们在听课，出了乱子不好，所以急于将"问题"解决掉，这样他好回到预设的轨道上继续进行下一个既定的环节。也可能因为紧张，他没有察觉到这个意外的事件中蕴含着一个非常好的教学资源。如果他将这种情况拿出来让张民或全班同学来研究：为什么围不成？进而围绕这个问题再提出一系列问题让学生思考、讨论：如果换掉其中的一根牙签，那么这根小棒应该多长？要使铅笔和两根小棒能够围成三角形，你能想出那些办法？……

查老师的应变能力显然比李老师高出一筹，面对意外事件，查老师敏锐地捕捉到事件中蕴藏的宝贵资源，巧妙地加以利用，有效地促进了学生思维的发展，取得了意料之外的精彩。

三、学生学习错误的教学价值与利用

从教学机智的研究旨趣出发，我们所说的"错误"是指课堂学习活动中学生发生的学习方面的错误，而不是指学生课外发生的错误，也不是指课堂上发生的问题行为。①

1. 学生学习错误的教学价值。

尽管正确是教学的追求，但在这过程中却难以避免错误的出现。事实上，错误中往往孕育着比正确更为丰富的发现和创造因素。就学生而言，认识错误、纠正错误不仅是认知上的发展，还是学习意志力、良好学习习惯等非智力因素方面发展的机会。就教师而言，分析错误并寻求其原因，是教师了解学生和调整教学的最重要的依据。学生的学习错误是教学的宝贵资源。

---

① 从学科教学论的角度研究教学智慧，有必要将课堂上学生出现的错误区分为两类：一类是与学习活动有关的错误，另一类是与学生的道德规范、课堂纪律等非学习活动有关的错误。前者可称为学习错误，后者称为问题行为

具体而言,学生的学习错误对于教学活动来说具有以下几方面的价值:

第一,学生的学习错误是一种铺垫。人们常说“吃一堑,长一智”,说明学生在学习上犯下的错误,具有长智的功效。数学的抽象性和逻辑的严密性给学生的学习带来一定的困难,错误也就在所难免,然而这些错误中蕴藏的积极因素也是一种客观存在。学生的错误又可以分为合理性错误和非合理性错误。合理性错误是指,虽然学生回答的结果不完全正确,但是在这一结果的获得过程中却包含着合理性因素,通过对这些合理性因素的挖掘,可以产生非常有价值的教学效果。[①] 例如,对于问题:“服装厂三个车间共同生产一批服装,第一车间生产了计划的$\frac{1}{2}$,第二车间生产了计划的$\frac{1}{3}$,第四车间生产了计划的$\frac{1}{4}$,实际生产的与计划生产的相差几分之几?”一些学生这样解答:$1-\frac{1}{2}-\frac{1}{3}-\frac{1}{4}=\frac{1}{12}$。显然这一解答是错误的,但是其中的基本思路——求差,学生是掌握的,只不过是在谁大、谁小的问题上出现了问题。非合理性错误是指,不仅学生回答的结果是不正确的,而且这一结果的获得过程也很少具有教学意义,如课堂上完全由于学生不注意听讲、粗心大意而导致的答非所问现象。

对待学生的错误,我们应采取一种更为宽容的态度,应当努力去发现学生错误中所包含的合理成分。从建构主义的立场出发,由德林夫(R. Driver)和伊斯莱(Easley)在1978年首先提出的“替代观念(架构)”,现已逐渐取代“错误观念(架构)”这一传统提法并得到了广泛的应用。前者集中地体现了这样一种认识:学生所具有的观念,无论这是一种在学习前就已形成的“素朴观念”,还是在各种情景包括在学习过程中发展起来的“非标准观”,都是他们依据所具有的知识和经验主动建构的产物,从而就都具一定的合理性,特别是,这些观念很可能是由于不同的认识方式所造的,从而就不应简单地被看成纯粹的“错误观念”,毋宁说,它们构成与科学家的观念(这即是所谓的“标准观念”)相“平行”的另一类“替代观念”。当然,我们在此并不是要抹杀在“正确”与“错误”之间所存在的重要区分,而是从又一角度表明了深入了解学生真实思维活动的重要性,特别是,我们应当善于发现在学生的错误中所可能包含的合理因素。[②]

---

① 韩华球.错误:一笔重要的教学资源[J].课程·教材·教法,2005(3)

② 郑毓信.数学教育:从理论到实践[M].上海:上海教育出版社,2001

在课堂教学中，学生的学习错误往往可以成为高一级理解水平学习的“踏脚石”。① 教师如能敏锐捕捉到并予以利用，则会使学生的思维得到进一步培养。

【案例 8】 图形的对称轴

师：下面图形各有几条对称轴？仔细观察，你有什么发现？

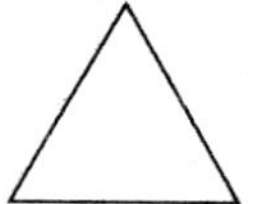 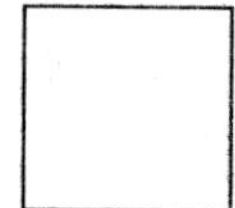 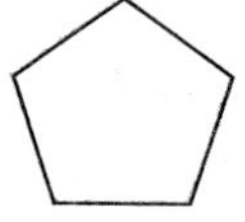 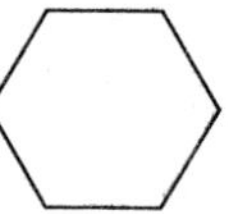

生：我发现三角形的对称轴是 3 条，正方形的对称轴是 4 条，五边形的对称轴是 5 条，六边形的对称轴是 6 条，有几条边就有几条对称轴。

师：大家同意他的说法吗？

生：我觉得这些图形的边必须是分别相等的。

师：嗯，有道理。你们看每个图形的边都是分别相等的。只要边分别相等的图形，它的对称轴条数就和边数一样多，你们同意吗？

生：（齐）同意。

师：（指着一个菱形）这有一个四边形，它的四条边都相等，你看看它的对称轴有几条？

生：（齐）只有两条对称轴。

师：看来刚才发现的结论还有些问题。

生：我认为除了边相等之外，还必须角也相等。

师：你的补充太好了！大家看，这些图形除了边分别相等外，它们的角也是分别相等的。像这样，每条边都相等，每个角也都相等，而且有几条边就有几个角和几个定点的图形，在数学上叫做正多边形。这些分别是正三边形、正四边形、正五边形、正六边形。大家想一想，正八边形的对称轴有多少条？正 n 边形的对称轴又有多少条？

生：正八边形的对称轴有 8 条，正 n 边形的对称轴有 n 条。

师：想象一下，如果正多边形的边无限地多下去，这个图形就会越来越接近

① 【美】加里·D. 鲍里奇. 有效教学（第四版）[M]. 易东平译. 南京：江苏教育出版社，2002

什么图形?

生:越来越像个圆。

师:那你知道圆的对称轴有多少条吗?

生:(齐)有无数条。

这里,教师充分利用学生的错误回答,帮助学生踏着这些错误一步一步地走向思维高处。学生的思维活动由具体的图形、有限的边数,逐渐向不确定的图形、无限的边数变化,而思维也逐步由具体迈向抽象。

第二,学生的学习错误让课堂充满活力。“文似看山不喜平”,课堂教学恰如教师引着学生看山,越是重峦叠嶂,观者兴趣就越浓,而“世之奇伟、瑰怪、非常之观,常在于险远”。所以,学生的学习错误构成了课堂教学的一种变化因素。

美国学者加里·D. 鲍里奇认为,要让学生积极投入学习过程,有一点很重要,那就是正确、迅速而肯定的回答只能达到中等或偏上一点的比例,没有必要要求每个学生的每个回答都正确。一旦产生了 60%～80%的正确答案,教师所创造的节奏和动力就能提高学生的注意力和参与积极性,并为高水平的任务做好准备。①

正是基于这样的考虑,许多有经验的教师往往在教学时故意制造“错误陷阱”,再让学生从中“爬出来”。

【案例 9】　老师,你误导②

教学《平行四边形面积的计算》,教师为了让学生经历更多的过程与学生进行了以下的对话。

学生 1 说:“我认为平行四边形面积的计算方法是用底乘高。”然后介绍了自己的验证方法:沿着平行四边形中间的一条高,将平行四边形剪拼成长方形……

学生 2 说:“我也认为平行四边形面积的计算方法是用底乘高。”接着也介绍了他的验证方法:沿着平行四边形上边端点引的一条高,将平行四边形剪拼成长方形……

---

① 【美】加里·D. 鲍里奇. 有效教学(第四版)[M]. 易东平译. 南京:江苏教育出版社,2002

② 华应龙. 华老师,你误导![J]. 小学数学教师,2005(3)

学生3说:“我没能猜出平行四边形面积的计算方法,我是这样来求的……”他将平行四边形纸片剪成两个直角三角形和一个长方形,然后将两个直角三角形拼成一个长方形……

学生4说:“我觉得平行四边形的面积是用长乘宽。因为平行四边形容易变形,可以转化成长方形。”

……

在学生展示完后,教师引导学生一一评价,着重解决第一、二、三种方法有什么相同点,为什么都要沿着高剪。

在评价第四种方法时,教师说:“这位同学提出了一个十分有价值的问题!请这位同学再说说是怎么想的。”

学生4站起来:“我用四支铅笔搭成一个长方形,再轻轻一推就成了一个平行四边形。长方形的面积是长乘宽,所以平行四边形的面积也是长乘宽。”

师:“非常感谢这位同学!他大胆地猜想平行四边形的面积是相邻的这两条边的乘积。”发言的学生满脸自豪。“现在,同意的请举手,不同意的请举手。”同意的只有五位,绝大多数不同意。“哪位来说说为什么不同意?”

有学生指着图说:“斜过来以后,这条边短了。”他的说法没有得到同学们的认可。

教师出马了:“现在我来解决这个问题,可以吗?”他拿出一个可以活动的平行四边形框架。“这四条边的长度没法改变。它的面积是相邻的这两条边的乘积吗?”学生中说“是”的比原先多了。“平行四边形容易变形,(拉动后)面积变了吗?能用相邻的两条边长度相乘吗?”学生纷纷思考。

这时,有学生提出:“老师,我能借用一下您的平行四边形吗?”“可以可以!”这位学生快步上前,将平行四边形框架反方向拉成一个长方形,“这样就能用相邻的两条边相乘!”同学们都笑了。教师未作评价,而是说:“赞成用相邻两条边的长度相乘的,请举手。”绝大多数学生举手了。“非常好!他找了个‘行’的例子。那你再看呢!”教师顺着学生刚才的方向,继续拉动平行四边形框架,直到几乎重合。

有学生惊呼:“我发现问题了!两条边长度没变,乘积也就不变,可是面积变了。”这下,认为“行”的学生也不说话了。

教师开始“画龙点睛”:“前三种方法,是通过剪拼,将平行四边形转化成了长方形,面积有没有变?”“没有。”第四种方法是将平行四边形拉成了长方形,面积有没有变?”“变了。”“两者都是转化成了长方形,但我们是要计算原平行四边形的面积,转化以后的面积能不能变?”“不能。”

忽然,第一个提出两条相邻边长相乘假设的男同学喊了起来:“老师,您误导!”

全班大笑。教师更是开怀大笑……

黑格尔说,错误本身乃是“达到真理的一个必然的环节”。正确,可能只是一种模仿;错误,却绝对是一种经历。放弃经历错误也就意味着放弃经历复杂性,远离谬误实际上就是远离创造。过度的防错、避错,缺乏对差错的欣赏与容纳,大大减少了学生扩展认知范围、提高认知复杂度、接触新发现的机会,使天然的好奇心、求知欲以及大胆尝试的探索意识被压抑甚至被扼杀,所伴随生成的个性特征和思维特征必然是谨小慎微、害怕出错,这与敢于冒险、在失误中开辟新思路的创造型个性品质和创造型思维品质是背道而驰的。一条缺少岔路的笔直大道,会使我们的学生失去很多触类旁通、联结新意向的机会,同时也由此失去了来自失误、纠偏和来自发现的快乐,因为顿悟是快乐的,这是学习和创造的心理动力。

案例9中,教师面对随机生成的错误,既没有视而不见、置之不理,也没有急于否定,而是将错就错、顺水推舟,将学生带入“柳暗花明”,享受豁然开朗的快乐。学生不仅学到了平行四边形面积计算公式这一具体的结果,而且在思想方法上有所收获;不仅能够正确地应用这一公式去求平行四边形的面积,而且能独立地发现平行四边形面积的计算方法,很好地理解了这一公式的来源。学生充分经历了探究平行四边形面积计算方法的思维活动过程,重知识更重方法,重结果更重过程。面对如此善于“误导”的教师,学生脸上自然会洋溢着灿烂的笑容。

第三,学生的错误为教师的专业发展提供契机。学生产生学习错误,原因是多方面的,既有主观原因,也有客观原因,其中客观原因之一就是教师教学上存在的问题。“没有教不好的学生,只有不会教的教师”。这句话虽然说得有点绝对,但还是说明了一些问题,那就是教师的教学是导致学生出现学习问题的一个重要因素。因此,正视学生的错误,正确地理解错误的意义,从学生和教师自身两方面寻找学生出错的原因，提高分析错误的能力，发展在教学现场纠正错误的教学机智就成为教师需要深入研究的课题。

首先，通过学生学习错误的分析，可以提高教师对学生的了解程度。美国教育心理学家奥苏伯尔认为，“假如让我把全部教育心理学仅仅归结为一条原理的话，我将一言以蔽之曰：影响学习的唯一最重要的因素，就是学习者已经知道了什么。要探明这一点，并应据此进行教学”。[①] 这也就清楚地说明了为什么许多数学水平很高的家长在教自己的孩子时没有取得良好效果的原因，即家长们缺乏教孩子的知识，而关于孩子的知识则是其中重要的构成。教师通过对学生学习错误的了解和分析，可以真实地了解到学生的认知方式，从而充实、补充和加深理解自己所学的心理学方面的书本知识。同时，能够找准学生的认知水平，使自己的“俯身”能够到位。

其次，学生的学习错误构成教师教学反思的主要内容。教学反思是教师专业发展的重要途径，教学反思就是教师以自己的教学活动为思考对象，对自己在教学中所做出的行为以及由此所产生的结果进行审视和分析的过程。如上所述，学生的许多学习不良反应是与教师的教学行为有密切关联的，有些学生的学习错误就是由于教师的教学方式方法的不当而导致的。对学生学习错误的分析，其实质就是在反思自己的教学行为，从而为教师今后的教学提供警示、借鉴和导向。

2. 错误资源的利用。

许多教师和研究者将学生的学习错误作为一种教学资源来看待，但这种资源的利用与教具、学具等资源的利用有着一定的差异。一是学生的学习错误资源不是显性地、预先地摆在教师面前，需要教师在教学现场及时地捕捉，然后进行分析，洞察其中的有利因素，再通过适当的方式加以利用；二是学生的学习错误因时、因地、因人、因内容等而变，对错误资源的利用应根据具体情况适时调整；三是学生的学习错误是柄“双刃剑”，用得不好会“砍伤”自己——因为，若简单地否定错误，或者重复不当，或者提前“打预防针”，很可能使错误在学生的大脑中留下深刻的印象，这会对正确的理解和记忆产生副作用，导致“惑之不解，终

---

① 【美】奥苏伯尔. 教育心理学[M]. 佘星南等译. 北京：人民教育出版社，1994

为惑也”(荀子语)的不利局面。

合理利用学生的学习错误这一资源,前提是必须对学生的学习错误进行具体的分析。具体而言,就是要弄清楚错误的类型和学生出错的原因以及出错后的心理状态。学生出错的原因有主观的原因(如态度、能力等)和客观的原因(如问题的难度等),主观的能力通常是相对于客观的问题难度而言的,反之亦然。从学生出错的人数上看,存在普遍错误和个别错误之分。我们可以根据学生思维的态度(积极、消极)、问题的难度(大、小)和出错人数(普遍、个别)三个维度建立一个错误类型的立体结构模型(见图 7-4)。这样我们可以将错误类型分为以下八种:(1) 积极—难度大—普遍;(2) 积极—难度大—个别;(3) 积极—难度小—普遍;(4) 积极—难度小—个别;(5) 消极—难度大—普遍;(6) 消极—难度大—个别;(7) 消极—难度小—普遍;(8) 消极—难度小—个别。

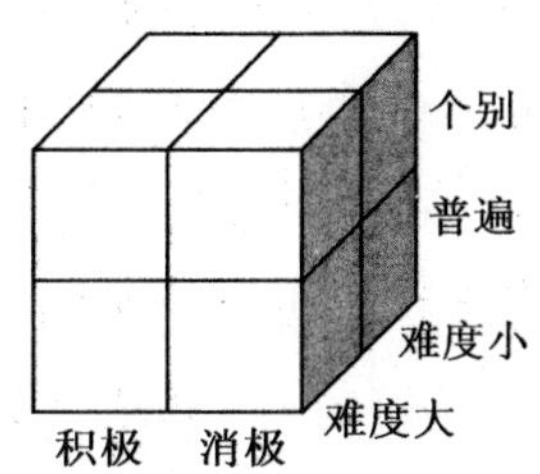

图 7-4 学生学习错误类型模型

从原则上说,处理学生的错误是没有定法的,正所谓“用法之妙,存乎一心”,但并不排除我们作静止的理论推演。根据上面八种类型的错误,我们可以作出不同的处理。

(1) 积极—难度大—普遍。面对难度较大的问题,学生能够积极思考,这是我们教学追求的理想状态,也是教学成功的表现,不论学生的解答是否成功,我们都应当予以肯定和表扬。普遍地出错,表明我们的备课不够充分,设计没有找准学生认知的“最近发展区”。错误在教师而不在学生。

(2) 积极—难度大—个别。学生积极思考难度较大的问题,而且只有少数人出错,这是成功的教学。少数学生出错是正常的,我们不可能让所有学生的发展处于同一水平。但是,我们应当充分关注少数出错的学生,可对他们进行一些鼓励。对于错误,不需要集体讲解,可以利用课后的时间进行个别辅导,针对性地解决问题。

(3) 积极—难度小—普遍。学生认真思考难度较小的问题时，一般情况下是不会出现普遍错误的。如果出现了这种情况，那就表明教学存在某种过失。或是知识点教学的缺漏；或是平时对学生的要求不严，学生的基本功不扎实；或两者兼而有之。责任主要在教师，在严格要求学生的同时，要集体补课，将缺漏补上。

(4) 积极—难度小—个别。学生积极思考了难度较小的问题，只有个别学生出现错误，这是比较正常的教学结果。教师不必公开批评出错的学生，或指出他们的错误。但课后一定要进行谈话，指出及时改正错误的重要性，进行细致的辅导，防止出现"掉队"现象。

(5) 消极—难度大—普遍。面对难度较大的问题，学生表现出畏难情绪和消极态度，出现较多的错误，这很正常。此时教师不必对错误一一讲解，可让解题成功的学生来"现身说法"，教师进行适当的点评。重要的是要对学生进行思想教育，帮助他们端正态度，树立不畏困难、战胜困难的信心。

(6) 消极—难度大—个别。面对难度大的问题，大多数学生会消极地面对，只有极少数优秀学生才会喜欢这种挑战。正常情况下，难度大的问题学生出错的人数就多。但是，在难题有具体解法可"套用"的情况下也可能出现个别出错的现象(当然，这时的问题并没有得到真正的解决)。

(7) 消极—难度小—普遍。对于学生而言，任务的难度适中是最能激发出积极性的。如前所述，60%～80%的正确率的情况下，学生更易于投入学习活动。如果难度太低，学生可能有被"看不起"的感觉，很可能采取消极态度，敷衍了事，反而导致普遍错误的出现。

(8) 消极—难度小—个别。不论任务的难度大小，课堂上总会有个别学生"不在状态"，其任务完成不能令人满意。对此，教师要在不影响大多数学生的情况下予以提醒。

总之，将学生学习错误当做资源来看，是一种教育观念的积极转变，而真正地在课堂上得以实现，则需要教师的教学机智。

第八章　小学数学教师教学智慧发展策略的建构

对教学智慧的理论探讨和实践研究，目的在于揭示教学智慧何以能够作为教师专业发展的标志和追求境界，进而为教师教学智慧发展提供依据，指明方向。基于以上各章的研究，本章将就小学数学教师教学智慧发展的策略展开研究。

第一节　教师教学智慧发展的语义分析及意义

对研究对象语义的不同理解，会导致研究思路、研究内容和研究方法的不同，“教师教学智慧发展”就是一个具有不同语义的概念。

一、教师教学智慧发展的语义分析

1. 静态和动态两种视角的语义分析。

从静态的视角看，“教师教学智慧发展”是指教师教学智慧发展所达到的程度和状态，是教师教学智慧发展行为的结果。

从动态的视角看，“教师教学智慧发展”是指促进教师教学智慧发展的行为及过程，是实现教师教学智慧发展的手段。

2. 作为行为过程语义下的“教师教学智慧发展”

就作为行为过程语义下的“教师教学智慧发展”而言，也存在两种不同的理解。这主要是从发展的实施者角度来进行区分的：一是指教师自己作为发展的主要实施者，去发展自己的教学智慧；二是指教师的教学智慧更多的是在外力的作用下得到发展。

问题的复杂性不止于此，“教师教学智慧发展”中的教师还包含教师个体和教师群体。如果仅指教师个体，那么其他教师也就构成了外力实施者。

鉴于以上的语义分析，本研究将“教师教学智慧发展”中的教师界定为教师个体。这样，研究的内容就可分为教师个体自主发展教学智慧和借助外力发展教学智慧两个方面。

第二节　教师教学智慧发展的外力支持

相对于教师个体而言，外力支持者可以包括除教师本人之外的所有个人、组织和机构，如同伴、领导、学生及家长、教研机构（主要包括教研室和教科所）及其成员、大学及其教师、教育教学管理部门及其工作人员和社会其他相关人员等。

一、外力支持对教师教学智慧发展的多重性作用

外力支持者从自己独特的教师发展观念出发，对教师教学智慧发展予以不同的理解，给予不同支持，而这就导致了外力对教师教学智慧发展的复杂性。

1. 必要性：促使发展的强迫力量。

管理心理学认为，每一个人都有自己的“舒适地带”，即有自己熟悉的活动范围和经验，在其中就会觉得安全、舒适和稳妥，一旦逾越，则便感觉会遇上困难、麻烦、危险和挑战。因此，教师出于他们对未知事物的恐惧或对超越自我“舒适地带”的犹豫，而可能不愿意去改变自己业已习惯了的教学及其生活方式。而且，相对于从事其他职业的人而言，选择教师职业者更喜欢安定的生活节奏，崇尚精雕细琢的教学艺术以及体味独处的快乐。[①]

从实际情况看，一些教师在教学传统影响下已经养成了两类不良的教学习惯——“搬运工式”和“捆绑式”教学方式。[②] 在前一种方式中，教师在整个教学过程中所做的主要工作就是简单的“搬运”，即把所要教的知识内容从教科书、教学参考书搬到教案上，然后再从教案搬到课堂上告诉学生，一个教学流程就算完

---

① Wagner, T. Leadership for learning: An action theory of school change, Phi Delta Kappan, 2001(5)

② 田慧生.时代呼唤教育智慧及智慧型教师[J].教育研究，2005(2)

成了。其间，教师很少有创造性行为——深入解读教学内容，根据学生学习实际情况设计教案，在教学现场进行机智调适。在后一种方式中，教师控制、牵制着学生的整个思维活动，具体体现在：过分重视知识的传授和技能的训练，引导过多，暗示过强，揭示过快，留给学生自主思索和探索的空间过小；过于关注预设目标的完成，不能重视和恰当处理课堂中生成的问题；评价上过于重视标准化答案。凡此种种，很难寻觅到教学智慧的身影。为了发展教学智慧就要告别这样的教学状态，摆脱这样的教学生活方式。毫无疑问，这既需要教师自己的努力，也需要“外来力量”的帮助。

2. 充分性：提供发展的支持力量。

对于积极寻求教学智慧发展的教师而言，外力给予的支持越充分越好。这个外力支持包括动力系统和技术系统两方面：动力系统解决的是教师想发展、愿发展和乐发展问题，技术系统是解决教师能发展和如何发展的问题。前者中，教学评价是一个关键因素，要从评价主体、评价标准、评价方式和评价目的上全面创设适宜于教师教学智慧发展的良好环境；对后者而言，专家引领和同伴协助则是两个最主要的因素。那种“假、大、空”式的教学研修活动不仅不能真正有效地促进教师教学智慧的发展，而且浪费了教师的大量精力。如何进行有效的外力支持，是学校管理者和教研部门及相关研究者应该深入研究的问题。

3. 局限性：外力支持的价值取向。

对于众多的外力支持者来说，囿于自己的教师发展观念、自己独特的利益诉求和生活场域的限制，往往会形成自己特有的发展目的，希望通过自己的力量影响甚至控制教师教学智慧发展的方式和程度。在众多的外力支持者中，教学管理者（主要指教育管理部门、学校教学管理者）、教学研究者（主要指教研机构及人员、大学的教学及研究者）、教学合作者和教学接受者（主要指学生及家长，其实也是另一种教学合作者）分别具有行政管理的权威、教学专业的权威和社会文化的权威，他们依据自己的权威对教师专业发展赋予自己的诉求。

其中，教学研究机构最主要的职能就在于研究教师及其教学，进而促进教师的专业发展，因而最应有助于教师教学智慧的发展。然而事实并非如此简单，仔细审视目前各国实施的、主流的教师专业发展模式，即由政府发起的、指令性的教师发展模式和由大学提供课程、工作坊、研讨和讲座等形式的发展模式，我们会发现，教师是无法操控自己的发展计划的。在由政府、大学（我国还有教科研部门）和中小学教师组成的决定教师专业发展之优先次序和目标，以及确定资源分配等问题的三角关系中，基本上都是由前两者从各自的利益出发，设定在职教育的议程，教师依然处于弱势的第三者地位。在大学和研究机构提供的教师专业发展计划中，主要是传递信息、提供观念和训练技能，而忽视了对教学进行深层次的思考、不断地尝试和实验以及开展批判性反思和讨论等现代教育改革所主张的信念、知识和实践；提供的课程过于学术化，与教师实际的工作情境相去甚远，在贯彻过程中又常常缺乏跟进。更为严重的是，这些计划通常是以摧毁教师的既有信心为开端的，并在所谓“专业发展”的过程中，要求教师接受一套现成的、权威的、真理式的知识，使教师固有的实践理论遭到忽视，固有的教学行为和观念受到批判。① 一时间，许多教师似乎变得不会教学了，不得不接受强加于身的“规训”。在这种情况，教师得到的不是教学智慧的发展，而是挫折感和被规训感。

可见，许多外力支持者都会在一定程度上构成教师教学智慧发展支持的局限性。

二、主要外力支持者及其支持

从教师教学智慧发展的角度看，教师所在学校、教学研究及其管理部门、所教学生及其家长是外力支持中最主要的三种力量，它们对教师教学智慧的发展具有较大的影响作用。

1. 教师所在学校。

在当前的教师管理制度下，教师的发展很大程度上是一种校本发展。即教师必须凭借学校的资源来发展自我，因而其发展受制于学校并服从于学校的需要。由于学校具有自己的利益诉求②，它与教师的利益诉求存在大同小异的关

---

① 操太圣，卢乃桂. 同伴协作与教师赋权——教师专业发展新视角[M]. 北京：教育科学出版社，2007

② 《中华人民共和国民办教育促进法》第五条明确规定：国家保障民办学校举办者、校长、教职工和受教育者的合法权益。由此可以推定学校因其举办者具有自己的利益诉求。就义务教育的公办学校来说，举办者是县级以上人民政府，理论上其服从社会公益需要。但在现实社会中，在校长负责制管理体制下，学校利益往往体现为地方政府、教育管理部门和学校实际管理者的需要。

系。这体现在学校发展与教师发展上，两者并不总是协调一致。根据教师的“个体发展—群体发展”和学校的“眼前发展—长远发展”两个维度的组合，可以得到如下的关系：

(1) 学校长远发展与教师群体发展之间存在着一致性。学校越发展，给教师带来的发展空间就越大，提供的发展资源就越多；教师的发展离不开学校的支持，不能脱离学校实际的发展水平。同时，教师的发展对学校来说有重要的意义，教师群体越发展，学校的办学质量就越高。教师发展既是学校发展的支持力量，又是学校发展的标志之一。从总的趋势上，两者之间是一种相互一致和彼此促进的关系。

(2) 一般情况下，学校的长远发展并不取决于某个教师的发展。但是，少数“突出”教师对学校长远发展的影响力可能是巨大的。例如，斯霞老师就给南京师范大学附属小学的长远发展带来积极而巨大的影响。

(3) 学校的眼前发展需要教师群体的努力，但学校可能为了眼前的发展而牺牲教师群体的发展。例如，学校为了升学率而让教师加班加点，从而导致教师学习研究时间的减少等。

(4) 一般而言，学校的眼前发展不会取决于某一位教师的发展。但有时少数“突出”教师对学校眼前发展具有较大的影响作用，例如，由于某位教师的体罚行为导致学生受到伤害，在社会上产生不良影响，从而使学校声誉受到侵害。

毋庸讳言，在现实情况下，许多学校追求的是自己(校长为其代表)的眼前发展，决策时往往从眼前利益出发。对教师发展的考虑通常是站在学校的立场，维护学校的利益。学校的眼前利益是许多学校确定教师个体发展的主要出发点。

教师教学智慧的发展在受制于学校需要的同时，还受制于学校的支持能力。具体而言，学校的教学文化传统、教研风气、管理风格、学生及家庭背景等因素，决定了教师教学智慧发展的方式与结果。

一所学校的教学在长期的积淀中会形成一定的传统。例如，有的学校崇尚踏实而严谨的教学风格，主张通过精讲和精练来提高学生的成绩；有的学校则长期进行某项教学改革，逐渐形成了独具特色的教学方法或课堂教学模式，等等。

这些教学传统必然会影响着教师教学的观念和行为，形成特定的教学实践知识，进而影响教学智慧的具体构成。

教师教学智慧的发展需要同伴协助和自主反思，而这两方面都受到学校教研风气的影响。在一所教研氛围浓郁、同事关系融洽的学校，教师之间的切磋交流就较多。就此而言，学校教师人数的多少也构成了教学智慧发展的一个因素。因为在一般情况下，教师人数较少的学校，教师的交流相应减少，同伴互助行为也相应变少。同样地，在教研氛围浓郁的学校中，叙事研究、案例分析、听评课活动、撰写教科研论文等活动开展较多，这在一定程度上推动了教师反思活动的开展。

2. 教学研究及其管理部门。

对于教学研究及其管理，除了学校内部的管理部门外，基层中小学教学研究室担任了主要的职能。教研室是由各级地方教育行政部门设置的，承担中小学教学研究和学科教学业务管理的事业机构。它有两大基本职能，即教学研究和教学管理，具体又细化为：开展教学研究、充当行政参谋、编写补充教材、组织教研活动、推动教学改革、指导和帮助教师开展学科课外活动、开展教学评价等。作为教学及管理的权威机构，它对教师教学智慧的发展所具有的影响与作用不言而喻。

3. 所教学生及其家长。

教学活动是由教师和学生共同完成的，从这个角度说，学生不构成教师发展的外力。这里之所以将其视为外力之一，主要是基于其家庭背景的考虑。因为家庭经济和文化背景不同的学生在学业支持（如知识储备、家庭辅导和文化倾向等）和学业受关注程度方面是不同的，而这些会对教师的教学内容选择、教学方方法运用、教学目标确立等产生影响。

第三节　外力支持下教师教学智慧的发展

一、外力支持下教师教学智慧发展策略选择与建构的依据

不同的外力支持者具有各自不同的优势，可以形成多种教学智慧发展策略。

美国西北地区教育实验室下属的数学与科学教育中心曾经将教师发展策略归纳为以下八种：工作坊和学会、研究小组、沉浸活动、行动研究、检查学生工作、课程发展或改变、辅导和指导、课程实施或替换。① 这些策略分别有助于不同发展目标的达成(详见表8-1)。

表8-1　教师专业发展策略选择

专业发展不同目标	发展意识	建立知识	将新知转化为实践	实践新方式	反思
可选择的专业发展策略	工作坊和学会研究小组	沉浸活动、工作坊和学会、检查学生工作、行动研究	课程发展或改变、研究小组、检查学生工作、辅导和指导	课程实施或替换、辅导和指导	行动研究、研究小组、检查学生作业

小学数学教师教学智慧的发展策略选择和建构，当然不可能照搬以上的策略，要根据小学数学教师教学智慧的独特构成，结合小学数学教学研究的实际情况来选择和建构。

根据小学数学教学智慧的结构模型，我们可以将小学数学教师教学智慧发展的目标定位于以下四个方面：教学理论性知识(包括数学知识、教育学知识、心理学知识和一般文化知识)、教学实践性知识(包括教学经验、教学惯习和教学隐性知识)、情感系统(包括师德、师爱、责任感等)和信念系统(教学观、学生观、课程观等)。

同时，关于教学智慧发展外部因素作用认识调查研究的结果，为我们构建教师教学智慧发展策略提供了实践的支撑。首先，课堂是教学智慧发展的主要场所，发展策略要围绕这个中心。其次，教师特别喜欢互动式教研方式，这为我们对外力支持的研究指明了方向。

基于教学智慧素养发展需要和一线教师问卷、访谈研究的结果，我们选择和建构了以下八种发展策略：备课组活动、听评课、同侪互助(“师徒结对”是其中一种正规化形式)、名师示范课及讲座、教学沙龙、课题小组、读书会和专家报告。

---

① 转引自操太圣，卢乃桂. 同伴协作与教师赋权——教师专业发展新视角[M]. 北京：教育科学出版社，2007

(1) 备课组活动。备课组是中小学教师开展备课活动的组织,通常由任教相同学科的教师组成,一些大学校则由同年级的同学科教师组成。备课组的具体任务是:在规定的时间里,一起研读教材,分析最近所要教学的内容的重点和难点,理清教学思路,互相提醒一些要注意的问题,并对教案编制、作业设计、考试评价等进行布置和分工。通常由组长组织,教师轮流主讲。备课组活动有助于教师加深对学科知识的理解,运用教育学和心理学知识,发展教师的 PCK。

(2) 听评课。这里主要指同一所学校的教师之间相互进行的听课和评课活动,即由某位教师选定教学内容,进行备课,然后大家一齐听课,课后集中对教学设计及现场执教行为进行交流和评价。通常在负责人主持下,先由执教者说一说自己的设计意图与执教感受,然后大家轮流说出自己的意见,最后负责人进行总结。评课时,教师大多习惯于两分法思维方式,将课分成优点和缺点两方面,在此基础上再提出一些自己的设想。听评课有助于教师反思自己的教学,有助于教学内容知识、学生学习知识、教学设计知识的获得和实践经验的积累。

(3) 同侪互助。这是指教师同伴之间进行的指导和互助行为。富有中国特色的"师徒结对"是其中的一种正规化形式,即同伴中教学水平较高的教师作为师父给予教学水平较低的教师——徒弟教学上的帮助和指导。这特别有助于新手教师迅速适应教学工作,获得教学技能,形成教学信念,积累教学隐性知识。因为师父的言传身教中除了显性的知识外,还蕴藏着许多隐性知识。

(4) 名师示范课及讲座。这是教师非常喜欢的一种外力支持形式,通常由学校出面邀请业内公认的具有一定知名度的教师上示范课,然后结合课例开设讲座和现场交流。示范课不仅能让教师学到具体的教学方法,还有助于教师直接学习到名师的教学智慧,感受到名师教学的艺术风格。讲座和交流则有助于教师深层次地反观自己的教学实践,解决教学中的疑难困惑。

(5) 教学沙龙。教学沙龙比较适合青年教师的特点,主要做法是:大家围绕某一主题进行漫谈和交流。它有助于教师获得一些新资讯和新知识。其成效往往取决于组织者的策划和组织。

(6) 课题小组。这是围绕某一课题组成的研究小组的活动,教师根据课题研究的需要分工合作,共同完成具体的研究工作。这有助于某一具体问题的解决,有助于教师教科研知识的获得。

(7) 读书会。这是一种以介绍各自所读书籍内容、交流读书心得为主要内容的教师发展策略。它有助于教师获得各种理论性知识,进一步拓宽视野。

(8) 专家报告。这里的专家主要指大学和各种研究机构的研究人员,他们往往具有系统的理论知识和较强的教育科研能力。其最大的特点是报告中常常传递出许多教育教学前沿资讯,但同时又往往存在与教师教学联系不紧、空洞说教的弊端。

教师教学智慧发展存在不同水平和不同阶段,因而其发展目标也各不相同。要达成这些多种目标,需要统筹运用各种发展策略(见表 8-2)。

表 8-2　教学智慧发展策略选择

教学智慧发展的不同目标	教学理论知识	教学实践知识	情感系统	信念系统
	包括数学知识、教育学知识、心理学知识和文化知识	包括教学经验、教学惯习和教学隐性知识	包括师德、师爱、责任感等	教学观、学生观、课程观等
教学智慧发展的不同策略	备课组活动、专家报告、课题小组、读书会、教学沙龙	备课组活动、听评课、同侪互助、名师示范课与讲座	名师示范课及讲座、同侪互助、专家报告	名师示范课及讲座、同侪互助、专家报告、教学沙龙

二、小学数学教师教学智慧发展策略之一:师徒结对

1. 同侪互助是教师发展的一条有效策略。

Willis 指出,最好的教师发展策略应该是寻找恰当的途径向最成功的同事学习,这是一个互惠的过程,那些专家教师在此过程中也获得教学反思且与其他同事分享经验的机会。① 调查结果也显示,在列举的 8 种对教师教学智慧发展有促进作用的外部因素中,同伴切磋的作用值位列第一。

同侪互助从词义上看,有同辈指导、同辈辅导、同伴指导之意。具体指教师工作在一起,形成伙伴关系,通过共同阅读、讨论与示范教学,特别是用系统的教

① Willis, S.. Creating a knowledge base for teaching: A conversation with James Stigler. Educational Leadership, 2002

师观摩与反馈等方式，来彼此学习新的教学模式或检讨、修正已有的教学技巧与策略。①

一项研究曾经让一群教师接受为期三个月的有关某项特殊技能的培训，其间让一半教师接受同侪教导，结果发现这部分教师中有75%的人可以恰当地将学习到的新技能运用到自己的课堂上，而另一半没有接受同侪教导的教师只有15%完成新技能的迁移。另一项研究则检讨了三种不同的培训工作：(1) 仅仅是工作坊；(2) 工作坊加同侪指导；(3) 工作坊加培训者指导。结果发现，培训效果依次为第二种＞第三种＞第一种。② 这两项研究表明，同侪互助确实是一条促进教师专业发展的好策略。显然，同侪互助不仅能够使教师在思想、信念和态度等方面相互影响和促进，改变封闭、保守的心智模式，而且由于彼此是"懂行"的"旁观者"，因而有助于将教学机智的隐性特质显性化，在相互启发、切磋、帮助的过程中，促进反思、提升品质、共享智慧。③

2. 师徒结对是同侪互助的一种优化和制度化形式。

对于教学机智的养成，主体性的践行省思固然重要，但问题是，如果没有人帮助教师对实践进行反思，没有人向他们教授崭新的教学策略，没有人提供激化改进的元素，大多数教师不会在行为上发生改变。④ 只有教学智慧水平相当的教师一起切磋的教研活动曾被人俗喻为"萝卜烧萝卜，一个味"。显然，同侪互助策略的良好效果的实现，还需要一个引领者和指导者的帮助，也即出现"萝卜烧肉的滋味"。

师徒结对的方式可被看成是同侪互助形式的一种制度化和优化的形式。因为师父是具有较高教学智慧水平的同事，所以师徒之间既能和谐融洽地相处，同时徒弟又能获得有效的指导。正因为如此，现在美国在新教师的校内培养上启用了新型的师徒培养方式——认知师徒制⑤。这种认知师徒制强调指导教师

---

① 张仙，黎加厚. 同侪互助：教师培训的新方式[J]. 中小学信息技术教育，2007(3)

② Lam, Shui-Fang. Educators' opinions on classroom observation as a practice of staff development and appraisal[J]. Teaching and Teacher Education, 2001(2)

③ 李允，李如密. 教学机智的意蕴、要求及修炼[J]. 教育科学研究，2008(6)

④ 庞丽娟，易凌云. 论教师的缄默性个人教育观念及外显化[J]. 教育研究，2005(7)

⑤ Ingersol,l R. M. The Problem ofUnqualified Teachers in American Secondary Schools [J]. EducationalResearcher, 1999(2)

与新教师双方高级认知活动的绝对参与，强调双方认知活动的自主与自由，认为这样才有利于双方共同成长，尤其有助于新教师掌握基本的教学常规，促进其自我监控与调节能力的提高，成为反思型实践者。美国地方学区、学校据此培训指导教师，通过规定指导教师与新教师的责任与权利，取得了明显成效。①

其实，师徒制在我国具有深厚的历史积淀，并已总结出许多宝贵的经验，如"严师出高徒"、"师父领进门，修行在个人"等辩证的观点。师徒制在职业教育中比较盛行，因为许多的职业工作需要大量的经验，这些经验中蕴藏着大量难以言明的隐性知识和隐性经验，必须通过体察、模仿的方式方能获得。所以，波兰尼才说：在技能技巧学习过程中，"好的学习就是服从权威。你听从自己导师的指导，因为你相信他做事的方式，尽管你并不能分析和解释其实际效果。通过观察自己的导师，通过与他竞争，科研新手就能不知不觉掌握科研技巧，包括那些连导师也不是非常清楚的技巧"。②

如前所述，教学活动是一个复杂的系统，其中充满的不确定性。面对学生、教学内容、教学媒体、教学方法等众多因素的交织互动，教师不可能用一种单一的理论去应对，更不可能用一整套预设的方案去处理。因而，教师必须保持一定的"认知弹性"(cognitive flexibility)，以一种灵活机智的方式来应对，由此形成了一种"复杂的结构不良的知识"(complex and ill-structured knowledge)。对于这种复杂的结构不良的知识，教师不可能通过某一种清晰的描述方式而获得，只能依靠观察、体悟和反思来获取。

同时，教师职业中充满了社会性的活动，蕴藏着大量的隐性知识和经验，教师的一个眼神、一个动作、一个语调的微小变化都具有教育的意义。教师的师德、师爱、信念、价值观、人生观对教学都有潜在的影响，它们都是教学智慧的动力和监控系统，而这些并不是通过纯粹的语言方式所能够传达出的。对于徒弟教师而言，榜样的力量是无穷的，这是说榜样的力量非常地大，以至于语言文字等显性方式难以表达和传递，需要我们用全部的身心去感受、获取。所谓"身教

---

① 杨翠蓉. 美国新教师培养中的认知师徒制[J]. 教育评论，2009(2)

② M. Polanyi. . Personal knowledge: Tonard a Post-critical philosophy, London and Henley, Routledge & keganPaul, 1958

重于言教”，就是对此所作的经验总结，而无言之教也就成为了教师追求的至高境界。

3. 师徒结对的实施要领。

对于身处文化多元化、信息网络化和知识经济化的现代社会的教师来说，师徒结对这种古老的教学方式需要与时俱进，进行适应性改造。在师徒关系、教与学的方式方法、教学目的上，都要根据现在学校所处的环境和教师面临的实际工作情境进行创新。具体要注意以下几点。

第一，师徒关系的建立要合理、合法、合情，即不能“拉郎配”。要根据师徒双方的意愿、性格、教学水平等多方面条件来确立师徒关系，一旦确立则必须具备一定的约束力。根据结对的不同目的，师徒关系存在多种类型，如新教师入职指导型、教学问题解决型、潜在名师培养型等。不同的类型，师徒结对的原则、方式等都不同。

第二，作为师父的教师一定要不断提高自己的教学水平，更新自己的教学观念，不断发展自己的教学智慧。特别是要通过带徒弟来提高自己，即实现教学相长。“吃老本”，思想固化，死抱旧经验不放，不仅害己而且害徒弟。

第三，作为徒弟的教师，要有“吾爱吾师，吾更爱真理”的精神。“尊师而不唯师，重教而不弃学”，“学师而不泥师不化，自主而不无法无天”。要有“青出于蓝而胜于蓝”的勇气，志存高远，为人师表。不仅要学怎样教学、怎样育人，更要学怎样做人。

第四，由师徒结对向研究共同体转型。要由“一对一”、“一对多”向“多对一”及“多对多”的学习共同体转型。充分利用校内、校外的名师资源，把名师组成各个学科的“智囊团”，随时为所有的教师示范、解惑和服务。要将师徒结对的研究有机地结合和渗透于其他教研活动（如集体备课、公开课研究、课题研究和理论学习等）之中，最终形成一个真正的研究共同体。

三、小学数学教师教学智慧发展策略之二：课例研究

1. 课例研究是教师喜欢的教研方式。

顾泠沅和王洁曾对上海市青浦区部分中小学的311名教师作问卷调查（其中有效问卷295份）：“在课程教学改革的过程中，怎样的专业指导对教师的帮助最大？”教师的选择结果如下：“课改专家与经验丰富教师共同指导课堂教学”，占

36.7%;"身边经验丰富教师在教材教法方面的指导",占 35.7%;"同事之间对教学实际问题的切磋交流",占 21.6%;"与同事共同阅读理论材料并相互交流",占 2.8%;"未结合课例的纯理论指导",占 3.2%。

从这个统计结果中可以看出,选择人数较多的前三项都涉及课例,由此我们不难得出一个结论:教师需要有课例的专业引领。

其实,相互观摩,本就是中国古代的教学传统。《学记》曰:"独学而无友,则孤陋而寡闻",此为"教之所由废也";"相观而善之谓摩",此为"教之所由兴也"。好的助学方式不仅在于为学习者提供相互交流的同伴,更在于提供"观"这一学习方式并取得"善"的结果。因为,如果同伴有了,而不知如何交流、交流什么,交流了有没有取得良好的效果,那显然不能称得上好的助学。在这里,同伴们相"观"的是彼此的学习情况,彼此的"学习情况"实际上构成了我们现在所说的案例,自然,"相观而善"之"摩"当可理解为"研究案例"了。

2. 课例研究的类型。

课例研究就是以课堂教学案例作为研究对象的研究。目前这一形式的研究非常流行,但对课例研究的认识却存在着很大的区别。这里面存在着研究旨趣的差异,也跟课例研究的承担者和课例研究对象的不同有关系。从研究者的角度看,可以是个体,也可以是群体。从研究对象看,可以是研究者自己的课例,也可以是他人的课例。由此我们可以将其搭配出多种类型,这些不同研究类型的研究方法和目的也不尽相同(见表 8-3)。

表 8-3　教师课例研究类型

	个体研究	群体研究
自己课例	反思自己教学	同伴相互切磋
他人课例	比较、借鉴他人经验	吸收先进经验

教师个体的课例研究主要是改进自己的课堂教学,这是一个持续改进的过程(将在教师自主改进策略里详加研究)。这里重点关注群体研究。从教师教学智慧发展的角度看,群体研究两种类型"同伴相互切磋"、"吸收他人先进经验"的研究目的取向是有着区别的。同伴相互切磋方式比较随意,教师可以择其善者而从之,择期不善者而改之,这有利于丰富自己的实践经验,增加隐性知识。而

吸收他人先进经验则具有某种服从性成分，研究中相对缺少互动。但这有利于开阔视野，更新观念。

3. 课例研究发展教学智慧的理论依据。

教师的工作和专业发展更多地是遵循实践认识论范式下的“反思理性”。“反思理性”有三个基本假设：第一，在实践中遇到的问题非常复杂，需要特定的解决办法；第二，这些办法只能在特定的情境中开发出来；第三，这些办法不能任意地使用到其他情境，但可以被其他实践者作为工作假设，并在自己的工作环境中进行检验。“反思理性”推行的是“实践—反思—开发—推广”的模式：教师先自己实践，反思自己的经验，通过集体商议（包括专业理论工作者的参与），对经验进行提炼，开发出符合教师自己实践的“理论”，最后才推广到类似的教育教学情境。① 显然，同伴的相互切磋就是在反思自己的教学实践，然后通过集体的商议，提炼经验，从而形成自己信奉而且行之有效的实践理论，用以指导自己的教学。

课例研究的另一个理论依据是“基于案例推理”的理论。该理论认为，当人们面对问题时，首先是评估问题情境的各个特征，再从过去相似情境的经验中寻求记忆，在综合筛选、平衡的基础上，确定新的问题解决办法。当新办法或新经验让人感到满意后，它们就被当成是成功的知识，经过索引编排储存到记忆中为将来所用。具体分解为五步：

第一步：问题的表述与特征抽取，以一种规定的方式表述目标案例，抽取其特征属性及相关特征间的关系。第二步：案例的检索与匹配，从案例库中检索出与目标案例相对应的类似案例。这一步又叫相似性检索，检索的效果取决于案例编目的好坏。案例编目越清晰，就越容易被提取和可用。常用的三种检索方法是：最近相邻法、归纳推理法、知识引导法。第三步：案例的调整与修改，从检索出的案例中找出相似性最高的案例（可能不只一个），根据约束规则对其进行调整、修改和评定，生成针对目标案例的实施方案。第四步：方案的评价，对新的求解方案与其实施的效果进行评价与检验。第五步：新案例的存贮，对目标案例的求解形成新的案例，根据一定的策略要求将新案例加入到案例库中，扩充库存

① 陈向明. 理论在教师专业发展中的作用[J]. 北京大学教育评论，2008(1)

以备后用。以上步骤如图8-1所示。[①]

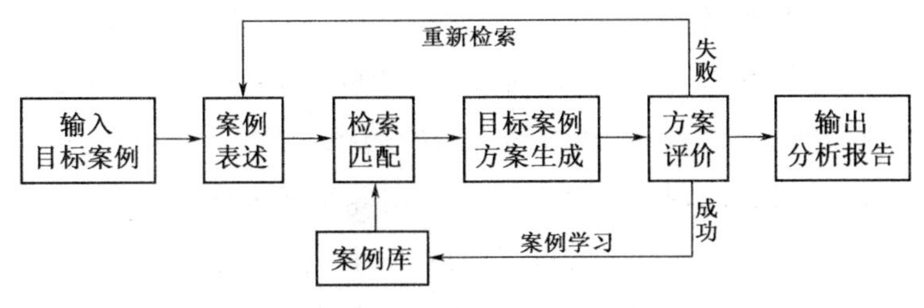

图8-1　案例推理过程

从实际情况看，许多专家教师的头脑中都存在一个案例库，他们在遇到某个教学内容的设计或遇到某个生成问题的时候，经常会提及“××人曾经在××时候采取过××方法”、使用的效果如何、最后结果怎样、大家的评价如何等，如数家珍，娓娓道来。这些存在大脑中的案例不仅成为借鉴的资料，而且成为他们判断新的应对措施的评价参照。教师往往对这些既有的做法，特别是一些名师的做法非常感兴趣。而且他们往往会不拘泥于此，继续寻求新的做法，然后在教学过程中进行检验，从而完善自己的课例库，提高案例检索能力。可以说，教师头脑中案例库的大小和检索能力在一定程度上标志着他的专业水平。

4. 课例研究的实施要领。

群体课例研究要注意以下几点：

（1）要有计划性，要根据当时的研究需要、群体中教师的状况、教学中存在的问题等因素确立研究意向，然后予以聚焦，明确研究主题，拟定研究计划。研究哪些教师的课例？哪些内容的课例？哪些课型的课例？如何研究？……这些都要有计划，不能随意地抽一节课就进行研究，研究后就抛至一边。

（2）要注重课例的收集和整理。因为是大家集中进行研究，所以就有一个效率问题。通常情况都是先有了一些初步的想法，然后由某位教师执教，并对其进行摄像或录音或大家一起进行课堂观察。在获得了相应的资料以后，大家分别思考，最后再集中研讨。研讨时可以结合课堂实录的文字材料、录音和录像材料进行。

① 路云. 基于案例推理技术的企业可持续竞争能力的模型建立与应用[J]. 管理工程学报，2005 (3)

(3) 研讨时要“去权威化”,即水平较高的教师最后发言,青年教师要先发言,这样让每一位教师都能有表达自己思想的机会。要避免传统评课中秉持的二元对立思想,先说几条“优点”,再说几条“缺点”,最多再添几条建议。课例研究的重点在于发现课例中学生和教师行为的问题,要对事不对人,通过说事来帮助执教教师和参与研究教师丰富实践知识,培养实践推理能力。

(4) 同题异构和反复改进是群体研课的两种好的方式。复复改进将在后面的策略里详细研究,此处重点研究同题异构方式——所谓同题异构,就是指同一个课题(教学内容)由不同的教师分别独立设计和执教,大家一起听课,然后进行分析、研究。这种方式有利于通过比较来突显各种教学设计和执教行为之间的差异,帮助教师建立和优化自己的课例库。

四、小学数学教师教学智慧发展策略之三:小组课题研究

1. 小组课题研究的独特价值。

(1) 小组课题研究区别于课例研究。在研究问题的范围上,课例研究的问题主要是课堂教学的问题,而小组课题研究的问题则不仅局限于课堂范围内的问题,如“学困生”的学习力提升、作业的设计与批改等。在研究问题的确立上,课例研究是在研究中发现问题,小组课题研究是在问题明确后进行研究。

(2) 小组课题研究区别于教师经验总结。小组课题研究是基于理论与实践相联系的问题解决,不是经验性的试误行为。它是有计划、有组织的研究,而不是行动之后的经验总结,参与者有明确的分工和相应的职责,而不是随机参与的经验交流。它研究的问题指向和目的非常明确,而不是经验归纳的从无到有。

(3) 小组课题研究区别于全校性的大课题研究。小组课题研究吸纳了同伴互助的优点,即参与研究的成员之间的交流比较通畅。而全校性的大课题研究则可能会因分工过于精细和明确从而导致参与者沦落为“机器零件”。而且,小组课题研究的问题相对较小,研究的复杂性也较小,比较适合教师的研究。

2. 小组课题研究的实施要领。

(1) 寻找“真”、“小”问题。小组课题研究的第一步就是要寻找到“真而小”的问题,而这又要先有问题意识。教学生活中的问题无处不在,但并不是所有的教师都能够发现问题。这不仅是因为敏感性和观察力的问题,更深层次的原因在于教师所秉持的教学观念,以及价值观、人生观和世界观,若观念存在问题,则问题即使在眼前也会视而不见或根本不认为是问题。

问题是“给定信息和目标之间有某些障碍需要被克服的刺激情境”。[①] 根据问题的解决方式，问题可以分为常规问题和非常规问题两类。常规问题是指情境明确，起始状态和目标状态清晰，只要沿着一定的操作步骤执行就可解决的问题。非常规问题则表现为问题的起始状态是明确的，但是允许操作的状态和目标状态却是不明确的，选择何种解决问题的路径也是不可预知的，需要运用富有创造性的智慧能力予以解决。[②] 这类问题大多出现在诸如像教学这样的生活化情境中，需要具有敏锐的眼光才能发现。

对于教师来说，在教学活动中寻找问题的目的是为了解决问题、改进工作，进而在这样的过程中发展教学智慧，所以问题须真，宜小。所谓真，就是透过表面现象可以发现它对教学的改进、对学生和教师的发展有积极作用；所谓小，就是教师自己通过努力能够研究得了。

（2）寻求理论支撑。如前所述，小组课题研究区别于经验总结的关键之一在于科学理论的支撑，而这恰恰是开展小组研究的目的之一。教师借助理论对自己的实践进行研究，既可以使研究少走弯路、取得成效，又使得教师的理论水平有所提高，从而能高屋建瓴地审视自己的行为，明确问题，提升经验，为进一步发展指明方向。

心理学知识是教学问题研究最主要的支撑之一，学生的认知发展、良好情感态度的形成都遵循一定的规律，顺应这些规律、利用这些规律就能够使问题得到较好地解决，而这都必须以找到合适的理论为前提。当今心理学的发展非常迅猛，及时更新自己既有的心理学知识是一件很有必要的工作，否则以“一张旧船票”是很难登上现代教学这艘“新船”的。

方法比事实更重要，教学研究方法的理论对于教师来说尤其如此，因为许多教师并没有受过这方面的专门训练，而一个合适的研究方法可能会大大提高研究的质量和效率。

（3）寻觅合作伙伴。小组课题研究的优势在于同伴互助和专家引领，而不

---

① 皮连生. 教育心理学[M]. 上海：上海教育出版社，2004

② 刘旭东. 问题意识与教师教学智慧的生成[J]. 课程·教材·教法，2010(5)

是“孤军作战”，所以选好“战友”很重要。同伴的选择主要基于两方面的考虑：一是课题研究的需要，如学科需要、专长需要、时间需要、搭配需要等。另一方面是教师的参与条件，要有意愿和基本能力。当然，如果是为了培养一些教师的业务能力，这方面条件可以放宽。如学科教学问题研究，可以由教研组来承担，便于将教学研究和课题研究更好地整合。

在研究人员的构成中，有一种人员特别重要，那就是主要来自大学和专业研究机构的专业引领人员。专业人员的参与可以有效地解决缺乏理论支撑的问题，目前这种大学和中小学合作进行研究的深度和广度正在不断扩大。长期以来，大学研究人员以中小学教师及其活动为研究对象，被认为是教育理论的发现、储存和供应的人。而中小学教师则被看做是应用大学研究人员研究成果的“消费者”和“执行者”。这种社会“共识”完全漠视了教师自身丰富的实践知识，人为地形成教育理论与教学实践、大学与中小学之间沟通与交往的隔膜甚至鸿沟。①

(4) 寻机发布成果。无论是在研究过程中还是在研究结题之后，发布研究阶段性和终结性成果都是重要的工作。这不仅有助于研究成果的价值实现，而且有助于研究的深入进行。当研究成果发布以后，就会有来自各方面的反馈信息，而这些信息不论如何都会给研究带来借鉴与启示，从而促进研究的改造与完善。

3.《提升数学“学困生”学习力的研究》——一则小组课题研究实例。②

(1) 聚焦问题。当前小学生数学学习的现状不容乐观，有许多学生感觉数学学习困难。如何扭转这种不良局面？大多数学校的做法是对“学困生”采取辅导的办法，对其进行“输血”。然而，实际的情况是许多“学困生”在反复的辅导下，成绩依然没有得到改善，甚至厌学心理更为严重，学业成绩更为下降。对这样的问题进行研究，切入点在哪里？也就是说，应如何凝炼研究主题的问题？在对“学困生”及其辅导进行分析的基础上，大家逐渐形成一个共识——“学困生”

---

① 卢乃桂，操太圣.立法者与阐释者：大学专家在“校院合作”中角色之嬗变[J].复旦教育论坛，2003 (1)

② 这是江苏教育学院附属小学数学教研组的一项课题研究，正在进行中

的“困”在于学习力的弱，解困必须从提升学习力着手。

（2）学习理论。什么是学习力？学习力如何构成？提升的策略有哪些？这些相关理论的学习大大丰富了教师的理论素养，转变了对辅导的认识，逐渐明确了辅导的思路。

（3）开展行动。课题小组首先开始对学困生的学困情况进行调查，撰写了《三年级学生计算能力调查报告》、《四年级数学“学困生”学习现状调查与研究》、《浅谈对城市流动人口子女数学学习现状的研究——基于三年级两个班的对比》等论文。根据对教师辅导行为的分析，发现了辅导的几个误区：因为“学困生”思维不灵活，所以课堂提问要给他们一些简单的问题回答，目的是增强自信心；因为“学困生”动作比较慢，所以对他们要少布置作业，目的是让其完成不要厌学；因为“学困生”比较粗心，所以要反复叮嘱、提醒，目的是让他们细心起来；因为怕“学困生”丧失学习兴趣，所以要少批评；因为“学困生”成绩差，所以要不停地补……这些认识上的误区，恰恰是导致“学困生”学习困难的一个主要原因。

（4）研究收获。尽管该项研究仍在进行中，但通过已进行的研究活动看，教师的教学观念、理论水平、思维水平、解困措施等都有了一定的改进——因为“学困生”思维力弱，所以要让他们多动脑筋；因为“学困生”比较懒惰，所以要让他们多练；因为“学困生”动作比较慢，所以要反复训练他们的速度；因为“学困生”基础比较差，所以补差要提高针对性。

第四节　教师教学智慧的自主发展

外因是促成内因变化的条件，教师教学智慧发展的终极决定因素还是教师自主地改变，即教师通过知识的丰富、能力的发展、修养的提高以及在此三者基础上的反思，最终促成教学智慧的不断发展。

一、内因是外力支持成功的前提条件

教师教学智慧的发展状况取决于教师内因和外因两方面的协同作用，不论外因如何强大，其作用力总要通过内因而起作用。教学智慧也是如此。教学智慧的发展固然有急中生智的情形，然而它终究是有感而发、厚积薄发。教师内心

的自觉与自愿是发展的前提，各种知识与经验的积累、情感与信念的形成是自主而发的必要条件。

1. 由自发到自觉。

爱智慧是人的天性，教师发展自己的教学智慧也是一种天性，因而具有自发性。但是出于自发状态的教学智慧只是一种难以捉摸、不明就里的“小概率事件”，它从何来？从何去？为所何为？这些教师并不明了。因此，自发状态的教学智慧行为虽已发生，但教师自身没有感觉，就像是身外之物，全然不受自己掌控。教师要做自己教学智慧的主人，首先就要觉醒，产生自觉地发展教学智慧的意识。

2. 由被迫到自愿。

教学智慧发展的实质是教师告别既有的不良教学思维和行为方式，形成一种适当而优良的教学思维和行为方式，这是一种改变，一种积极的改变。然而如前所述，任何人都不愿意自行离开自己的“舒适地带”，因为在这种“领地”里活动可以产生安全、舒适和稳妥的感觉，而一旦逾越，则可能遇上困难、麻烦、危险和挑战。这时就需要一种外力的介入，即借助外力使教学智慧的发展成为必须。然而被迫终归是一种令人不愉快的事情，尤其是当变革由外力提出并强制实施的时候，教师就会自然地产生某种防御心理，即使是变革取得了成功，原有的压力减小了，内心也不会产生多少愉悦。因此，要从根本上解决教师教学智慧发展的动力问题，还得从教师的内心入手。

回到问题的根本，教师之所以拒绝和抵制变革，主要是出于对变革这一“未知数”的恐惧，如若他们对变革有所了解，尤其是认识到他们所要达到的目标有助于他们过上更为幸福的生活，那他们就会放弃抵制，愿意接受并去努力实现变革的目标。教学智慧的本质是让教师和学生过上诗意的生活。因为具有教学智慧的教师“具有敏锐感受、准确判断生成和变动过程中可能出现的新形势和新问题的能力；具有把握教育时机、转化教育矛盾和冲突的机智；具有根据对象实际和面临的情境及时做出决策和选择、调节教育行为的魄力；具有使学生积极投入学校生活，热爱学习和创造，愿与他人进行心灵对话的魅力。”“教师的教学智慧使他的工作进入到科学和艺术结合的境界，充分展现出个性的独特风格。教育对于他而言,不仅是一种工作,也是一种享受"。①

当然,教师观念的转变并不是一蹴而就的,必须经历一个长期的过程。事实上,教师观念的改变、行为的改变以及学生成就的提高,三者之间是相互作用、彼此影响的。因为没有后两者的跟进,观念的改变也是难以持久的。

3. 由他主到自主。

毫无疑问,教师教学智慧的发展应该是一个自主的过程,即教师要拥有一定的资源和权力,能够自主地进行决策和行动。问题的关键在于,教师的自主权从何而来?是由外力赋予还是自己去争取?显然,应该是赋予与争取同时进行——赋予,就意味着各种外力(特别是学校、教学研究及管理部门),要从促进学生发展的角度思考问题,放弃自己的私利与业已习惯了的工作方式,为教师教学智慧的发展提供服务;争取,就意味着教师立即行动起来,积极改变自己,进而改变学生的学业成绩,用行动与事实来说话,去争取应该属于自己的权利。

二、"转识成智"理论的启示②

1. 知识与智慧的区别。

冯契认为,人的认识发展经历两次飞跃,一是从无意识到意识,从无知到有知的飞跃;一是由知识到智慧的飞跃。当然,冯契所谓的知识是一个广义的用法,即是与无知相对,把常识和科学都包括在内了。知识所把握的不是宇宙的究竟、大全或整体,不是最高的境界。它所注重的是彼此有分别的领域,是通过区分这个那个、这种那种等等,进而分别地用命题加以陈述的领域。冯契所谓的智慧是指一种哲理,即有关宇宙人生根本原理的认识,关于人性与天道的理论。

知识与智慧都以理论思维的方式来把握世界。知识重分析、抽象,智慧重综合和整体把握。知识追求的是事物的真,重在发现事实和条理,属于名言之域;而智慧追求的是"穷通"——探究宇宙万物的本源与终极,达到物我两忘、天人合一的境界,这是超名言之域。

2. "转识成智"理论。

所谓"转识成智",即是指由知识到智慧的飞跃,亦即由名言之域到超名言之

① 叶澜.新世纪教师专业素养初探[J].教育研究与实验,1998(1)

② 冯契.认识世界和认识自己[M].上海:华东师范大学出版社,1996

域的飞跃，这是一种顿悟的过程。这种顿悟是一种理性的直觉，在科学、艺术、德行等领域中也都具有，它是在理性的照耀下给人以豁然贯通之感的直觉。在这种豁然贯通中体验到无限、绝对的东西。由知识到智慧的飞跃不是以物极必反的形式出现的，而通常是保持着与知识经验的联系，在保持动态平衡中实现的转化。不能将知识与智慧割裂开来，飞跃不是割裂，而是超越。

真正的发现、创造离不开理性的直觉。经过艰苦的探索，通过某种机遇，见到某个现象，忽然领悟到了，就像物理学史上讲的阿基米德在洗澡时发现浮力的定理，牛顿见到苹果落地而领悟到引力作用。精神活动的各个领域，无论是艺术、科学、德行等都大量存在着理性的直觉。理性的直觉是感性和理性的统一。历史上，许多大思想家是从不同途径（教育、科学、文学、艺术、事功等）进入哲理境界，进而具有智慧和自由德性的。只有理性自明、意志自主和情感自得三者统一，自我才能获得自由。自由德性是知、意、情的全面发展，以达到真、善、美统一为目的。

3. “转识成智”理论的启示。

基于冯契的“转识成智”理论，我们可以认为教师教学智慧发展的实质就在于教师将自己拥有的知识转化为教学的智慧。教师的知识包括理论性知识（数学知识、教育学知识、心理学知识和一般文化知识）和实践性知识（隐性知识、经验等），是分散的、孤立的、有局限性的；而智慧则是融通的、恰当的对各种知识的运用。“转识成智”也契合舒尔曼所谓的“教育学推理”，即教师将其所理解的学科知识转换为对学生有意义的陈述和表达方式的过程。由此，我们可以将“转识成智”理论看成是教师教学智慧发展的指导性理论。如前所述，小学数学教学智慧主要通过课前的教学设计和教学现场的调适两个环节来体现，前者就是教师将教材形态的数学知识进行教育学的加工，使之成为学生可能易于学习的知识形态（主要是教案形态、课件形态等及其综合），后者就是教师在与学生的互动过程中根据学生的学习情况机智灵活地进行调适，以便学生获得进一步的理解。

三、小学数学教师教学智慧发展策略之四：发展 PCK

1. 意识到自己无知才会去学习。

教师的知识是其教学智慧发展的基础，然而并不是每一位教师都会急于行动起来去学习的，因为一个人对待学习的态度不仅取决于他是否拥有知识，还取决于他是否意识到自己是否拥有知识和拥有知识的程度。如果没有意识到，他仍可以充满自信，正所谓“无知者无畏”；而当意识到自己无知时，这种自信就会转变为焦虑。如果让一个有一定知识的人处理某项工作，当他没有意识到自己有相关知识，就会感到意外——我竟然能够解决问题。而当他意识到自己有相关知识时，他就会具有一定的自信——我能够解决问题。可见，“意识到自己的无知”是教师迈上自我改变和发展旅途的起点（见图 8－2）。[①]

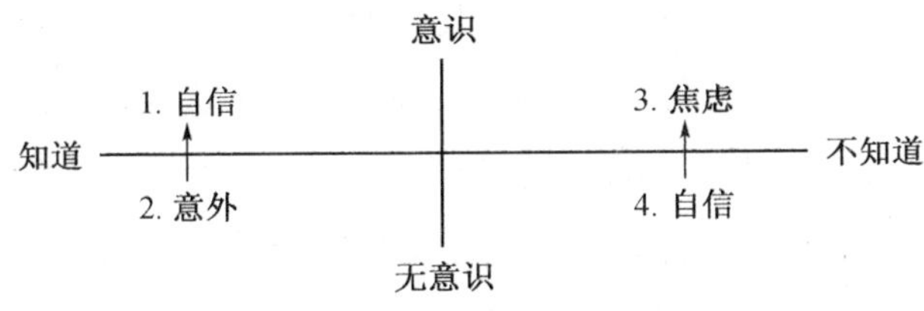

图 8－2　教师的知识与态度

2. 教师 PCK 的缺失。

PCK 是“学科教学知识”（Pedagogical Content Knowledge）的简称[②]。舒尔曼（1986）针对行为主义教学研究的“过程—产出型”教学研究忽视教师知识、遗漏教师学科知识的现状，提出了学科教学知识的概念。学科教学知识即是教师将自己所掌握的学科知识转化成学生易于理解的形式的知识，它是教师个人独特的教学经验、学科内容和教育学原理的特殊整合，是教师对专业理解的特定形式。[③] PCK 是教师知识的核心构成，数学教师的 PCK 是数学教师区别于其他从事数学工作的人的标志，同时它也是数学教师专业水平高低的标志。

教师 PCK 是教师在对学生深刻了解的基础上而形成的一种能够根据学生实际促进知识形态变化的经验体系，因此，它本质上是一种实践性知识。由于实践性知识常常难以形诸语言文字，只出现在教学活动的现场，因而难以清晰化、固定化，也就是说很难从书籍中获得，甚至于大学的系统课程也无法给予未来教

① 转引自操太圣，卢乃桂. 同伴协作与教师赋权——教师专业发展新视角[M]. 北京：教育科学出版社，2007

② 范良火在《教师教学知识发展研究》中将其译为“教学的内容知识”

③ Shulman，L. S. Those Who Understand：Knowledge Gruwth in Teaching[J]. Educational Researcher，1986(2)

师以所需的实践知识。这也是当前师范院校增加实践性课程的原因之一。

我国中小学数学教师的专业发展一直都是一个"自然成熟"的过程,师范生大学毕业后就直接走上讲台,他们大多有扎实的数学专业知识,但比较缺乏数学教学的课程知识以及教学的内容知识,教学的方法知识也处于"纸上谈兵"的阶段(短暂的教育实习无法给他们太多的帮助)。他们的数学教学知识来源全凭自行摸索,许多专业培训往往理念满天飞、空洞而不切合教学实际,学历提升教育则更是远离实践性知识。同时,由于新课改的实施,许多新的数学知识进入教材,如概率统计、图形变换和解决问题的策略等,对于这些,许多教师(特别是一些老中师生和由民办教师转正的教师)根本没有接受过相应的课程学习,致使本体性知识缺乏。凡此种种,导致了现今教师知识"盛宴"中实践性知识的缺席。①

2. 小学数学教师 PCK 的发展策略。

范良火在《教师教学知识发展研究》一书中,通过对美国 77 名中小学数学教师的调查研究,认为教师 PCK 最重要的来源是教师"自身的教学经验和反思"以及他们"和同事的日常交流",第二重要来源是"教科书"、"作为学生的经验"、"有组织的专业活动"、"在职培训"以及"阅读专业书刊",不重要的来源是"职前培训"。除了"和同事的日常交流"这一来源以外,所有其他的来源对具有不同长短的教学经验的教师都有相同的重要作用。和较年长的同事相比较,年轻教师从"和同事的日常交流"这一来源获得的 PCK 显然更多。②

马立平通过中美两国小学数学教师的比较研究认为,教师的教学效果在很大程度上取决于他对于自己所教学的数学知识内容的掌握情况。这种数学知识的掌握情况是指这种知识是"很好地发展起来的、整体性的",还是"零碎的、互不相关的"。为了更为具体地刻画教师数学知识的掌握情况,她专门引进了"知识的深刻理解"(profound understanding)这样一个概念。该概念共包括深度、广度和贯通度三个维度:深度是指相关题材与更为基本、更为深刻的数学思想之间的联系;广度是指横向联系的广泛程度;贯通度则是指在所包括的各种成分之间

---

① 操太圣,卢乃桂.同伴协作与教师赋权——教师专业发展新视角[M].北京:教育科学出版社,2007

② 范良火.教师教学知识发展研究[M].上海:华东师范大学出版社,2003

迅速转换的能力。她进而指出，教师只有建立起了对于所授知识的“深刻理解”，才可能在自己的教学中表现出以下特征：知识的相关性（connectedness）、多元取向（multiple perspectives）、基本思想（basic ideas）、纵向的一致性（longitudinal coherence）。[①]

在这里，马立平所论述的“知识的深刻理解”已经在相当程度涉及了教师变“作为科学的数学知识”为“作为教学内容的数学知识”的主题，从而也就涉及我们所说的数学教学知识。显然，这为数学教师PCK的发展提供了有益的借鉴。

基于范良火的PCK来源研究、舒尔曼的PCK理论和马立平的“深刻理解”研究，结合当前教师的实际，提出以下三条发展教师PCK的策略。

（1）分析学生作业。

对学生的了解程度制约着教师PCK的水平，所以要发展PCK，教师首先必须深入了解学生。了解学生的途径很多，课堂上的互动交流、课外的交往接触、作业分析等都是非常方便且有效的方式，而且各有其独特的优势——课堂上的师生互动具有现场性，能了解特定情境中学生的表现，但由于时间较紧、变换太多，教师不易留下清晰的记忆；课外的交往接触，能了解学生的真实一面，只是往往不能贴近数学学习；作业分析的优势，则是教师有充裕的时间进行研究。当然，通过分析作业来了解学生，首先要确保学生作业的真实性。教师不要过多地对作业进行点拨，难度不能太大或太小，要暴露学生真实的思维过程。遇到不明白的情况时，应请学生来当面询问。

（2）研读教材与教师用书。

数学课程标准明确指出，教材要为学生的学习活动提供基本线索，教材编写应有助于确立学生在教学过程中的主体地位，激发学生的学习兴趣，引导学生在积极思考与合作交流中获得良好的情感体验，建构自己的数学知识。在新课标指导下的教材，充分考虑学生的认知特点，兼顾到绝大多数学生的共性。教师认真研读，显然会从中体悟到学生的某些认知规律。

教师教学用书对教师了解教学内容在整个学习的知识序列中的位置，对教

① Ma Liping. Knowing and Teaching Elementary Mathematics［M］. NJ：Lawrence Erlbaum Associates，1999

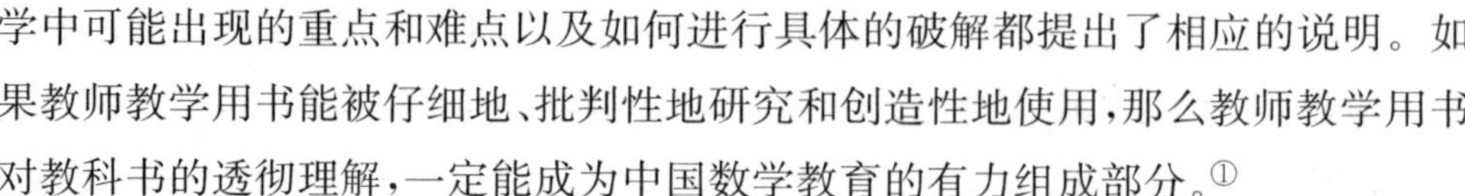

学中可能出现的重点和难点以及如何进行具体的破解都提出了相应的说明。如果教师教学用书能被仔细地、批判性地研究和创造性地使用，那么教师教学用书对教科书的透彻理解，一定能成为中国数学教育的有力组成部分。①

（3）与有经验的同伴交流。

在范良火的研究中，“和同事的日常交流”在教师知识来源中位列最重要的位置。这里突出的是日常状态，而非正式的询问和答疑，所以既比较真实，也比较容易进行。例如，在办公室批改作业时，可以很随便地聊一聊学生的学习问题，这种聊天往往能使教师获得许多有价值的信息。如果同伴中有经验比较丰富的教师，他的 PCK 水平较高，那么，交流的收益会更大。

（4）更新数学教学观念。

教师的观念决定着教师的行为，教学智慧是教师知识系统在情感系统和信念系统的整合和监控之下形成的恰当而有效地应对复杂情境的能力。因此，教师的信念系统对教学智慧的发展具有较大的影响。具体而言，小学数学教师的信念系统主要包括数学观和数学教育观。欧内斯特认为，教育改革首先要从更新教师的教学观念入手。改变数学教师的数学观是数学课程改革的必要条件。②

数学观即是指对数学的认识和看法，也即是对“数学是什么”的回答，它是数学教师数学教学观念形成的基础之一。喻平教授认为，不存在一种所谓的标准来评价数学观的正确与否。无论是“科学主义—人文主义”维度，还是“绝对主义—可误主义”维度，都是从不同侧面去认识数学的本体，应该说它们都有合理因素，科学性质和人文精神并存。黄秦安教授认为，科学视角的数学观属于数学本质观的内部视角，“社会—历史—文化视角”的数学观侧重于从社会的角度看待数学知识的本质和数学与社会的相互关系。这比较准确地解释了科学主义与人文主义的辩证关系。对数学本质的认识不能采用极端的认识倾向，否则就可能走上“唯科学”或“反科学”之路。同样，“绝对”和“可误”、“静态”和“动态”也都是相互依存、互为条件的辩证统一关系，在认识上也不能走向一个极端。事实

① 范良火. 华人如何学习数学[M]. 南京：江苏教育出版社，2005

② 【英】欧内斯特. 数学教育哲学[M]. 齐建华，张松枝译. 上海：上海教育出版社，2001

上，可误主义的内核在于用发展的、动态的观点看待数学，更强调数学理论体系之外并且对数学发展有制约作用的社会及人文因素。在教学中，宜把“可误”理解为一种不断修正认识的过程，把“绝对”理解为一种修正认识后的结果。因此，对教师来说，应当树立全面的数学观而不是树立所谓正确的数学观。[①]

小学数学教师的数学教学观，即教师对小学数学教与学的本质和过程的基本看法、信念与态度，是直接影响其教学智慧发展的重要因素。它包括教师方面——“教什么”、“怎么教”和学生方面——“学什么”、“怎么学”。进一步地分析，“学什么”、“怎么学”又是“教什么”、“怎么教”的基础，“教什么”、“怎么教”又对“学什么”、“怎么学”产生影响。“教什么”和“怎么教”构成了教师教学智慧研究的根本问题。

首先是“教什么”，这是解决教学的内容问题。教师教给学生的数学知识并不是纯粹的科学数学，而是经过加工改造的学校数学（或称教育数学）。如果教师没有对科学数学的深刻理解，不能从中抽取出有利于学生终身可持续发展的教学内容，而只是将纯粹的科学数学照搬到课堂，那必然会误人子弟。当然，就我们当前的教学管理制度来说，教师的数学知识选择权主要在于诠释教材。教材形态的数学实际上就是经过专家们加工改造了的科学数学，它在一定程度上契合着学生的发展。那么，教什么的问题其实就是教师如何研读教材的问题。

因此，教学观念的问题集中于“怎么教”上，而这也就是教学智慧的集中体现。如果教师认为数学教学就是要让学生获得今后生活的基本数学知识，那他就会向学生灌输少量的实用知识，反复操练读、写、算等基本技能。如果教师认为教学的主要目的是为了让学生考试得到高分，那么“重结果不重过程”、“题海战术”的教学现状难以得到改变；如果教师信奉“数学是少数人玩的游戏”，那么他的班上出现一些“差生”就在所难免。

四、小学数学教师教学智慧发展策略之五：自主“磨课”

1. 自主“磨课”的内涵与意义。

《诗经·卫风·淇奥》说：“有匪君子，如切如磋，如琢如磨。”具有教学智慧的教师是教师中的君子，要成为这样的君子则要对课“如切如磋，如琢如磨”。“磨

---

① 喻平.如何评课：数学教育观念层面的透视[J].中学数学教学参考，2006(4)

课”是指教师对某一教学内容的教学设计与课堂实施进行反思，在此基础上重新设计，再次进行教学，再次进行反思。这样的过程甚至会反复多次。“磨课”的实质是持续不断地改进，广义上也是一种课例研究方式，但此处强调的是教师个体自主地研究。

赵昌木通过对200位教师的调查发现，在“讲完课后，根据教学效果不断审视、修正自己的教案”问题上，优秀教师(83.6%)和一般教师(63.7%)存在显著性差异。也就是说，优秀教师比一般教师更多地在课后反思自己的教学理念与实践，并在后续的教学活动中体现教学反思的结果。[①] 可见，“磨课”是一种提高教师教学智慧的有效策略。

2. “磨课”的理论依据。

“磨课”策略有两方面的理论依据：一是舍恩的“实践中的理论”(theory in practice)。舍恩在《实践中的理论：提升专业效率》(Theory in practice: Increasing professional effectiveness)中，积极倡导建立一种真正属于专业工作者个人的“实践中的理论”(或“使用中的理论”)，以提升专业实践者的行动能力和反省能力。他认为，“实践中的理论”是个人行动的主要依据，有别于个人能清楚陈述的“相信的理论”(espoused theory)。两种理论不一致时，则会造成其中一种理论的修正或调整；两者具有一致性时，人格才能统一，实践能力才能得到持续的发展。二是“案例推理”理论。教育教学情境是一个复杂系统，教师在处理各种问题或事件时，主要依据的不是一般性的公共教育知识、原理，而是以往的案例。案例推理是一个循环的过程，每一个周期有四个连续环节：(1) 重温和复述旧案例，为教师实践智慧养成做准备。教师可以经常从自己的案例库中提取旧案例，并在重温之后复述它。复述时，要说出当时教师在应对问题时“为什么那样做”，目的是通过出声把注意力从案例的故事性转向教师应对问题的思维过程。这个过程也是教师自我解释的过程，即教师把旧案例解释给自己，使自己更好地理解旧案例。(2) 认识新情境与旧案例的差异，是教师实践智慧养成的基础。旧案例发生时有一定的情境，新的情境不可能是这个旧的情境的完全复制。认识到了差异，也就找到了养成实践智慧的突破口。(3) 运用旧案例，化解

① 赵昌木. 教师成长：实践知识和智慧的形成及发展[J]. 教育研究，2004(5)

新问题，这是教师实践智慧养成的关键。在认识到差异后，教师巧妙地运用旧案例的精神或方法，把当前情境中的问题给解决了。这个解决问题就是教师实践智慧的养成过程。(4) 总结新案例，编入案例库，丰富教师的实践智慧。每一个案例对未来的情境来说都是旧案例，把当前的案例按照一定的案例索引编入案例库，有助于教师通过这种“接力”的方式不断充实自己的实践智慧。[①]

应该注意的是，案例推理和案例套用不是一码事。所谓“案例套用”，是指教师既不分析当下情境的独特性，也不评估案例的特点，盲目地移植曾经经历过的事件的处理办法，套用的最大依据就是“似曾相识”。同时，案例库中的案例并不一定要全是自己经历过的，同事的、公开发表的案例都可以进入自己的案例库，关键是要把这些别人经历的案例吃透后纳入自己的案例库。

3. 自主“磨课”的实施要领。

(1) 详细记录教学过程，可以用录像、录音和回忆的方式。

(2) 课后的反思一定要深刻，要寻找到问题的真正所在，并对问题产生的原因进行分析，在此基础上进行改进。

(3) 改进的教学设计要对可能产生的教学问题进行充分地预设，并寻求相应的对策。

(4) 在持续多次改进以后，要对整个的改进过程进行整体分析，形成文字材料。所有的材料要进行整理，装进专门的文件袋。

(5) 持续的改进策略可以是教师个体单独研究，也可以借助同伴或研究小组共同研究，最好能邀请到专家和名师来共同参与。

4. 一则自主“磨课”策略的案例及分析。

【案例】　三改导入[②]

第一次——

师：看老师的动作，请同学们用分数表示。

生：这是巧克力的$\frac{1}{3}$、线段的$\frac{1}{8}$，纸片不能用分数表示。

---

① 邓友超. 论实践推理于教师实践智慧的养成[J]. 华东师范大学学报(教育科学版)，2006(2)

② 张俊平主编. 教师，做个思想者[M]. 天津：天津人民出版社，2009

师：请同学们用桌上纸片折出一个自己喜欢的分数，然后说说发现。

生：把一个物体平均分成几份，每份就是这个分数的几分之一。

师：把一袋糖平均分成 2 份，每份是这袋糖的几分之？把一盘桃平均分成 4 份，每份是这盘桃的几分之几？

教学过后，教师发现有些低估了“优等生”的起点，而且用时过长，于是予以改进，并进行第二次教学。

第二次——

师：请同学们用桌上纸片折出一个自己喜欢的分数，然后说说发现。

生：把一个物体平均分成几份，每份就是这个分数的几分之一。

师：把一袋糖平均分成 2 份，每份是这袋糖的几分之？把一盘桃平均分成 4 份，每份是这盘桃的几分之几？

教师删去了第一个环节，但是发现还是低估了学生的起点，学生在上学期《认识分数》第一课时已经通过动手操作，体验了把一个物体平均分的过程，在这里还有必要经历动手操作吗？于是有了第三次教学。

第三次——

师：分数对我们来说其实已经不陌生了，咱们随口就能说上几个。

（指名学生说说。）

师：你还能从中找到分数吗？

（学生说。）

师：看来小朋友以前学得挺扎实，那今天要认识的分数有么特点呢？让我们一起去看猴子妈妈分桃。

显然，第三次导入开门见山，简洁有效，切准了学生的逻辑起点和现实起点。

从教师持续改进的三次导入，可以看到，教师的设计越来越贴近学生的认知水平，导入环节的用时越来越少，教学效率在提高。尤其是第三次的修改，使师生交互性增强，课堂显得自然，留给学生的空间较大。

五、小学数学教师教学智慧发展策略之六：论文写作

1. 写作是一种有效的反思方式。

“学而不思则罔，思而不学则殆”，这句古语说出了学与思的辩证关系。“学”的结果是知识的积累，即获得更多的外在理论和普遍规律，而“思”的作用就在于将这些外在理论和普遍规律吸收、内化为个人的、内隐的理论，使人变得更智慧。只“思”而不“学”，那么就会缺少“加工的原料”，思就只能是一种虚妄的臆想，容易导致危险的结果。

反思较之于“思”，词义的范围缩小了许多，它构成“思”的一种方式。反思，一般是指行为主体立足于自我以外，批判地考察自己的行为及其情境的思维活动。教师的反思是指教师在教育教学实践中，以自我行为表现及其行为之依据的“异位”解析和修正，进而不断提高自身教育教学智慧的过程。它的主要特点体现在五个方面：一是实践性，是指教师教学效能的提高是在具体的实践操作中；二是针对性，是指教师对自我“现行的”行为观念的解剖分析；三是反省性，是指教师对于自身实践方式和情境，立足于自我之外的多视角、多层次的思考，是教师自觉意识和能力的体现；四是时效性，是指对当下存在的非理性行为、观念的及时觉察、纠偏矫正和完善，以缩短教师成长周期；五是过程性，一方面指具体的反思是一个过程，要经过意识期、思索期和修正期，另一方面是指教师的整个职业成长要经过长期不懈的自我修炼，才能成长为一个专家型教师[①]、智慧型教师。

教师反思的途径和方式很多，写作是其中一种有效的反思方式。现象学教育学开创者之一马克斯·范梅南说：“写作即研究，即思考和行动的调和。”“写作把我们与知识分离，又使我们与知识更加紧密地联系在一起；写作把我们与我们的生活世界分离，又吸引我们更加接近生活世界；写作使思想脱离实践，又让思想回归实践当中；写作使我们对世界的体验抽象化，又使我们对世界的理解更具体。”[②]可见，写作不仅仅是作为研究的一个阶段而存在，它还能帮助教师摆脱繁杂的教育工作，使教师得以抽身而出，并以“居高临下”的姿态去审视自己的教学行为。它还能帮助教师带着对实践更全面、更深刻的理解和把握回归现实生活，从而变得更自由、更从容。它将教师的“教”、“学”、“研”、“思”等具体的教育活动及其结果系统化、显性化和固态化，其本身就是一种学习、研究与反思，是一种创

---

① 张立昌. 试论教师的反思及其策略[J]. 教育研究，2001(12)

② 【加】马克斯·范梅南. 生活体验研究——人文科学视野中的教育学[M]. 宋广文等译. 北京：教育科学出版社，2003

造性的活动。“写作，真正的写作，是治理，是权力的运用:创造并塑造我们本身的能力。写作可以锻炼我们”。小学数学论文写作体现为教师思维品质的提升和数学能力的增强。因为写作过程中的构思与设计、问题的分解、小标题之间关系的处理(并列还是递进)等都需要教师反复地琢磨、调整，在这样的过程中，教师思维的严密性得到培养，问题不断得到澄清，许多不通的关隘被打通，教师的思维因此变得更加深刻。并且，不时地还会有灵感的火花闪现，妙手偶得，使教师享受到创造的喜悦。即便是一些写给学生阅读的文章，于教师思维发展也大有裨益。例如，如何才能使问题的解决更巧妙？如何使难题不难？如何将自己的奇思妙想写出来？如何让写出来的文字更适合学生的学习和阅读？……这些都是在训练教师的思维，都是在丰富教师的教学智慧。

2. 写作通过研究促进教学智慧发展。

古人云:情动于衷而形于言，情动而词发。但教师写作主要不是为了抒发情感，而是为了进行研究——研究如何使学生获得更多的数学素养。具体而言，就是研究如何设计课堂教学、如何进行课堂调适、如何帮助学生克服困难、如何帮助“学困生”提升学习力，等等这些研究是以文字的形式呈现出来的，它较之于在大脑中思考，较之于写作前的实践行动更困难，因为“以己昏昏，焉能使人昭昭”？想不明、做不好，又怎能说得清、写得明？反之，能够写得清清楚楚、说得明明白白，则必然是想通了、会做了。

欲使教师写作作为研究的一种方式而存在，则要求教师写作真东西，即是自己做得到的行动、想得通的思想。这样看来，写作就是一种行动，就是一种探索，是为了将好的构想付诸实践，将抽象的理论具体化，将外在的观念操作化。从这个角度看，写论文其实是“做”论文，就是一种为做而写、边写边做，做与写相互渗透、有机统一的研究方式。它不同于那种简单的事后总结，因为这种总结往往是做写分离的——做时没想到写，写时缺乏对做的深刻反思。

“做”出来的论文有鲜明的实践性特征。它是基于实践、通过实践、研究实践、为了实践的，是实践的产物。它关注学校的实际问题，关注学生和教师的学校生活，是师生真实生动的教学活动的描述、解释和反思，是研究者水到渠成的研究成果。它解决了教育教学中的问题，同时促进了教师教学智慧的发展。

小学数学教学论文的写作内容可以涉及教育教学方法、学习心理、数学问题解决等。体裁、形式也可多样，既可以是比较规范的课题研究报告、调查报告、实验报告等“大文章”，也可以写一些教学设计和解决教学实际问题的经验性文章，还可写写教后记、教育日志、教育随笔等。阅读对象既可以是教师，还可以是学生和家长。可以写给自己看，也可写给别人看。可以给报刊杂志投稿，也可自行在网上“博客”。

现实中，许多名师都是高产的作者。如著名小学数学特级教师、北京第二实验小学的华应龙老师，先后在《光明日报》、《人民教育》、《中国教育报》、《江苏教育》、《北京教育》等 20 多家省级以上报刊发表了 400 多篇文章，主编、参编了 20 多本教学用书。[①] 小学数学特级教师、南京师范大学附属小学的贲友林老师则先后在各级报刊上发表了 600 多篇文章，出版了《此岸与彼岸——我的数学教学手记》一书。小学数学特级教师蔡宏圣先后发表论文 180 多篇，小学数学特级教师周卫东发表 200 多篇、张齐华发表 100 多篇、陆丽萍发表 100 多篇[②]，等等

贲友林这样说：我，记录我的课堂，反思我的言论，在记录与反思之中，多一份理性，不随波逐流。我把易逝的课堂锁定为长存的文字，让瞬间变成永恒，继而品味、咀嚼自己的课堂教学，对自己的实践进行反思和重建，以实现持续的“静悄悄的革命”。我警醒自己：不浮躁，不糊涂！形成文字的过程，是与自己对话、跟自己诉说、和自己谈心的过程，渐渐地，养成了过内心生活的习惯。祛除内心躁气，心无旁骛，保持自由、从容、安静、专注。对教育对象由浅人深的把握，表面上如同平静的水面波澜不惊，而内心一直在默默思考，不时有灵光闪现，内心豁然开朗。用文字记录自己的实践，给日渐贫瘠的心灵以丰富温暖的慰籍，给平淡无奇的日子以清新明亮的色彩。[③]

六、小学数学教师教学智慧发展策略体系

既然影响小学数学教师教学智慧发展的因素是多方面的，那么单个的发展策略就难以达成教学智慧发展的目的，需要多种发展策略的有机整合。每一种策略的作用都是多方面的，可能对教师的理论性知识、实践性知识、情感和信念

---

① 华应龙. 我就是数学——华应龙教育随笔[M]. 上海：华东师范大学出版社，2009

② 张俊平. 教师，做个思想者[M]. 天津：天津人民出版社，2009

③ 贲友林. 此岸与彼岸——我的数学教学手记[M]. 南京：江苏教育出版社，2007

系统中的某些因素具有促进作用。其中,某些作用更为突出,处于核心地位。同时,每一种策略的作用都会因不同的教师人群、不同的实施情境而发挥不同程度的作用,产生不同的效果,它们并不能导致教师教学智慧的必然发展。发展策略处于一种不断建构的过程之中,既有的策略难以满足不断发展的新形势需要,需要教师和研究者不断地进行创造。没有最佳的策略,只有最适合的策略(见图 8-3)。

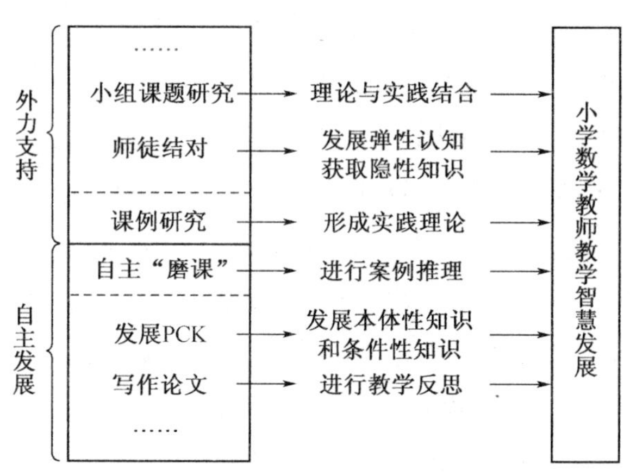

图 8-3　教师教学智慧发展策略群

第五节　案例研究:教学智慧从哪儿来

在我国小学数学界,华应龙可谓家喻户晓,大家对他在课堂教学中展露出的教学智慧倾慕不已。作为一位智慧型教师,他的教学观念、教学特色以及在教学研究方面取得的成就,值得我们去学习、挖掘和提炼。[①]

一、华应龙简介

华应龙,男,1966 年 6 月出生,江苏南通人。1984 年 7 月毕业于江苏省如皋师范学校,分配到乡村工作,先后任乡镇中心小学教导主任、中心初中副校长、乡镇教育助理等职,1995 年 11 月调任江苏省海安县实验小学副校长。在职自学

① 裴娣娜.一个智慧型教师的教学改革探索——对华应龙数学教学特色的初步解读[J].江苏教育研究,2008(10)

取得大专(1989 年)、本科文凭(1994 年),后参加硕士研究生课程进修(1997 年),2001 年参加国家级骨干教师培训。1994 年破格晋升为小学高级教师,1998 年被评为江苏省小学数学特级教师,2000 年被评为中学高级教师。2002 年由江苏调至北京工作,被授予首批"首都基础教育名家"称号。现任北京第二实验小学副校长,系北京教育学院兼职教授,北师大版小学数学义务教育课程标准实验教材编委、分册主编。

近年来,华应龙经常应邀到全国各地上观摩课、作讲座。中国教育电视台多次播放其教学录像,中央电视台在"当代教育"专栏、《人民教育》在"名师人生"专栏作了专题报道,《中国教育报》推出了"华应龙教育教学艺术系列报道"。

二、华应龙教学智慧发展透视

华应龙的课为什么总是有与众不同之处?他的课为什么学生听了不愿下课?他的文章为什么如此生动、亲切、富有个性?① ……华应龙的教学智慧从哪里来?让我们从他自己的话中来寻找答案吧。

1."像农民种地那样教书"——热爱教育事业。

华应龙出身于农民家庭,对农民有着一种天然的情结。初到这个世界时,他父亲给他取的名字是"华逸农"。从 12 岁起,他就干过不少农活:播种、捉虫、喷药、除草、施肥、收割、脱粒……现在做教师 20 多年了,仍不肯丢弃农民的心态气质,觉得能像农民种地那样教书,是件很踏实、很惬意、很幸福的事儿。这样的经历让他对农民及其生活感情笃深,使他真切能体味农民对于自己田里庄稼的那种浓厚、深沉的感情。他觉得做教师也同样如此:真心诚意喜爱孩子,并让孩子感受到教师的喜爱;这是一种功夫,也是一门艺术。这种喜爱,是对生命的尊重,而不是对功利的诉求;这种喜爱,是自心底里流出,而非虚伪的作秀。

他小时干过农活,从中学到了许多道理,他把它用到了教学上。做教师就当有强烈的时不我待的意识,像农民通过看天、摸土,确定播种时机那样,寻找课堂上进与退的时机。种的庄稼长得不好,农民从来不责怪庄稼,而是反思自己:土是不是松得适宜?肥是不是施得及时?有没有及时浇水和除虫?因为他知道,庄稼是无辜的。我们应像农民那样,经常追问自己:学生上课为什么不专心?作

---

① 华应龙.我就是数学——华应龙教育随笔[M].上海:华东师范大学出版社,2009

业为何总是出错?

他希望教育能像农业那样关注学生作为一个生命的存在,而不是像工业的生产流水线般生产着模式化的产品。像农业一样的教育需要信任,需要宽容,需要耐心,需要期待,需要守望。而他则愿意做一名像农民那样的教师,像农民种地那样教书。正因为如此,他与学生"课上似同学,课下似兄弟",坚信"人皆可以为尧舜"——每一位学生都能成为有利于社会的栋梁之才。

他由衷地认为,能像农民种地那样教书,真好!

2. "上厕所基本上是小步跑"——勤奋成才。

华应龙的教学智慧不是天生的,而是来自他的勤奋刻苦。他的忙碌可以用"上厕所基本上是小步跑"(还因此而闹出磕破脑袋的情况)来说明。

他有着农民般的勤劳。他信奉"人勤地不懒;一分耕耘,一分收获"。日出而作,农民的生活里没有星期六、没有星期日。为了有效除草,他们甘愿"锄禾日当午,汗滴禾下土"。这些认识都已内化为他的信念。上班时,他勤奋工作;下班后,他刻苦学习。外出的飞机上、火车里,他都在看书学习,一次受伤躺在病床上,他认为是幸运地获得了读书的时间——在医院的几天里,他看了《人往底处走》、《思维的黑洞》、《思维的极限》、《走进思维的新区》。病愈回校,他在办公室里架了一张病床,24 小时都在办公室里度过。边办公边学习,看了《低头找幸福》、《苏格拉底的智慧》、《慢生活》、《胜任才是硬道理》。

他像牛吃草一样大量阅读、广泛涉猎。从我国古代孔子、老子、庄子、墨子到黑格尔、恩格斯、爱因斯,从宋朝无德禅师到《红楼梦》中的林黛玉,分门别类、"雅俗共赏"。

他笔耕不辍,先后在《光明日报》、《人民教育》、《中国教育报》、《江苏教育》、《北京教育》等 20 多家省级以上报刊发表了 400 多篇文章,主编、参编了 20 多本教学用书。先后参加了苏教版和北师大版小学数学国家义务教育课程标准实验教材的编写和审定工作。

3. "篮球是我的导师"——善于学习与反思。

华应龙不仅勤于学习,而且善于学习。

他从农民身上学习勤劳、坚韧、热爱自己工作的品质,从师父那儿学习怎样上课、怎样奖掖后进,从朋友那儿学习"九类朋友"的优点。他将朋友分为九类,认为人生中不能缺少朋友们的帮助。这九类朋友是:(1) 激励你让你看到自己的优点，提醒你让你看到自己的不足的朋友。(2) 维护你并能在别人面前称赞你的朋友。(3) 和你的兴趣相近的朋友。(4) 能把你介绍给志同道合者的朋友。(5) 能让你全身心放松的朋友。(6) 能让你有机会接触新观点、新事物的朋友。(7) 能帮助你理清工作和生活思路的朋友。(8) 有了好消息总是在第一时间告诉你，与你分享喜悦的朋友。(9) 当你遇到困难和挫折时，能向你伸出援助之手的朋友。

他还向校长学，学习李烈校长的有容乃大、圆融管理、关心教师、欣赏他人。他向学生学诚实……他向篮球学，学篮球运动的激情四溢，学篮球运动的善于传球和接球。向裁判的哨声学遵守规则，向好球学带头鼓掌，向臭球和嘘声学承受挫折……

华应龙的学习不仅是向人学、向书学、向生活学、向错误学，他还通过反思学。学生的一个错、一句话，教师在课堂上一个不经意的行为都会让他思考良久。

《有奖摸球》一课中，学生的一声“坑人”竟让他作了三次反思和再实践。一次课上，一位女生不高兴地说：“这不是打击我们成绩好的人吗?”这又让具有敏锐洞察力的他对原来的评价做了修改：“这让我想到一句话：人皆可以为尧舜，每个人都可以做得很棒。当然原来成绩好的，可能做得更棒!”短短的几句话，既表扬了学习成绩不太理想的学生，又不打击成绩好的学生，于是课堂上皆大欢喜。

《角的度量》是一堂技能性的课，能否创设一种情境，让学生感受到量角的用处呢？他反复思考后创设了三个滑梯的情境。这个设计既让学生感受到量角的必要性，又缩短了数学材料与学生生活经验之间的距离。

4. “我就是数学”——对数学及教学的理解。

华应龙的教学智慧还来源于他对数学的深刻理解，对数学知识于学生发展作用的敏锐捕捉。他的随笔集书名就叫《我就是数学》，他在书的封底上写道：“作为数学教师，你必须借助数学这个通道，引导学生去感悟世界的奥秘，而不仅仅是传授数学知识本身。数学好玩，学数学有趣，也就在这里。你没有停留在讲解数学知识上，而是展现了数学文化，展现了你对数学的理解。你是带着你所了解的数学世界，而不只是一种数学教材，走进学生的。只有这样你才会感到数学教学的生动与多样，学生的数学学习、数学思考也才能丰富多样”。《百分数的意义》、《出租车上的数学问题》、《我会用计算器吗》、《分数的初步认识》、《神奇的莫比乌斯带》、《角的度量》、《审题》等等，一节节趣味盎然、引人入胜而又让学生收获颇丰的课，都来源于他对数学的深刻理解，文化性的理解。

他不仅数学知识丰富，数学知识视野宽阔，而且数学史、数学文化的知识更为丰富。他经常为学生开设数学研究性学习讲座，让学生欣赏数学，感受数学的价值，积累数学活动经验。为了更好地开展数学活动，他在学校电视中主持数学学习讲座。一次，在组织“算 24 点”活动时，结合规则介绍讲解“Q÷(3－5÷2)”的算法，很多学生啧啧称赞，脸上写满了“佩服”。而后他说出自己的切身体会：算 24 是非常快乐、有意义的活动，常常会体会到“山重水复疑无路，柳暗又一村”的美妙。这些做法不仅教给了学生数学知识，还帮助学生体验到数学学习的丰富多彩。

5. “从来如此，便对么?”——敢于质疑，乐于创新。

华应龙的教学智慧还来自他对习以为常的教学现象的大胆质疑和深刻反思。面对所有教材中“圆的认识”都出现的以下三段文字：“想一想：在同一个圆里，有多少条半径？所有半径的长度都相等吗?”“想一想：在同一个圆里，有多少条直径？所有直径的长度都相等吗?”“在同一个圆里，直径的长度与半径有什么关系?”以及教师在教学中经常出现的问话：“同学们，你们说‘圆的半径的长度都相等’这句话对吗?”他勇敢地质疑道：“从来如此，便对么?”他问：“‘正常人的两条腿是一样长的’这句话对吗？不对，应该说在同一个人身上，正常人的两条腿是一样长的。有这样说的吗？‘正方形的四条边都相等’，对吗？大概没有人认为一定要说‘在同一个正方形里’。既然如此，那为何要对圆这么苛求呢？因为圆太美了?!”

进一步地，他追问：我们教师自己独立思考的能力有多高？正因为我们丧失了独立思考，缺乏对教材的探究和质疑，所以才会对这样的问题习焉不察、习以为常、习非成是。

在教学《初步认识分数》时，通过一名学生的错误回答，展开了对分数$\frac{3}{4}$的读法“四分之三”的大胆质疑。他经过深入分析和实践的检验，认为“四份之三”更适合学生的学习理解。

第九章　结　论

第一节　研究结论

一、理论探讨

1. 关于教学智慧。教学智慧体现了中国教学论研究的旨趣，它是教师的一种实践智慧，“和”是它的评判标准，具体体现为师生关系和谐，教学目标全面达成，学习者、教学内容和教学方式相互匹配、人机协同几个方面。教学智慧形成模型有三层：最底层是教师的理论知识系统和实践知识系统，中层是情感系统和信念系统，上层是教学智慧。底层的知识在中层的情感信念系统评价、监控下，顿悟为上层的教学智慧。教学智慧体现为课前的教学设计智谋和教学现场的调适机智。

2. 关于小学数学教学智慧。小学数学教学智慧就是指将教材形态的数学知识转化为学生可能接受的知识形态，进而在学生的学习过程中进行恰当调适，使学生易于接受的能力。其特点为教学设计上强调趣味性、教学方法上重视直观性、教学活动围绕思维性和教学现场凸出应变性。

二、调查与访谈研究

1. 教师知识、经验和能力对教学智慧发展具有较大作用，三者之间存在显著性差异，作用值逐步递增。

2. 不同教师的教龄、职称和专业称号教师关于知识、经验和能力对教学智慧发展作用的认识不尽相同。

3. 知识、经验、能力、自我反思、师德修养和数学教学观这 6 种内部因素对教学智慧发展作用较大，自我反思是其中最重要的一种方式。

4. 学历进修、专家指导、师徒结对、同伴切磋、课题研究、互动研讨、集体备课、师生交流是8种促进教师教学智慧发展的外部因素，不同教龄、职称和称号教师之间关于它们对教学智慧发展作用的认识不存在显著性差异。

5. 8种外部因素对教学智慧发展作用之间存在复杂关系。学历进修与专家指导、师徒结对、同伴切磋、课题研究、互动研讨、集体备课、师生交流之间存在显著性差异；专家指导与同伴切磋存在显著性差异，与师徒结对、课题研究、互动研讨、集体备课、师生交流之间不存在显著性差异；师徒结对与同伴切磋、师生交流之间存在显著性差异，与课题研究、互动研讨、集体备课之间不存在显著性差异；同伴切磋与课题研究之间存在显著性差异，与互动研讨、集体备课、师生交流之间不存在显著性差异；课题研究与师生交流之间存在显著性差异，与互动研讨、集体备课之间不存在显著性差异；互动研讨与集体备课、师生交流之间不存在显著性差异；集体备课与师生交流之间不存在显著性差异。

三、教学设计智谋

教师教学智慧的核心就是将教材知识形态转化为学生易于学习的知识形态，课前的谋划设计就是实施这一转化的具体方式之一。我国数学变式教学理论的实质就是一种转化智慧，其中，概念性变式可以让学生从多角度理解概念，过程性变式是将数学学习活动分层推进。变式与要学习内容之间的“潜在距离”大小，决定了学习方式是接受式还是探究式。

对于小学数学学习来说，教师指导下的探究是一种非常合适的教学方式。这种教学方式将有意义接受学习和探究式学习有机地结合起来，是对中国数学教学传统的丰富和发展。其中，自主性是探究式教学的基本要求，具体体现在让学生自主地引入内容、自主地提出猜想、自主地验证猜想。

小学数学“三段式”教学模式是实施探究式教学的一种具体操作方式。其流程为“铺引—探究—练习”，“铺引”、“探究”和“练习”三个阶段教学过程的实施要领都是转化——寻找合适的变式。“铺引”的变式是为学生探究新知铺垫台阶，导引方向，可以是学生的生活和学习经验，也可以是旧知。“探究”的变式关键是提供适当的“潜在距离”，让学生“跳一跳，够得着”。“练习”的变式主要是两种方式，水平变式为强化技能，多角度理解所学知识；垂直变式为深化理解，训练思维能力。

四、现场调适机智

学科教学论语境中的教学机智指教师在教学活动中，根据学生的学习状况，灵活、恰当地转换学科知识的表征形式，以适应学生学习的能力。

根据教师对"机"的态度和"变"的行为结果，可以将教学机智分为四种类型，即"主动长善"型、"主动救失"型、"被动长善"型和"被动救失"型。

现场调适机智表现在会"接话"、善启发和妙应变等方面。就会"接话"而言，教师的教学机智主要体现为"理问"和"理答"的机智。善启发的研究主要针对孔子的"愤悱术"和苏格拉底的"产婆术"而进行。孔子"愤悱术"的关键在于抓住学生"愤、悱"的时机，进行由远及近的启发——提供所要解决问题的相关事例。这些事例具有与所要解决问题相关联或相类似的因素和结构，其实质是所要解决问题的一种变式。苏格拉底"产婆术"的关键在于教师要佯装无知，然后通过向学生"请教"，逐渐让学生自己"生产"出解决问题的办法来。教师对学生进行的"请教"实质上是为学生铺垫台阶和指引方向。两种启发术在运用中须注意："愤悱术"中，教师提供的事例不能与所要解决问题太相近，太近就是告诉。"产婆术"中教师不能铺得太多，引得太明，否则学生无需思考。"愤悱术"是学生主动状态下的"被动"思考，即学生"心求通"和"口欲言"在前，教师提供事例予以帮助在后。"产婆术"是学生"被动"状态下的主动思考，即教师铺垫和引导在前，学生积极思考在后。

教师的应变具有"救失"和"长善"两种境界。学生学习错误是一种独特的教学资源，具有"双刃"性，巧妙利用学生学习错误是教师应变机智的重要体现。

五、小学数学教师教学智慧发展策略建构

从教学智慧发展策略的"发展"语义出发，建构了外力支持和自主发展两类策略。就外力支持的策略而言，主要有师徒结对、课例研究和小组课题研究三种，他们分别帮助教师在获取隐性知识和经验、发展弹性认知、提高理论与实践结合能力等方面有所作用。就自主发展策略而言，发展 PCK、自主磨课和论文写作是三种较为有效的策略，它们分别有助于教师本性知识和实践性知识的发展、案例推理能力的提高和教师反思的深入进行。教师教学智慧发展策略具有建构性，需要教师根据自己的独特情况进行创造性构建。

第二节　创新之处

本研究的创新之处主要有以下几点：

1. 以冯契“转识成智”哲学为依据，构建教学智慧形成模型。该模型以教师教学理论知识和教学实践知识为基底，以情感系统和信念系统为中层，以教学智慧为塔尖。教学智慧是教师教学知识在情感和信念系统评价、监控和整合下经顿悟形成的一种恰当而有效地处理复杂情境中问题的能力，并结合 PCK 理论将教学智慧分为课前的教学设计智谋和教学现场的调适机智。

2. 结合中国传统文化的中庸之道，将“和”作为教学智慧评价的标准，并阐述了在教学上的具体表现。

3. 借鉴 PCK 理论，从学科教学论的语境将教学智慧界定为教师将教材形态的学科知识转化为学生可能接受的知识形态，进而在学生的学习过程中进行恰当调适，使学生易于接受的能力。

4. 从中国传统的数学教学变式理论中汲取有益营养，将教学“变”的智慧落实于教师教学的变式行为中。从教学智慧的角度对“愤悱术”和“产婆术”两种启发方法进行重新诠释，认为它们的实质是运用问题变式进行恰当的铺垫，以帮助学习者自己思考出问题的解决办法。

5. 根据教学智慧结构模型，结合实际案例研究，构建教师教学智慧发展的策略群。教师教学智慧发展需要外力支持和自主发展两类策略。

第三节　问题与建议

一、存在问题

本研究存在以下几方面的问题：

1. 智慧是一个超理性的概念，即包含着理性和非理性的成分，对其进行研究纯粹的科学方法难以与之匹配，而纯粹的思辨和质性研究又似乎难以将问题阐述清楚。本研究陷于这样的两难境地，量化的研究和质性的研究都不够深入，且两者结合不够紧密。具体而言，量化研究过少，质性研究中的访谈的针对性、适切性有待加强。

2. 国外的相关研究成果涉及较少，这使得研究缺乏国际视野。

3. 许多研究浮于表面，观点缺乏更为深刻的分析，如，教学智慧结构模型中没有涉及能力因素，没有界定能力因素在教学智慧中所处位置，教师教学智慧发展策略缺乏实证，等等。

4. 对小学数学教师教学智慧的独特性研究不够充分。

二、建议

从学科教学论层面对教学智慧研究具有积极的实践意义，需要进一步深入研究。今后应着重在研究方法和研究的实效性上下功夫。第一，要解决好质的研究与量的研究之间的平衡。第二，要对“转识成智”的机理进行进一步探寻。第三，要对教师教学智慧的内涵和教学智慧的结构模型进行深入论证。第四，对教学智慧发展策略进行实证性研究，在此基础上构建更为有效的发展策略。第五，还要对小学数学教师教学智慧的独特性进行探寻。

附录A　关于教学智慧及其发展的调查问卷

姓名(填否任选)________ 学校____________________ 日期________

尊敬的老师：

您好！

本问卷是一项有关小学数学教师教学智慧发展的研究。该研究旨在为小学数学教学及小学数学教师的培养提供引导作用，所有的回答都将被严格保密，不会被用作他途。您的回答对我们来说非常重要，答案并无对错之分，请按您的真实想法作答。

衷心感谢您的合作！

一、基本信息(请在相应选项前的"□"里"√")

1. 您的性别

□男　　　2. 女

2. 您的教龄

□1～5年　□6～10年　□11～15年　□16～20年

□21～25年　□26～30年　□31年以上

3. 您现在的专业技术职称是

□小教二级　□小教一级　□小教高级　□小中高(副高级职称)

4. 您目前的最高学历

□硕士　□本科　□专科　□中师　□高中

5. 您目前的专业称号

□普通教师　□校级骨干教师　□县(区)级骨干教师

□大市级骨干教师　□省级骨干教师

(骨干教师主要指各级教育教学管理部门予以评比的称号，包括优秀教师、标兵教师、能手教师、学科带头人、特级教师等)

6. 您的课堂教学获奖情况

□校级　□县(区、市)级　□大市级　□省级　□国家级

7. 您觉得您自己应属于

□新手教师　　□胜任教师　　□经验丰富教师　　□专家教师

8. 您所在学校级别

□省实验小学　　□市实验小学　　□县(区)重点小学　　□普通小学

9. 您喜欢教的年级是(可以多选)

□低年级　　□中年级　　□高年级

二、关于教学智慧

(一) 教学智慧的内涵

> 关于教学智慧,不同的人有不同的理解。有人认为:
>
> 教学智慧是教师面临复杂教学情境所表现的一种敏感、迅速、准确的判断能力。如,在处理事前难以预料、必须特殊对待的问题时教师所表现的能力。
>
> 教学智慧是教师个体在教学实践中,依据自身对教学现象和教学理论的感悟,深刻洞察并敏锐机智、高效便捷地应对教学情境而生成融通共生、自由和美的境界的一种综合能力,这种能力包含了多种具体教学能力的综合运用,是教师有关教学活动的感知、思维、创新、实践等多种能力整合后的高水平的系统能力。
>
> 教学智慧就是面对千变万化的教学实际情境,从"不确定性"中寻找"确定性",充分表现出来的一种实践智慧。简而言之,是在教学活动中处理"预设"与"生成"关系的智慧。
>
> 教学智慧指的是作为教学主体的教师对教学所作的观念运筹、经验调度、操作设计等的种种努力及体现于教学实践各环节的主体能动性。
>
> 教学智慧是教师的一种素养,包括促进学生学业进步的能力、机智处理生成问题的机智,关爱学生并使之形成良好道德品行的师德。

1. 你认为教学智慧指的是______________________________

____

2. 你认为教学智慧属于下列项目中哪个范畴或哪些范畴?(请在下面"□"里打"√")

□能力　　□知识　　□心理品质　　□德性　　□综合素养

或其他______________________________________

3. 下面四个阶段中,你认为教学智慧主要产生在哪些阶段?请按照重要性程度,用数字4、3、2、1给它们排序。(最重要因素就在括号中填写数字4,次之

填写数字3，再次填写数字2，最不重要的填写数字1）

课前教学设计（　　）；课堂教学（　　）；课后反思（　　）；课外辅导活动（　　）

（二）教学智慧的特征（请在下面“□”里打“√”，可多选）

□生成性　□创新性　□情境性　□实践性

□复杂性　□集成性　□高效性　□个体性

或其他＿＿＿＿＿＿＿＿＿＿＿＿＿＿＿＿＿＿＿＿＿＿＿＿

（三）你认为下面这些要素对教学智慧的发展有多大作用？（4＝作用很大，3＝有些作用，2＝作用很小，1＝没有作用，请在相应选项上画“√”。）

内部因素	知识	数学知识	4	3	2	1
		教育理论	4	3	2	1
		心理学知识	4	3	2	1
		一般文化知识	4	3	2	1
	教学经验	上课	4	3	2	1
		听课	4	3	2	1
	能力	数学能力	4	3	2	1
		教学监控能力（了解学生学习情况）	4	3	2	1
		教学组织能力	4	3	2	1
		随机应变能力	4	3	2	1
	自我反思		4	3	2	1
	师德修养		4	3	2	1
	数学教学观念		4	3	2	1
外部因素	参加学历进修		4	3	2	1
	专家指导		4	3	2	1
	师徒结对		4	3	2	1
	数学教师之间相互切磋		4	3	2	1
	开展课题研究		4	3	2	1
	互动式研讨（如沙龙、论坛、评课等）		4	3	2	1
	集体备课		4	3	2	1
	与学生交流		4	3	2	1
自己认为其他因素			4	3	2	1
			4	3	2	1

附录B　参与问卷调查教师背景资料

项　目	类　别	人数
性别	男	30
	女	61
教龄	1～5年	19
	6～10年	11
	11～15年	24
	16～20年	19
	21～25年	13
	26～30年	3
	31年以上	2
专业技术职称	小教二级	5
	小教一级	32
	小教高级	51
	小中高(副高级职称)	3
目前最高学历	硕士	1
	本科	65
	专科	23
	中师	2
目前专业称号	普通教师	51
	校级骨干教师	21
	县(区)级骨干教师	13
	大市级骨干教师	4
	省级骨干教师	2

续表

项　目	类　别	人数
课堂教学获奖	校级	34
	县(区、市)级	35
	大市级	6
	省级	7
	国家级	2
自己认定教师类型	新手教师	20
	胜任教师	38
	经验丰富教师	32
	专家教师	1
所在学校级别	省实验小学	47
	市实验小学	12
	县(区、市)重点小学	7
	普通小学	25
喜欢教的年级(可多选)	低年级	23
	中年级	54
	高年级	52

附录C　访谈提纲

非常感谢您能抽时间接受我的访谈。我正在进行一项关于小学数学教学智慧的研究，关于这一主题的研究理论界有许多探讨，但似乎与实践相去甚远。您是江苏省小学数学特级教师，著名的小学教学专家，对此一定有自己的见解。您的见解对我和研究来说非常重要，请您将宝贵的见解说出来，我一定如实记录。给您添麻烦了，谢谢！

一、关于教学智慧的内涵

1. 您是如何理解教学智慧的？

2. 为什么现阶段这个词汇出现得比较频繁？

3. 您认为教学智慧具有什么特征？

4. 小学数学教学智慧有什么独特性？（与中学数学教学智慧有何区别？小学数学教学智慧与小学其他学科教学智慧有何不同？）

5. 您认为教学智慧是否就是指课堂教学智慧？

6. 数学教学智慧与教师的数学知识有什么关系？

7. 您认为自己的课堂教学有智慧吗？

二、关于教学智慧的构成

1. 您认为教学智慧由哪些要素构成？

2. 您认为知识是构成教学智慧的主要因素吗？这些知识包括哪些方面？

3. 教师的实践智慧是否是教学智慧的重要构成？

4. 教学智慧是否涉及情感因素？

三、关于教学智慧的体现

1. 您认为教学智慧在课堂教学中表现在哪些方面？从学生方面看，有哪些？从教师方面呢？

2. 您怎么理解教学机智？它和教学智慧是什么关系？

3. 您认为教学智慧丰富的教师的教学成效比较好吗？学生的分数比较高是否意味着教师教学智慧比较多呢？

4. 您觉得应怎样评价一位教师的教学智慧呢？

四、关于教学智慧的发展

1. 您觉得教师的教学智慧从哪来？

2. 教师的教学智慧可以通过专门的传授而获取吗？

3. 师范学校(或大学)的专业学习有助于教学智慧的发展吗？

4. 自己的数学学习经历对教学智慧有影响吗？

6. 职后的集中培训和学历补偿学习有助于教学智慧的发展吗？

6. 您认为什么样的教研活动有助于教学智慧的发展？

7. 教师的教学经验对教学智慧有影响吗？

8. 教师的知识观和教学观会对教学智慧的发展有影响吗？

9. 教学智慧与教师的天赋有关吗？

五、关于教学智慧及其发展，您还有什么自己的见解？

附录D　74位教师对教学智慧所作的定义

1. 课堂上处理突发的、没有预见的事件的能力，以及灵活引导学生积极参与到课堂学习过程中的能力。

2. 就是面对千变万化的教学实际情境，从中体现出来的灵活性，随机应变的能力。

3. 教学能力，教师的创新能力。

4. 一种学生能自愿跟着你学，在课堂中能随机应变，能发掘学生潜能的能力。

5. 教师在教学实践中各种教学能力的综合运用水平，是教师作为教学主体对教学活动、操作的准确、灵活把握和掌控。同时也是教师的一种综合素养。包括组织学生参与教学活动，处理课堂突发事件，关爱学生，培养学生良好学习习惯。

6. 教师面临复杂教学情境所表现的一种敏感、迅速、准确的判断能力。

7. 拥有爱心，关爱孩子，知识渊博，启迪孩子。

8. 能够灵活、机智地处理教学中发生的突发性事件，在教学实践中能将理论与实践巧妙地融合在一起，使课堂保持灵活机动。

9. 教学过程中，能及时引导学生解决问题，关注学生的回答，有闪光点和碰撞的时候能合理应用，充分体现师生互动的能力。

10. 一种能力的体现，即面对教学情境中的问题处理能力。

11. 教师在课堂教学前、中、后的把握驾驭的能力与智慧。

12. 教师经过积累后产生的一种对于教育、对于课堂整体的一种把握与感觉。

13. 能随机应变，师生之间交流。

14. 面对课堂生成，机智地处理，师生共同创造精彩的课堂。

15. 拥有丰富的专业知识、良好的心理素养、灵活的应变能力、丰富的观察能力。利用个人魅力和能力解决教学过程中出现的各种问题，并让学生喜欢你，达到较好的教学效果。

16. 在遇到教学情境问题时，利用自身的经验感悟，用较为恰当的方式、方法去解决问题。

17. 能巧妙应对课堂中的生成，把学生的生成变为巩固教学内容的突破口；能以培养学生的思维能力为教学目标，在教学过程中不仅教会学生一道题，更要让学生学会一类题。

18. 教师的一种综合素养，包括教师在课前、上、后的准备，教学延伸和反思，是教师专业成长的较高阶段。

19. 教师在教育实践活动中，通过自身的人格形象、教学预设，处理复杂情境所表现出的使学生主动认知、探索、发问的能力和思维品质。

20. 通过教师的点拨、参与、引导，使学生逐步成为乐学、会学的人。

21. 是教师的一种素养，需要长期积累。

22. 指教师所面临的与教学有关的相关教学情境和教学实践所表现出来的判断能力，能利用这种能力提高教学水平的智慧。

23. 探索中总结，发挥经验。

24. 首先是如何将自己的知识清晰地传授给学生。作为教师这是非常重要的，同样的知识由于教师讲授的方式不同，学生虽然接受，但理解、掌握的程度不同。其次是处理突发情况的能力，以及引导学生思考等方面。教学智慧是体现在很多方面的。

25. 教师一种基本素养，既包括课堂上灵活运用教材、轻松驾驭课堂的教学能力，同时包括课下与学生和谐相处的能力。

26. 教学机智的一种提升，综合能力，是面对突发事件的一种及时调控、灵活应对、处理生成问题的机智，是教师生成性综合能力的表现。

27. 教师面对学生提出的问题以及出现的错误能够机智地解决，简而言之，就是教师的教学机智。

28. 教师对自己所掌握的数学知识实施转化，转化为学生易于接受的数学知识，这是最重要的。

29. 对教材的处理、知识的整合，准确判断学生在学习中的难点，以及对教材难点的分解能力，灵活地处理预设与生成关系，教学课堂操作技巧及策略。

30. 能在教学活动中处理预设与生成关系的智慧。

31. 教师长期积累教学经验，教师自身的内涵。

32. 课堂上综合能力的体现，驾驭课堂的能力。

33. 面对不同情况能有不同的处理方式，并且符合学科、符合学生的特点，具有灵活新颖的教学一是与方法。

34. 教师在教学过程中展现出的一种能力，一种引导学生理解所学知识并乐于运用知识的一种能力。

35. 教师的知识、思维、创新、实践等多种能力整合的高水平的综合能力。

36. 科学分析把握教学内容，精心设计教案，灵活机智驾驭课堂教学，关爱学生并有益于其身心健康发展、综合素养提高等能力的综合体现。

37. 使学生有所收益的教学方法和教育手段。

38. 教师在课堂教学中及时捕捉，处理课堂生成的问题。

39. (1) 充分预设、巧妙预设之后的精彩生成。(2) 在未知情况下对新问题、新现象的机智处理。(3) 真正的教学智慧应该从学生的角度测量：学生获得幸福感，获得清晰的知识，感受到师生感情的力量，个体未来发展所需要的能力，能有效提升不是成人、专家眼里的假精彩。

40. 教师面临复杂教学情境所表现的判断能力。

41. 首先是能对授课有独到而新颖的设计，其次是在授课过程中根据学生情况适度调整教学环节的处理。简言之，宏观教学与微观调控相结合。

42. 是教师的一种素养，是在教学中能用智慧点燃学生灵感，激发学生热爱学习，促进学生成长的智慧。

43. 课前精彩预设，课内精彩生成，课后有效反思及调整。教师自身的素养及处事能力。

44. 利用专业知识和专业技能灵活地驾驭课堂的能力，利用自身的经验准确地给学生作出定位，形成良好的数学学习品质，全面提高处理问题的综合能力。

45. 教育的理念、教育的方法(情感、态度、技巧)及教育的目标(达成度)，以小的投入获得大的收益(小投入包括:学生重复学习的东西少,大收益:收获兴趣、能力以及对知识的感悟等)。

46. 一种教育素养,教育敏感度。能敏锐地观察学生学习、生活、娱乐中的积极的或消极的东西,并能润物无声地加以引导、点拨,使之向好的方向转化,并且不是机械的说教。教学智慧不是一招一式的智慧,它应该是教育的一种理想追求、一种境界,最后达到无招胜有招的境界,最终走向一种大智慧(教育智慧)。

47. 针对教学设计之外所出现的出乎意料的问题,教师能够给予恰当、及时的解答,并能加以引申为学生自己的知识水平提高服务。

48. 以教学知识积累为地基,以教学能力为核心,以综合素养为包裹的个性倾向性。

49. 教师的综合素养,包括教师基础知识、基本技能,灵活、机动地处理各种问题的能力。

50. 在教学中能自如地把学生已有知识水平与学生将要达到的知识水平进行无缝对接,让学生学得自然轻松。

51. 一种素养,既具有准确判断的能力,又能灵活把握课堂中预设与自动生成。

52. 面临复杂情境表现出的判断能力。

53. 面对课堂突发事件能够及时、有效地处理,对于学生在课堂上表现出的新颖见解能适时、适当地评价。

54. 面临生成性问题情境时表现出的判断能力。

55. 教师在教学中面对各种教学实景,恰当处理所体现的实践智慧,也包括智慧传递。

56. 巧妙地将学生在课堂上出现的生成问题作为教学契机,引导学生共同体验、感受,让学生在认同之余有所获得,同时教师的教学机智、教学水平及教学技能都有所提高。

57. 应用自己的综合素养,引领学生学习知识,能力获得提升。

58. 灵活机智地处理教学中的偶发事件的能力,体现教师自身的教学素养。

59. 在千变万化的课堂中,对于突发性的问题能很好地加以引导,在这一过程所表现的智慧。

60. 教师在从事教育教学的全过程中，对教材的理解、对课堂的把握、对学生情绪的理解与调控。

61. 有一定的知识基础和应变能力，了解学生，游刃有余地针对学生的状况最高效地引导，启发学生，获得最佳学习效果。

62. 丰富、深厚的学科和非学科类的积淀；敏捷的观察能力、捕捉能力、判断能力；思维的灵活性、变通性。

63. 教师面临复杂教学情境所表现的一种敏感的准确的判断力，能及时地找到下一步教学方向，能较好地过渡到下一环节。

64. 面对不同学生表现出的应变能力，能驾驭课堂，处理预设与生成的一种教育能力，激发学生主体能动性的一种教育机智。

65. 在课堂上对知识的驾驭能力，对学生的学习引导能力，对数学方法形成的灵活调整能力。

66. 准确把握课堂，灵活驾驭课堂，高效完成教学任务的能力。

67～72. 是教师的一种素养，包括促进学生学业进步的能力、机智处理生成问题的机智，关爱学生并使之形成良好道德品行的师德。

73～74. 就是面对千变万化的教学实际情景，从“不确定性”中寻找“确定性”，充分表现出来的一种实践智慧。简而言之，是在教学活动中处理“预设”与“生成”关系的智慧。

参 考 文 献

[1] 【美】古铁雷斯·伯拉. 数学教育心理学研究手册——过去、现在与未来[M]. 徐文彬，喻平，孙玲译. 南宁：广西师范大学出版社，2009

[2] 【美】约翰·布里格斯,【英】F·戴维·皮特. 混沌七鉴——来自易学的永恒智慧[M]. 陈忠，金纬译. 上海：上海世纪出版集团，2008

[3] 李秉德，李定仁. 教学论[M]. 北京：人民教育出版社，1991

[4] 石中英. 教育哲学导论[M]. 北京：北京师范大学出版社，2002

[5] 【日】佐藤学. 课程与教师[M]. 钟启泉译. 北京：教育科学出版社，2003

[6] 黄荣怀，郑兰琴. 隐性知识论[M]. 长沙：湖南师范大学出版社，2007

[7] 程广文，宋乃庆. 论教学智慧[J]. 教育研究. 2006(9)

[8] 【捷】夸美纽斯. 大教学论[M]. 北京：人民教育出版社，1957

[9] 【德】康德. 论教育学[M]. 赵鹏，何兆武译. 上海：人民出版社，2005

[10] 金生鈜. 规训与教化[M]. 北京：教育科学出版社，2004

[11] 徐继存. 教学技术化及其批判[J]. 教育理论与实践，2004(2)

[12] 石中英. 教育哲学导论[M]. 北京：北京师范大学出版社，2002

[13] 齐民友. 数学与文化[M]. 大连：大连理工大学出版社，2008

[14] 肖少北，李玉美. 海南省 4 市县 400 名中学教师心理健康状况抽样调查[J]. 中国临床康复，2005(24)

[15] 叶澜. 新世纪教师专业素养初探[J]. 教育研究与实验，1998 (1)

[16] 【苏】苏霍姆林斯基. 给教师的一百条建议[M]. 杜殿坤译. 北京：教育科学出版社，1984

[17] 【苏】苏霍姆林斯基. 和青年校长的谈话[M]. 苏霍姆林斯基选集(第四卷). 蔡汀译. 北京：教育科学出版社，2001

[18] 【苏】苏霍姆林斯基. 怎样培养真正的人[M]. 蔡汀译. 北京：教育科学出版社，1992

[19] 赵建军. 教学智慧内涵界说[J]. 四川师范大学学报(社会科学版)，1999(2)

[20] 王鉴. 教学智慧. 内涵、特点与类型[J]. 课程·教材·教法，2006(6)

[21] 顾明远. 教育大辞典(增订合编本·上)[S]. 上海：上海教育出版社，1998

[22] 杜萍，田慧生. 论教学智慧的内涵、特征与生成要素[J]. 教育研究，2007(6)

[23] 程广文，宋乃庆. 论教学智慧[J]. 教育研究，2006(9)

[24] 林存华. 人种志研究与教师智慧的生成[J]. 教育理论与实践，2006(8)

[25] 成晓利，毕平平. 论教学智慧[J]. 内蒙古民族大学学报，2007(3)

[26] 王峰. 浅谈教师的教学智慧[J]. 当代教育论坛，2008(6)

[27] 杜萍、王兆坤. 试论教学智慧及其生成条件[J]. 课程・教材・教法，2009(2)

[28] 王颖. 论教学智慧[J]. 继续教育研究，2007(2)

[29] 周智慧. 论教师教学智慧的培养策略[J]. 内蒙古师范大学学报（教育科学版），2007(10)

[30] 李星云. 论新课改背景下教师教学智慧的生成[J]. 江苏教育学院学报(社会科学版)，2008(7)

[31] 刘爱. 教学智慧之生成过程初探[J]. 现代教育科学，2009(1)

[32] 徐继存. 论教学智慧及其养成[J]. 西北师大学报(社会科学版)，2001(1)

[33] 王颖. 论教学智慧[J]. 继续教育研究，2007(2)

[34] 成晓利，毕平平. 论教学智慧[J]. 内蒙古民族大学学报，2007(3)

[35] 杜萍，张毅. 教师教学智慧的养成策略[J]. 当代教育科学，2006 (16)

[36] 秦万山. 论教学智慧的生成. 当代教育科学[J]. 2008(11)

[37] 王卫华. 论教学机智的判别条件及分类[J]. 江西教育科研，2007(4)

[38] 涂艳国，王卫华. 论教师的教学惯习对教学机智的影响[J]. 教育研究，2008(9)

[39] 钟启泉，刘徽. 教学机智新论——兼谈课堂教学的转型[J]. 教育研究，2008(9)

[40] 王洁，顾泠沅. 行动教育：教师在职学习的范式革新[M]. 上海：华东师范大学出版社，2007

[41] 中国社会科学院语言研究所词典编辑室. 现代汉语词典[S]. 北京：商务印书馆，2006

[42] 石中英. 知识转型与教育改革[M]. 北京：教育科学出版社，2001

[43] 董纯才. 中国大百科全书・教育卷[M]. 北京：中国大百科全书出版社，1985

[44] 【美】尼古拉斯・雷舍尔. 复杂性——一种哲学观[M]. 吴彤译. 上海：上海科技教育出版社，2007

[45] 冯契. 智慧的探索・补编[M]. 上海：华东师范大学出版社，1998

[46] 张汝伦. 重思智慧[J]. 杭州师范大学学报，2010(3)

[47] 冯契. 智慧的探索[M]. 上海：华东师范大学出版社，1994

[48] 冯契. 智慧说三篇・导论. 冯契文集《第 1 卷》[M]. 上海：华东师范大学出版社，1996

[49] 【美】R. J. 斯腾伯格. 成功智力[M]. 吴国宏，钱文译. 上海：华东师范大学出版社，1999

[50] 【英】约翰·洛克. 教育漫话[M]. 杨汉麟译. 北京:人民教育出版社,2005

[51] 田慧生. 时代呼唤教育智慧及智慧型教师[J]. 教育研究,2005(2)

[52] 焦国成. 智慧四境界说[J]. 晋中学院学报,2010(4)

[53] The Learning Gap——why our school are failing and what we can learn from Japanese and Chinese Education, Simon&Schuster, 1992

[54] 郑毓信. 数学教育:从理论到实践[M]. 上海:上海教育出版社,2001

[55] 杨启亮. 守护家园:课程与教学变革的本土化[J]. 教育研究,2007(9)

[56] 何旭明,论"不言之教"[J]. 当代教育论坛,2004(3)

[57] 叶澜. 教师角色与教师发展新探[J]. 北京:教育科学出版社,2001

[58] 李定仁,徐继存. 教学论研究二十年[M]. 北京:人民教育出版社,2001

[59] 徐长福. 走向实践智慧——探寻实践哲学的新进路[M]. 北京:社会科学文献出版社,2008

[60] 王鉴. 试论预设性教学的内涵与特点[J]. 课程·教材·教法,2008(2)

[61] 杨庆存,孔子"和"文化思想及现代启示[J]. 北京大学学报,2009(2)

[62] 【古希腊】亚里斯多德. 尼各马可伦理学(注释导读本)[M]. 邓安庆译. 北京:人民教育出版社,2010

[63] 王九红. 教师贿赂学生现象的社会学剖析[J]. 江苏教育,2006(1)

[64] 吴非. 不跪着教书[M]. 上海:华东师范大学出版社,2004

[65] 联合国教科文卫组织、国际教育发展委员会. 学会生存——教育世界的今天和明天[M]. 北京:教育科学出版社,1996

[66] 【荷兰】弗赖登塔尔. 作为教育任务的数学[M]. 陈昌平,唐瑞芬等编译. 上海:上海教育出版社,1995

[67] 张孝达. 数学大师论数学教育[M]. 杭州:浙江教育出版社,2007

[68] 尚晓青. 信息技术在数学课堂教学中应用的层次分析[J]. 数学教育学报,2008(8)

[69] 王九红. 小学数学教材配套光盘引发的教学问题及对策[J]. 现代教育技术,2010(12)

[70] 陈向明. 实践性知识:教师专业发展的知识基础[J]. 北京大学教育评论,2003 (1)

[71] 林崇德. 教育的智慧——写给中小学教师[M]. 北京:北京师范大学出版社,2005

[72] Michael Polanny. The Tacit Dimension[M]. London: Routledge & Kegan Paul, 1966. 4

[73] 【英】波兰尼. 个人知识[M]. 许泽民译. 贵阳:贵州人民出版社,2000

[74] 陈向明. 对教师实践性知识构成要素的探讨[J]. 教育研究,2009(10)

[75] Shulman. L. s.. Those who understand: Knowledge growth in teaching[J]. Educational

Researcher,1986(15)

[76] Schulman,L. S. knowledge and teaching:Foundations of the new reform[J]. Harvard Educational Review,1987(57)

[77] 童莉.初中数学教师数学教学知识的发展研究——基于数学知识向数学教学知识的转化[D].重庆:西南大学,2010

[78] 张奠宙.教育数学是具有教育形态的数学[J].数学教育学报,2005(3)

[79] Fennema,E. & Franke,M. Teachers' Knowledge and Its Impact. In D. A. Grouws (Ed.), Handbook of research on mathematics teaching and learning. New York: Macmillan,1992

[80] 单墫,喻平.对我国数学教育研究的反思[J].数学教育学报,2001(4)

[81] 涂荣豹.数学教学认识论[M].南京:南京师范大学出版社,2004

[82] 【瑞士】皮亚杰.发生认识论原理[M].王宪钿译.北京:商务印书馆.1981

[83] 【美】劳拉·E.贝克.儿童发展[M].吴颖等译.南京:江苏教育出版社,2002

[84] 严士健.面向21世纪的中国数学教育[M].南京:江苏教育出版社,1994

[85] 徐利治,王前.数学与思维[M].大连:大连理工大学出版社,2008

[86] L. A.斯蒂恩.明日数学[M].马继芳译.武汉:华中工学院出版社,1987

[87] 【古希腊】柏拉图.柏拉图对话集[M].王太庆译.北京:商务印书馆,2010

[88] 【美】乔治·波利亚.数学的发现——对解题的理解、研究和讲授[M].刘景麟等译.呼和浩特:内蒙古人民出版社,1981

[89] 【美】乔治·波利亚.怎样解题——数学教学法的新面貌[M].涂泓,冯承天译.上海:上海科技教育出版社,2003

[90] Ernest,P. The knowledge. Belief and attitudes of the mathmatics teacher. A model. Journal of Education for Teaching,1989(1)

[91] 郑毓信.国际视角下的小学数学教育[M].北京:人民教育出版社,2004

[92] 黄毅英.数学观研究综述[J].数学教育学报,2002(2)

[93] 喻平.如何评课:数学教育观念层面的透视[J].中学数学教学参考,2006(4)

[94] 郑毓信.漫谈数学文化[J].湖北教育(教育教学),2008(2)

[95] 李树光.小学数学教学论[M].北京:人民教育出版社,2003

[96] Ma Liping. Knowing and Teaching Elementary Mathematics: Teachers' Understanding of Fundamental Mathematics in China and the United States. Lawrence Erlbaum Associates, publishers. Mahwah,New Jersey, 1999

[97] J. R. Anderson. Cognitive Psychology and it's Implications[M]. New York: Freeman, 1980

[98] 喻平. 数学教育心理学[M]. 南宁：广西教育出版社，2004

[99] 范良火，黄毅英，蔡金法，李士錡. 华人如何学数学[M]. 南京：江苏教育出版社，2005

[100] 钟志华，涂荣豹. 探究教学三要诀[J]. 中国教育学刊，2006(5)

[101] 谢明初. 数学教育中的建构主义：一个哲学的审视[M]. 上海：华东师范大学出版社.

[102] Tersh. E.. Some Proposals for Reviving the Philosophy of Mathmatics[J]. Advances in Mathmatics, 1979(31)

[103] 【英】P. Ernest. 数学教育哲学[M]. 齐建华，张松枝译. 上海：上海教育出版社，1998

[104] 王九红. 小学课堂提问的调查及研究[J]. 江苏教育学院学报，2007(2)

[105] 【美】约翰·D. 布兰思特等. 人是如何学习的——大脑、心理、经验及学校[M]. 程可拉等译. 上海：华东师范大学出版社，2006

[106] 涂荣豹，王光明，宁连华. 新编数学教学论[M]. 上海：华东师范大学出版社. 2006

[107] 张奠宙. 中国数学双基教学[M]. 上海：上海教育出版社，2006

[108] 【法】米歇尔·福柯著. 规训与惩罚[M]. 刘北成，杨远婴译. 上海：三联书店，2003

[109] 【加】马克斯·范梅南. 教学机智——教育智慧的意蕴[M]. 李树英译. 北京：教育科学出版社，2001

[110] 古汉语常用字字典编写组. 古汉语常用字字典(修订版)[S]. 北京：商务印书馆，1993

[111] 黄伟，谢利民. 教学机智：跳荡在教学情景中的燧火[J]. 北京大学教育评论，2005(1)

[112] 王卫华. 论教学机智的判别条件及分类[J]. 江西教育科研，2007(4)

[113] 【美】加里·D. 鲍里奇. 有效教学方法[M]. 南京：江苏教育出版社，2002

[114] 郑毓信. 数学思维与小学数学[M]. 南京：江苏教育出版社，2008

[115] 李秉德. 教学论[M]. 北京：人民教育出版社，2001

[116] 【美】Robert. J. Sternberg, Louise Spear-Swerling. 思维教学——培养聪明的学习者[M]. 赵海燕译. 北京：中国轻工业出版社，2001

[117] 俞正强. 不让一个学生落后[J]. 人民教育，2007(7)

[118] 任长松著. 探究式学习——学生知识的自主建构[M]. 北京：教育科学出版社，2005

[119] 徐斌. 推敲新课程课堂(数学卷)[M]. 南宁：广西教育出版社，2006

[120] 李如密. 教学艺术论[M]. 山东：山东教育出版社，1995

[121] 韩华球. 错误：一笔重要的教学资源[J]. 课程·教材·教法，2005(3)

[122] 华应龙. 华老师，你误导！[J]. 小学数学教师，2005(3)

[123] 【美】奥苏伯尔. 教育心理学[M]. 佘星南等译. 北京：人民教育出版社，1994

[124] Wagner, T.. Leadership for learning: An action theory of school change, Phi Delta Kappan, 2001(82)

[125] 操太圣,卢乃桂. 同伴协作与教师赋权——教师专业发展新视角[M]. 北京:教育科学出版社,2007

[126] MSEC. Selecting Appropriate Professional Development Strategies. Practical Inquiry, 1999

[127] Willis, S.. Creating a knowledge base for teaching: A conversation with James Stigler [J]. Educational Leadership, 2002(59)

[128] 张仙,黎加厚. 同侪互助:教师培训的新方式[J]. 中小学信息技术教育,2007(3)

[129] Lam, Shui-Fang. Educators'opinions on classroom observation as a practice of staff development and appraisal[J]. Teaching and Teacher Education, 2001 (17)

[130] 李允,李如密. 教学机智的意蕴、要求及修炼[J]. 教育科学研究,2008(6)

[131] 庞丽娟,易凌云. 论教师的缄默性个人教育观念及外显化[J]. 教育研究,2005(7)

[132] Ingersol, R. M. The Problem ofUnqualified Teachers in American Secondary Schools [J]. EducationalResearcher, 1999(2)

[133] 杨翠蓉. 美国新教师培养中的认知师徒制[J]. 教育评论,2009(2)

[134] M. Polanyi. Personal knowledge: Tonard a Post-critical philosophy, London and Henley, Routledge & keganPaul, 1958

[135] 陈向明. 理论在教师专业发展中的作用[J]. 北京大学教育评论,2008(1)

[136] 路云. 基于案例推理技术的企业可持续竞争能力的模型建立与应用[J]. 管理工程学报. 2005

[137] 皮连生. 教育心理学[M]. 上海:上海教育出版社,2004

[138] 刘旭东. 问题意识与教师教学智慧的生成[J]. 课程·教材·教法,2010(5)

[139] 卢乃桂,操太圣. 立法者与阐释者:大学专家在"校院合作"中角色之嬗变[J]. 复旦教育论坛,2003(1)

[140] 冯契. 认识世界和认识自己[M]. 上海:华东师范大学出版社,1996

[141] 范良火. 教师教学知识发展研究[M]. 上海:华东师范大学出版社,2003

[142] Shulman, L. S.. Those Who Understand: Knowledge Gruwth in Teaching[J]. Educational Researcher, 1986(15)

[143] 施良方,崔允漷. 教学理论:课堂教学的原理、策略与研究[M]. 上海:华东师范大学出版社,1999

[144] 赵昌木.教师成长:实践知识和智慧的形成及发展[J].教育研究,2004(5)

[145] 邓友超.论实践推理于教师实践智慧的养成[J].华东师范大学学报(教育科学版),2006(2)

[146] 张俊平.教师,做个思想者[M].天津:天津人民出版社,2009

[147] 张立昌.试论教师的反思及其策略[J],教育研究,2001(12)

[148] 叶澜.新世纪教师专业素养初探[M].北京:教育科学出版社,2001

[149] 【加】马克斯·范梅南.生活体验研究——人文科学视野中的教育学[M].北京:教育科学出版社,2003

[150] 华应龙.我就是数学——华应龙教育随笔[M].上海:华东师范大学出版社,2009

[151] 裴娣娜.一个智慧型教师的教学改革探索——对华应龙数学教学特色的初步解读[J].江苏教育研究,2008(10)

后　记

三年的博士学习生活特别是博士论文的写作过程，痛并快乐着。学习、工作、家庭，每每顾此失彼，时常捉襟见肘；学习、研究、管理、教学、生活，思维常常“切换不过来”。白天上课，晚上也上课。啃着玉米棒八来到教室听讲和研讨，肚子虽咕咕不满，心里却充实愉悦。离开光亮而温暖的教室，骑车行在暗夜的寒风中，脑子里想着课上的问题，浑然不觉一丝苦楚，反倒觉得无比的快乐和幸福。

感谢上苍给予我这样的幸福生活！感谢这幸福生活中帮助过我的每一位老师、亲人、朋友、领导和同事：

感谢恩师喻平教授！想当初，我与先生素昧平生，冒然拜访，然先生不以为忤，更无鄙薄弟子中师生“底子”之意，耐心听陈，热情鼓励。先生之为人令我终身敬仰！承蒙上苍厚爱，弟子得以忝列门墙。然终因功底浅薄，增添恩师负担。不论文章投稿，还是博士论文写作，都再三烦劳恩师指导。每每学业“山穷水复”，经恩师指点便又“柳暗花明”。先生之学识，学生终身难以望其项背。

感谢杨启亮教授！与先生相识多年，敬慕先生多年。先生文章、演讲和授课中流露出的对中国教育传统文化的挚爱和对当今教育乱象的忧思令我感动，先生深邃的思想和渊博的学识让我敬服。先生准时而足时的教学、近乎翻烂的讲稿、幽默而睿智的语言……给我留下至深印象，也成为我今后努力追求的目标。

感谢涂荣豹教授！三年中我听的最多的课是先生的。几何画板、经典阅读、研课……先生为人豪爽，严慈相济，常常施以“车接车送”礼遇，众弟子承蒙厚爱，窃喜，“优越感”溢于言表。

感谢单墫教授！先生的课让我领略了大家的风范，感受到什么是举重若轻、游刃有余，什么是深入浅出、由小见大、返璞归真——从不经意的小问题上生发出真知灼见，让我叹服不已。

感谢我的硕士论文导师李星云教授！是先生十余年如一日地关心和指导，我才一路走来，步履渐稳。

感谢马复教授、徐文斌教授、李明振博士后、宁连华老师！是他们给我学业上的帮助与指导，给我兄弟般的友谊与关心。

感谢远在美国的迈阿密大学孔子学院院长黄全愈博士！是他在百忙中两次为我查找有关英文资料，数次在大洋那边打电话给我，不厌其烦地向我解释美国学界关于知识、智慧的含义。

感谢杭州师范大学的赵志毅教授！他不仅在回宁相聚的短暂时间里给我指导，还在返杭之后为我寄来最新的小威廉姆·E·多尔的《混沌理论与教育》一书。

感谢小师妹苏红艳不辞辛苦为我处理数据！感谢傅嬴芳、杨红萍、曾小平、杨孝斌、李鹏、徐伯华、孟献华、吴亮奎、于文华、叶立军、谢圣英、何善亮、孙玲、李令勇、周丽萍等同学，和宁宁、陆珺、沈威、崔健等师妹、师弟，是他们给我紧张的学习生活带来了欢声笑语。

感谢鼓楼区教育局王强局长和其他领导！没有他们的关心、支持和担待，我难以完成论文和学业。

感谢南京市拉萨路小学教育集团周荣华校长多年来对我学习、工作和生活上的关心！感谢鼓楼区各位校长几年来的鼓励和支持！感谢南京市拉萨路小学教育集团的全体数学教师，是他们愉快地接受了我的较为冗长的问卷调查，耐心而认真地对问卷的每一题予以作答。

感谢我的同事——江苏教育学院附属小学的刘春生副校长、金玉副校长以及张琦、金灵、周晶等老师的协助。感谢闻明、丁红梅和李芳老师接受我的访谈，真实地袒露她们的心迹。

感谢我的老同学——安徽省和县幼儿师范的王文峰主任，是他为我落实了在和县的问卷调查。感谢和县的各位数学教师接受我的调查。

感谢好友李从华、贲友林、胡存红三位特级教师和高云刚、曹军、孟兆飞三位骨干教师在百忙中接受我的访谈。

感谢华应龙老师！是他的新书《我就是数学》给我启发并提供研究的案例。其人、其事、其课、其文，奇哉！妙哉！我将继续品学。

感谢我的好友们：王家军、田一聚、何保安、徐群、季慧、虞小芳、禹立凤，是他们时刻鼓励和支持我一路坚持。

特别感谢江苏教育出版社的游建华副总编、朱凌燕主编和江苏教育报刊总社《小学生数学报》沈本领主编，是他们的策划和关心才使本书得以顺利出版，三位的专业指导为本书增添了许多亮色。

最后，我要最真诚地感谢我的妻子和儿子！妻子每天清晨为我做好早餐，晚上每每为我冲好咖啡；懈怠时是她给我督促，灰心时是她给我鼓励。为了让我这位"大学生"能有更多的学习时间，她包揽了全部的家务，几乎牺牲了全部的娱乐和休闲。感谢亲爱的儿子对我的理解，理解我因学习和工作的忙碌而对他的照顾不周。感谢我的父母、岳母和兄弟姐妹给予我的最大的宽容、亲情和支持。

我将一路前行。

王九红

2012年1月于南京月安花园